高等学校应用技术型经济管理系列教材（会计系列）

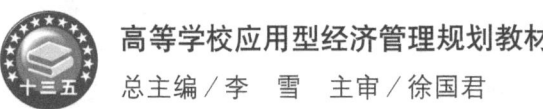
高等学校应用型经济管理规划教材

总主编／李 雪　主审／徐国君

中级财务会计学习指导书
Study Guide to Intermediate Financial Accounting

（第三版）

孙美杰◎主　编

图书在版编目(CIP)数据

中级财务会计学习指导书 / 孙美杰主编. —3 版. —上海：立信会计出版社，2020.7(2024.8 重印)
高等学校应用技术型经济管理系列教材. 会计系列
ISBN 978-7-5429-6535-6

Ⅰ.①中… Ⅱ.①孙… Ⅲ.①财务会计—高等学校—教学参考资料 Ⅳ.①F234.4

中国版本图书馆 CIP 数据核字(2020)第 139349 号

策划编辑　方士华
责任编辑　方士华　孙　勇
封面设计　南房间

中级财务会计学习指导书(第三版)

Zhongji Caiwu Kuaiji Xuexi Zhidaoshu

出版发行		立信会计出版社			
地	址	上海市中山西路 2230 号	邮政编码		200235
电	话	(021)64411389	传　真		(021)64411325
网	址	www.lixinaph.com	电子邮箱		lixinaph2019@126.com
网上书店		http://lixin.jd.com	http://lxkjcbs.tmall.com		
经	销	各地新华书店			
印	刷	苏州市古得堡数码印刷有限公司			
开	本	787 毫米×1092 毫米　1/16			
印	张	16.5			
字	数	423 千字			
版	次	2020 年 7 月第 3 版			
印	次	2024 年 8 月第 3 次			
书	号	ISBN 978-7-5429-6535-6/F			
定	价	38.00 元			

如有印订差错，请与本社联系调换

总　序

　　教材是高校实现人才培养目标的重要载体,教材及教材建设对高校发展具有举足轻重的作用。与培养模式相对应的教材是培养合格人才的基本保证,是实现培养目标的重要工具。由于历史的原因,在财经类教材的出版方面,相关出版社出版研究型本科或者高职高专、中等职业等层次的教材较多,也较成熟,而在应用技术型本科教材出版上比较欠缺,虽然近年来也出版了一些这方面的教材,但总体而言,还是缺乏权威性、普适性、实用性和创新性。造成这种状况的原因主要在于:出版社对财经类应用技术型本科教材的出版还不够重视,没有进行有效的组织;财经类应用技术型本科院校多为新建院校,教材建设相对滞后,主观上也较愿意使用研究型本科教材;教材的使用存在比较严重的混用现象,教材的目标读者群不明确,如不少教材既适用于研究型本科又适用于应用技术型本科,或者既适用于本科院校又适用于高职高专院校。

　　由于目前应用技术型本科教材种类和数量匮乏或质量欠佳,应用技术型本科不得不沿用传统研究型本科教材,比如,东北财经大学会计系列教材(包括《基础会计》《中级财务会计》《管理会计》《高级财务会计》《审计》等),中国人民大学会计系列教材(如《成本会计》),教育部统编教材(如《财务管理》)等国家级规划教材。这些教材本身的质量很好、级别很高,但是并不适用于应用技术型本科院校的教学,教师和学生普遍反映不好用。即使从全国范围来看,我国也还没有相对成套、成熟的适合应用技术型高校使用的教材,不适应教育教学要求。存在的主要问题包括:①教材的定位和要求较高;②教材的内容多、难度大;③教材着重于理论解释,相关案例、实训等内容较少,缺乏普适性、实用性。所以,应用技术型本科教学需要有适应学生水平、便于学生接受的应用技术型教材。

　　我们组织具有多年应用技术型人才培养经验的优秀教师和实务界专家编写了本套系列教材。本套系列教材由《会计基本技能》《基础会计》《中级财务会计》《成本会计》《管理会计》《财务管理》《会计信息系统》《审计学原理》《审计实务》《税法》《经济法》《金融学》等构成。为了保证教材的质量,我们聘请了著名高校的专家、教授对本套系列教材的编写进行专门指导和审核。每本教材至少有一名本学科的知名专家或学科带头人提出审核指导意见,有一名高等院校教学一线的高级职称教师参与组织编写,有一名行业协会、实务界专家和教学研究机构人员提出编写建议。

　　本套系列教材的特色如下。

1. 应用性

　　应用技术型本科教材应坚持培养应用技术型本科人才的定位,充分吸收和借鉴传统的普通本科教材与高职高专类教材建设的优点和经验,以就业为导向,做到理论上优于高职高专类教材、在动手能力的培养上优于传统的本科院校教材。

　　本套系列教材体现了应用技术型本科的定位,体现了素质教育和"以学生发展为本"的教育理念,遵循了高等教育教学基本规律,重视知识、能力和素质的协调发展,根据应用技术型人才培养模式对学生的创新精神、实践能力和适应能力的要求,在内容选材、教学方法、学习方法、实验和实训配套等方面突出了应用性特征。

2. 针对性

本套系列教材的编写符合会计学、财务管理和审计学等专业的培养目标、培养需求、业务规格(知识结构和能力结构)和教学大纲的基本要求,与各专业的课程结构和课程设置相对应,与课程平台和课程模块相对应。本套系列教材在结构的布局、内容重点的选取、示例习题的设计等方面符合教改目标和教学大纲的要求,把教师的备课、试讲、授课、辅导答疑等教学环节有机地结合起来。

3. 先进性

本套系列教材反映了应用技术型会计人才教育教学改革的内容,能够反映学科领域的新发展。本套系列教材的整体规划、每一种教材构造等均体现了实用性和创新性。本套系列教材还强调了系列配套,包括了教材、学习指导书、教学课件等。

4. 基础性

本套系列教材打破传统教材自身知识框架的封闭性,尝试多方面知识的融会贯通,注重知识层次的递进,体现每一门科目的基本内容;同时,在具体内容上突出实际的运用知识的能力,达到"教师易教,学生乐学,技能实用"的教学目的。

5. 易于自学性

自学能力的培养是高等教育应该教授给学生的一项基本能力。学生只有具备了自主学习的能力,才能最终建立起终身学习的保障体系,这也是应用技术型本科人才培养的客观要求。应用技术型本科院校的生源素质与其他高校相比存在较大差距,除一部分高考发挥失误的学生外,有相当一部分学生在学习习惯、基础知识等方面存在一定的欠缺,这就要求本套系列教材要能调动这部分学生的学习积极性,在理论方面尽量做到通俗易懂,在实践方面尽量采用案例式教学。为了有利于学生课后自主学习,本套系列教材配套了学习指导书和教学课件。

因此,本套系列教材的定位把握准确,教材的特色明显,适用于应用技术型本科院校教学,容易得到学生和市场的认可,便于学生的自学和教师的教学。

高等学校应用技术型经济管理系列教材(会计系列)凝聚了众多领导、教授和专家多年来的经验和心血。当然,由于我们的经验和人力有限,教材中难免存在不足,我们期待着各位同行、专家和读者的批评指正。我们将随着经济发展和会计环境的变迁不断地修订教材,以便及时反映学科的最新发展和人才培养的最新变化。

本套系列教材出版后,得到学生和市场的认可,深受广大读者的欢迎。为了更好地回馈读者,本套系列教材从2017年起启动改版修订工作,改版的各种教材将陆续出版。我们会一如既往地做好教材修订和相关服务工作,希望广大读者对本套系列教材给予支持。

李 雪

2020 年 7 月

第三版前言

本书是高等学校应用技术型经济管理系列教材(会计系列)《中级财务会计(上)(第三版)》和《中级财务会计(下)(第三版)》两本教材的配套学习指导书,具有应用性、针对性、先进性、基础性、易于自学性的特点。本书既可作为高等财经院校财务会计课程教学的辅助教材,也可作为企业管理人员学习财务会计的参考用书。

本书根据《中级财务会计(上)(第三版)》和《中级财务会计(下)(第三版)》教材及教学大纲的要求,设计了各章重点与难点的提炼讲解,在讲解的过程中配有相关典型例题。讲解完毕后,每章都配有练习题并提供了相应的参考答案。

《中级财务会计学习指导书(第三版)》分为三个部分,第一部分为"学习指导及思考与练习",下设"本章基本内容框架""重点、难点讲解及典型例题""思考与练习";第二部分为"思考与练习参考答案";第三部分为"模拟试题及参考答案"。

本书具有以下特点:

(1) 以国际会计惯例为依据,所依据的会计规范是最新的国际会计准则和我国最新的企业会计准则,体现了会计准则的最新动态。

(2) 重点突出会计实务,习题的设计注重理论联系实际,旨在训练学生的实际操作能力,即重视知识、能力和素质的协调发展。

(3) 案例的设计体现综合性和超前性,使学生通过练习能更多地接触会计实务,提高分析和解决问题的能力。

(4) 对重点难点的讲解,借助丁字形账户、图、表等工具进行讲解,图文并茂、通俗易懂。

(5) 习题形式多样。既有客观题,也有大量的案例题和业务题,覆盖面广,可以考查学生综合分析和解决问题的能力。

(6) 重视对知识点的总结,并对知识点进行对比,便于记忆。

本书的编写分工如下:

本书由孙美杰主编,多位优秀教师和实务界专家参加了编写。具体分工如下:第一章总论(孙美杰),第二章货币资金(孙美杰),第三章存货(孙美杰),第四章金融资产(孙美杰、李小林),第五章长期股权投资(孙美杰),第六章固定资产(孙美杰),第七章无形资产(孙美杰),第八章投资性房地产(孙美杰),第九章资产减值(孙美杰、李小林),第十章负债(孙美杰、高杉),第十一章所有者权益(孙美杰、高杉),第十二章费用(孙美杰、马俊云),第十三章收入和利润(孙美杰、陈德英),第十四章财务报告(孙美杰、陈德英)。

在编写本书的过程中我们参考了大量的相关教材和论著,在此向有关作者致以深深的谢意!

为了编写本书我们先后多次讨论研究,力求内容编排合理、避免错误,但难免存在考虑不周、表达不妥当的地方,书中疏漏不足之处,敬请读者批评指正。

编 者

2020 年 8 月

目 录

第一部分 学习指导及思考与练习

第一章 总论 ·· 1
本章基本内容框架 ·· 1
重点、难点讲解及典型例题 ·· 1
思考与练习 ··· 4

第二章 货币资金 ·· 7
本章基本内容框架 ·· 7
重点、难点讲解及典型例题 ·· 7
思考与练习 ··· 13

第三章 存货 ·· 17
本章基本内容框架 ·· 17
重点、难点讲解及典型例题 ·· 17
思考与练习 ··· 27

第四章 金融资产 ·· 30
本章基本内容框架 ·· 30
重点、难点讲解及典型例题 ·· 30
思考与练习 ··· 43

第五章 长期股权投资 ·· 51
本章基本内容框架 ·· 51
重点、难点讲解及典型例题 ·· 51
思考与练习 ··· 56

第六章 固定资产 ·· 60
本章基本内容框架 ·· 60
重点、难点讲解及典型例题 ·· 60
思考与练习 ··· 69

第七章 无形资产 ·· 74
本章基本内容框架 ·· 74
重点、难点讲解及典型例题 ·· 74

思考与练习 ··· 78

第八章　投资性房地产 ··· 82
　　本章基本内容框架 ··· 82
　　重点、难点讲解及典型例题 ··· 82
　　思考与练习 ··· 87

第九章　资产减值 ··· 91
　　本章基本内容框架 ··· 91
　　重点、难点讲解及典型例题 ··· 91
　　思考与练习 ··· 94

第十章　负债 ·· 98
　　本章基本内容框架 ··· 98
　　重点、难点讲解及典型例题 ··· 98
　　思考与练习 ·· 106

第十一章　所有者权益 ··· 110
　　本章基本内容框架 ·· 110
　　重点、难点讲解及典型例题 ·· 110
　　思考与练习 ·· 114

第十二章　费用 ··· 118
　　本章基本内容框架 ·· 118
　　重点、难点讲解及典型例题 ·· 118
　　思考与练习 ·· 123

第十三章　收入和利润 ··· 127
　　本章基本内容框架 ·· 127
　　重点、难点讲解及典型例题 ·· 127
　　思考与练习 ·· 136

第十四章　财务报告 ·· 144
　　本章基本内容框架 ·· 144
　　重点、难点讲解及典型例题 ·· 144
　　思考与练习 ·· 153

第二部分　思考与练习参考答案

　　第一章　总论 ··· 161
　　第二章　货币资金 ··· 162
　　第三章　存货 ··· 164
　　第四章　金融资产 ··· 169

第五章　长期股权投资 ··· 176
第六章　固定资产 ··· 179
第七章　无形资产 ··· 184
第八章　投资性房地产 ··· 187
第九章　资产减值 ··· 190
第十章　负债 ··· 192
第十一章　所有者权益 ··· 196
第十二章　费用 ··· 198
第十三章　收入和利润 ··· 202
第十四章　财务报告 ··· 207

第三部分　模拟试题及参考答案

中级财务会计(1~7章)模拟试题(一) ··· 213
中级财务会计(1~7章)模拟试题(二) ··· 218
中级财务会计(8~14章)模拟试题(一) ·· 222
中级财务会计(8~14章)模拟试题(二) ·· 228
中级财务会计(1~7章)模拟试题(一)参考答案 ··· 236
中级财务会计(1~7章)模拟试题(二)参考答案 ··· 239
中级财务会计(8~14章)模拟试题(一)参考答案 ·· 243
中级财务会计(8~14章)模拟试题(二)参考答案 ·· 247

第一部分 学习指导及思考与练习

第一章 总 论

本章基本内容框架

```
           ┌─财务会计及其目标
           │
           ├─会计基本假设与会计基础┬─会计基本假设
           │                      └─会计基础(权责发生制)
           │
           ├─会计信息质量要求┬─首要的质量要求：可靠性、相关性、可理解性、可比性
           │                └─次要的质量要求：实质重于形式、谨慎性、重要性、及时性
           │
           │                ┌─反映企业财务状况的会计要素及其确认┬─资产
           │                │                                   ├─负债
           ├─会计要素       │                                   └─所有者权益
           │                │                                   ┌─收入
           │                └─反映企业经营成果的会计要素及其确认┼─费用
           │                                                    └─利润
           │
           │                ┌─历史成本
           │                ├─重置成本
           └─会计计量属性   ├─可变现净值
                            ├─现值
                            └─公允价值
```

重点、难点讲解及典型例题

一、财务会计与管理会计的区别

财务会计是运用簿记系统的专门方法，以通用的会计原则为指导，对企业资金运动进行反映和控制，旨在为投资者、所有者、债权人提供会计信息的对外报告会计。管理会计旨在向企业内部管理当局提供经营决策所需信息。

（1）管理会计的目标则侧重于规划未来，对企业的重大经营活动进行预测和决策以及加强事中控制。

（2）管理会计并不把编制会计报表当作它的主要目标，只是为企业的经营决策提供有

选择的或特定的管理信息,其业绩报告也不对外公开发布。

二、财务会计基本假设与会计基础

会计基本假设	会计主体	会计主体是指企业会计确认、计量和报告的空间范围。一般来说,法律主体必然是会计主体,但会计主体不一定是法律主体。比如,独立核算的各车间、编制合并财务报表的企业集团,尽管不属于法律主体,但是一个会计主体
	持续经营	持续经营是指在可以预见的将来,企业将会按当前的规模和状态继续经营下去,不会停业,也不会大规模削减业务
	会计分期	会计分期是指将一个企业持续经营的生产经营活动划分为一个个连续的、长短相同的期间。会计分期界定了会计结算账目和编制财务会计报告的时间范围
	货币计量	货币计量是指会计主体在财务会计确认、计量和报告时以货币作为计量尺度,反映会计主体的生产经营活动
会计基础		会计基础是指企业会计的确认、计量和报告应当以权责发生制为基础

三、财务会计信息的使用者

外部使用者:股东、债权人、政府机关、职工、供应商、顾客等

内部使用者:董事长、首席执行官(CEO)、首席财务官(CFO)、副董事长(主管信息系统、人力资源、财务等)、经营部门经理、分厂经理、生产线主管等

注意:会计信息的外部使用者是与企业具有利益关系的个人和其他组织,但他们不参与该企业的日常管理。

【例题1·单项选择题】 下列各项中,属于企业财务会计信息外部使用者的是( )。
A. 董事长   B. 分厂经理
C. 财务总监   D. 职工

【答案】 D

【解析】 会计信息的外部使用者是与企业具有利益关系的个人和企业。作为一个利益主体,职工个人期望定期收到工资和薪金,并同时得到企业为个人提供社会保障的各类基金方面的信息和企业的某些综合性信息,如工资平均水平、福利和利润等,职工代表大会、工会也会代表职工要求得到这些信息,这些信息的大部分是由会计信息系统提供的。

四、会计的基本假设

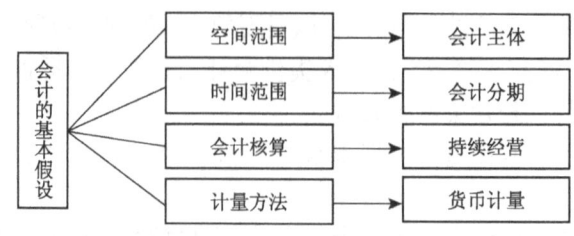

五、会计基础

企业会计的确认、计量和报告应当以权责发生制为基础。

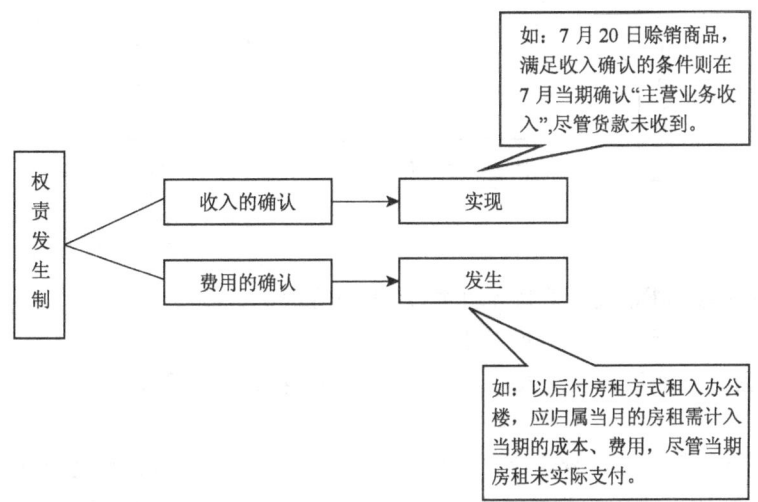

在会计确认、计量时以权责发生制为基础的同时也要兼顾会计信息质量要求中的"重要性"原则,对于那些次要的经济业务或会计事项,在不影响会计信息真实性的前提下,则可适当简化会计核算程序,采用简便的会计处理方法进行处理,在账户和会计报告中一并反映。

例如,以先付房租方式租入办公楼,年租金 2 400 元,于年初一次性支付,正常情况分摊到付款当月的应为 200 元,但如果将 2 400 元一次性计入付款的当月并不会造成提供的会计信息影响到投资者等会计信息使用者所作的决策,那么为了避免耗费过多的人力、物力和财力,减少此业务后期带来的工作量,就可以在付款的当月一次性将 2 400 元计入当期费用。

六、财务会计信息的质量特征

首要质量要求	可靠性、相关性、可理解性和可比性	可比性要求,所有上市公司从 2007 年 1 月 1 日起执行新企业会计准则(横向可比); 企业的会计政策、会计估计等,一经确定不得随意变更(纵向可比)
次要质量要求	实质重于形式、重要性、谨慎性和及时性	对融资租入固定资产的会计处理体现了实质重于形式的质量要求

七、会计要素

利得、损失和收入、费用的最主要区别是利得、损失是非日常活动产生的,而收入、费用是日常活动产生的。利得和损失在会计处理上分为两种,一种是直接计入所有者权益,如可供出售金融资产公允价值变动,直接记入"资本公积——其他资产公积"账户;另一种是直接计入当期损益,如罚款支出记入"营业外支出"账户、接受捐赠利得记入"营业外收入"账户。

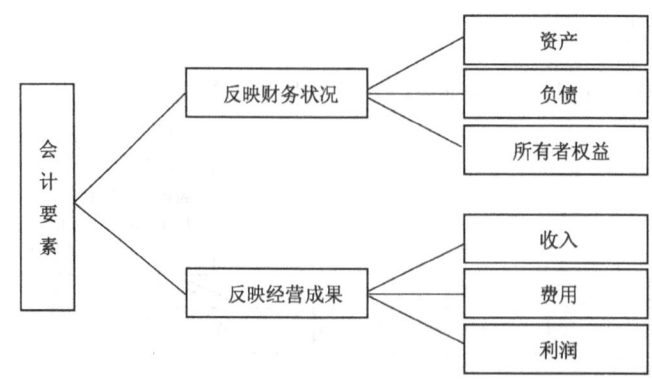

【例题2·单项选择题】 下列各项中,属于利得的有( )。

A. 与企业日常活动无关的政府补助　　B. 销售原材料取得的收入

C. 出租固定资产取得的收入　　　　　D. 销售商品取得的收入

【答案】 A

【解析】 会计上通常所指的收入是狭义的收入,即营业收入,包括主营业务收入和其他业务收入。选项B中销售原材料取得的收入记入"其他业务收入"账户,选项C中出租固定资产取得的收入记入"其他业务收入"账户,选项D中销售商品取得的收入记入"主营业务收入"账户,以上均属于营业收入的范围。

选项A记入"营业外收入"账户,属于利得。注意,如果企业取得与企业日常活动有关的政府补助,则记入"其他收益"账户。

八、会计计量属性与应用

会计计量属性	应　用
历史成本	最重要、最主要的会计计量属性,用于购置固定资产、无形资产、存货等的计量
重置成本	主要用于盘盈资产的计量,如存货、固定资产的盘盈
可变现净值	主要用于存货的期末计量,期末存货以成本与可变现净值孰低进行计量
现值	用于分期付款购买固定资产(超过正常信用期)、融资租赁、资产减值等的计量
公允价值	用于交易性金融资产以公允价值模式计量的投资性房地产等的计量

 思考与练习

一、单项选择题

1. 下列各项中,属于反映企业财务状况的会计要素的是( )。

A. 负债　　　B. 利润　　　C. 收入　　　D. 费用

2. 下列各项中,符合资产定义的是( )。

A. 融资租入的设备　　　　　B. 经营租入的设备

C. 霉烂变质的商品　　　　　　D. 计划购入的原材料

3. 我国会计准则规定,企业的会计核算应当以(　　)为基础。
   A. 实地盘存制　　　　　　　　B. 永续盘存制
   C. 收付实现制　　　　　　　　D. 权责发生制

4. 下列各项会计信息质量要求中,对相关性和可靠性起着制约作用的是(　　)。
   A. 及时性　　　　　　　　　　B. 重要性
   C. 谨慎性　　　　　　　　　　D. 实质重于形式

5. 对于企业盘盈的固定资产,应该采用的会计计量属性是(　　)。
   A. 历史成本　　　　　　　　　B. 可变现净值
   C. 重置成本　　　　　　　　　D. 现值

6. 某企业2×19年10月份发生的经济业务,会计人员在12月份才入账,这样处理违背的会计信息质量要求是(　　)。
   A. 相关性　　　　　　　　　　B. 及时性
   C. 可比性　　　　　　　　　　D. 可靠性

7. 下列各项中,不属于企业收入要素范畴的是(　　)。
   A. 出售单独计价的包装物　　　B. 提供劳务取得的收入
   C. 出租土地使用权取得的收入　D. 接受捐赠

8. 下列各项中,属于损失的是(　　)。
   A. 报废固定资产的净损失　　　B. 交易性金融资产公允价值变动损失
   C. 计提的资产减值损失　　　　D. 处置长期股权投资的净损失

9. 2×19年3月2日,甲公司赊销商品一批,并于当日发出商品,同时满足收入确认的条件,甲公司在3月2日确认了收入并结转成本。甲公司遵循的会计核算基础是(　　)。
   A. 可靠性　　　　　　　　　　B. 收付实现制
   C. 权责发生制　　　　　　　　D. 实质重于形式

10. 企业将融资租入固定资产视同自有固定资产进行核算,体现的会计信息质量要求是(　　)。
    A. 可靠性　　　　　　　　　　B. 实质重于形式
    C. 及时性　　　　　　　　　　D. 可比性

二、多项选择题

1. 下列各项中,属于反映企业经营成果的会计要素的有(　　)。
   A. 收入　　　　　　　　　　　B. 资产
   C. 费用　　　　　　　　　　　D. 利润
   E. 所有者权益

2. 会计基本假设有(　　)。
   A. 会计主体　　　　　　　　　B. 持续经营
   C. 会计分期　　　　　　　　　D. 货币计量
   E. 权责发生制

3. 下列各项中,属于所有者权益项目的有(　　)。

A. 所有者投入的资本 B. 其他综合收益
C. 留存收益 D. 应付职工薪酬
E. 待处理财产损溢

4. 下列经济业务中,会引起资产和负债同时增加的有( )。
A. 赊购原料
B. 接受固定资产投资
C. 提取现金
D. 从银行贷款,款项直接存入银行
E. 收回应收账款

5. 下列各项中,属于流动资产的有( )。
A. 存货 B. 固定资产
C. 库存现金 D. 长期待摊费用
E. 无形资产

三、判断题

1. 某一财产物资要成为企业的资产,其所有权必须属于企业。 ( )
2. 法律主体必定是会计主体,会计主体也必定是法律主体。 ( )
3. 企业代收代缴的个人所得税属于企业的收入。 ( )
4. 会计分期是产生权责发生制和收付实现制等不同记账基础的前提。 ( )
5. 重要性原则要求企业在会计确认、计量过程中对交易或事项应当区别其重要程度,采用不同的核算方式。 ( )

第二章 货币资金

本章基本内容框架

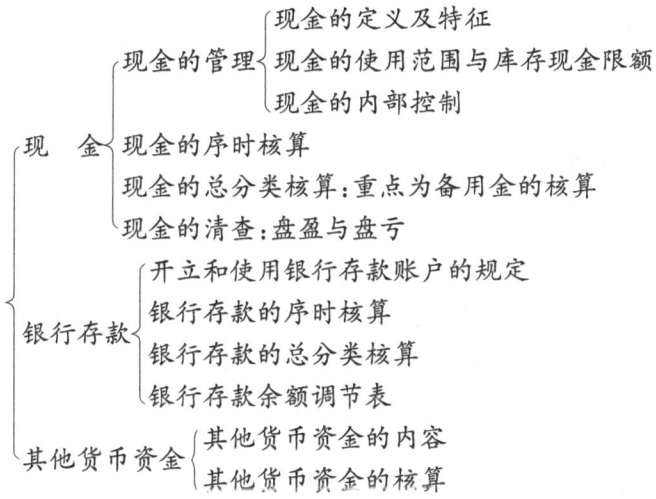

重点、难点讲解及典型例题

一、货币资金

货币资金包括：现金、银行存款、其他货币资金。企业处理日常交易业务的现金指狭义的现金，即纸币和硬币。

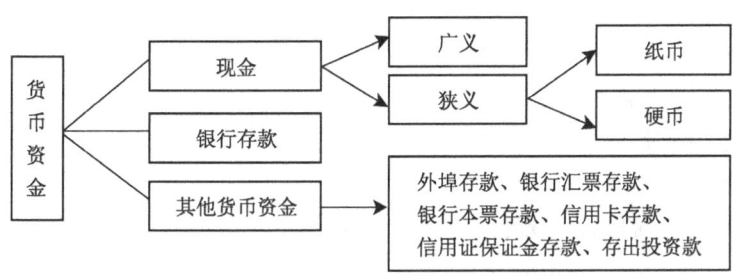

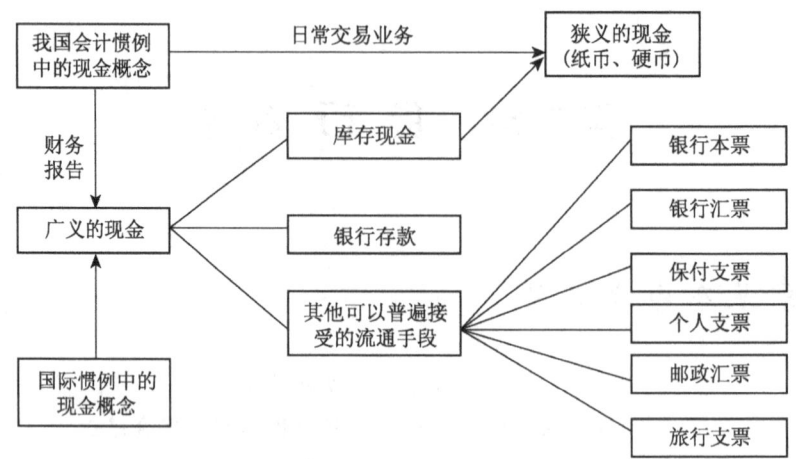

二、现金的使用范围

(1) 职工工资、津贴。

(2) 个人劳动报酬。

(3) 根据国家规定颁发给个人的科学技术、文化艺术、体育等各种奖金。

(4) 各种劳保、福利费用以及国家规定的对个人的其他支出。

(5) 向个人收购农副产品和其他物资的价款。

(6) 出差人员必须随身携带的差旅费。

(7) 结算起点以下的零星支出(结算起点为1 000元)。

(8) 中国人民银行确定需要支付现金的其他支出。

【例题1·单项选择题】 结算起点以下的零星支出,才能使用现金,结算起点指( )。

A. 2 000元

B. 1 000元

C. 5 000元

D. 3 000元

【答案】 B

【解析】 结算起点1 000元以下的零星支出,才能使用现金。

【例题2·多项选择题】 下列各项中,可以使用现金的有( )。

A. 支付工资

B. 差旅费

C. 向个人收购农副产品

D. 偿还短期借款

【答案】 ABC

【解析】 偿还短期借款不属于现金的使用范围。

三、现金的限额

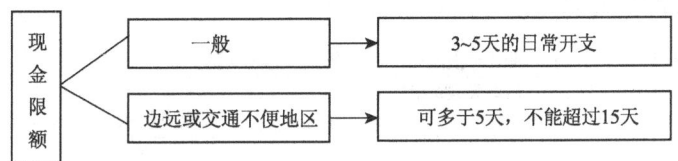

【例题3·单项选择题】 企业在确定库存现金限额时,考虑的天数最多不能超过( )天。

A. 3 B. 5 C. 10 D. 15

【答案】 D

【解析】 本题未特指在什么情况下,因此,应将所有因素都考虑到,所以考虑的天数最多不能超过15天。

四、备用金的核算

两种备用金管理制度业务处理方法比较

制度 \ 步骤	预借	报销	注销备用金或其他应收款
1.随借随用,用后报销	借:其他应收款——×× 贷:库存现金	借:管理费用等 库存现金 【少花】 贷:其他应收款——×× (或贷:库存现金【多花】)	报销时已注销
2.定额备用金	借:备用金——×× 贷:库存现金	借:管理费用等 贷:库存现金 【补足】	年中取消或年终清理 借:管理费用等 库存现金 【少花】 贷:备用金——×× (或贷:库存现金【多花】)

【例题4·单项选择题】 甲企业对采购部门采用定额备用金制,8月5日报销时应编制的会计分录为( )。

A. 借:备用金
   贷:库存现金

B. 借:管理费用
   贷:库存现金

C. 借:库存现金
   贷:备用金

D. 借:管理费用
   贷:备用金

【答案】 B

【解析】 定额备用金管理制度下,在报销时,应补足定额,并根据相关发票等原始凭证计入相关成本、费用。

五、现金的清查

1. 现金盘亏的账务处理

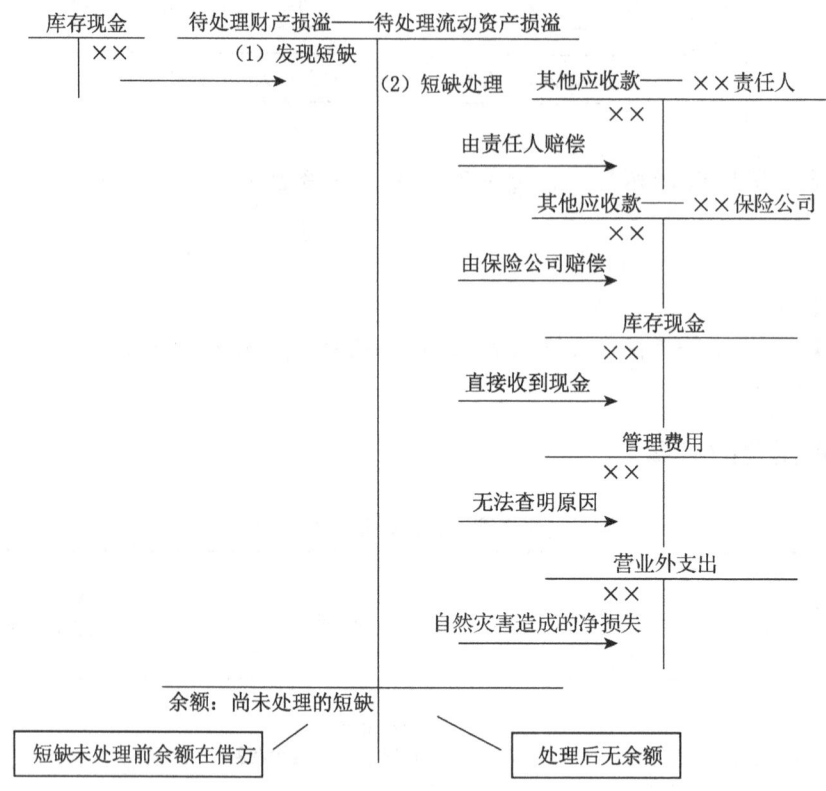

2. 现金盘盈的账务处理

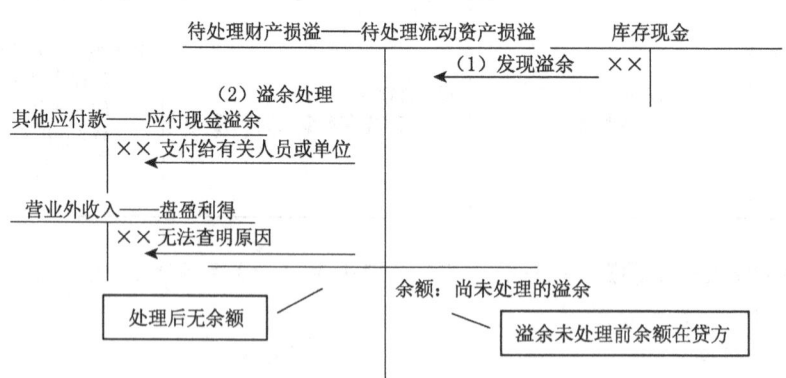

【例题 5·单项选择题】 无法查明原因的库存现金盘盈,应( )。
A. 记入"其他业务收入"账户 B. 记入"营业外收入"账户
C. 记入"主营业务收入"账户 D. 冲减管理费用

【答案】 B

【解析】 无法查明原因的库存现金盘盈,作为盘盈利得处理,经批准后记入"营业外收入"账户。

【例题6·单项选择题】 无法查明原因的库存现金盘亏,应记入( )账户。

A. "管理费用" B. "营业外支出"

C. "其他业务成本" D. "销售费用"

【答案】 A

【解析】 无法查明原因的库存现金盘亏,经批准后记入"管理费用"账户。

六、开立和使用银行存款账户的规定

四种账户开立与使用对比表

账户种类	定　义	作用及使用范围	相　关　规　定
1. 基本存款账户	企业办理日常结算和现金收付业务的账户	企业职工薪酬等现金的支取只能通过本账户	一个企业只能在一家银行开立一个基本存款账户,即一个企业只有一个基本存款账户
2. 一般存款账户	存款人因借款或其他结算需要在基本存款账户开户银行以外的银行营业机构开立的银行结算账户	办理转账结算和现金缴存,但不能支取现金	不得在同一家银行的几个分支机构开立一般存款账户,如:在华夏银行山东路支行开了一般存款账户,就不能在华夏银行南京路支行再开一个一般存款账户
3. 临时存款账户	企业因临时经营活动需要而开立的账户	办理转账结算和根据国家现金管理的规定办理现金收付。使用范围:设立临时机构、异地临时经营活动、注册验资	可以用于现金的缴存与支取,但用于注册验资的,在验资期间不得现金支取。临时存款账户的有效期最长不得超过2年
4. 专用存款账户	企业因特殊用途需要而开立的账户	企业可申请专用存款账户的有:基本建设资金、更新改造资金、财政预算外资金、证券交易结算资金、期货交易保证金、单位银行卡备用金等	

【例题7·单项选择题】 下列各项中,可支付职工工资的账户是( )。

A. 一般存款账户 B. 基本存款账户

C. 专用存款账户 D. 临时存款账户

【答案】 B

【解析】 企业职工薪酬等现金的支取只能通过基本存款账户办理。

【例题8·多项选择题】 关于企业的一般存款账户,下列说法正确的有( )。

A. 只能开立一个一般存款账户

B. 在一家银行只能开立一个一般存款账户

C. 一般存款账户可支取现金

D. 一般存款账户可缴存现金,但不能支取现金

【答案】 BD

【解析】 在一家银行只能开立一个一般存款账户,实务中可根据企业经济业务的需要在不同银行各开设一个一般存款账户;一般存款账户可办理转账和现金缴存,但不能支取现金。

七、银行存款余额调节表

1. 与银行对账

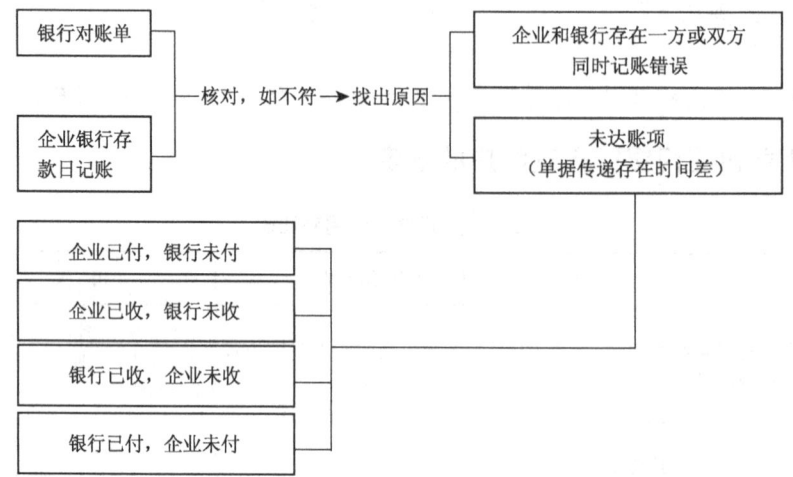

2. 银行存款余额调节表格式

银行存款余额调节表

2×19 年 12 月 31 日

公司名称：××公司　　开户行：　　　　账号：　　　　　　　　单位：元

项　　目	金　　额	项　　目	金　　额
银行对账单余额		企业银行存款日记账余额	
加：企业已收，银行未收		加：银行已收，企业未收	
1.		1.	
2.		2.	
3.		3.	
银行误记、串记（少记）		企业误记（少记）	
减：企业已付，银行未付		减：银行已付，企业未付	
1.		1.	
2.		2.	
3.		3.	
银行误记、串记（多记）		企业误记（多记）	
调整后余额		调整后余额	

3. 银行存款余额调节注意事项

（1）银行存款余额调节表不能作为原始凭证记账。

(2) 银行对账单不能作为原始凭证记账。

(3)《企业内部控制应用指引》规定，出纳人员不能同时负责编制银行存款余额调节表。

4. 银行存款余额调节表编制完毕后，需要做的工作

(1) 银行存款余额调节表编制完毕后，需进行后续跟踪，对误记、串记的要及时处理，特别是对由于银行的原因造成的误记、串记要及时与银行沟通并进行及时处理，未达账项的单据要尽快取回，并依据取回的原始凭证进行账务处理。

(2) 实务中，应尽量减少造成银行对账单与企业银行存款日记账不符的因素，这就要求出纳人员：①在编制记账凭证时，认真仔细，数据书写需准确；②日常要及时到银行取回收付款单据，取回后应依据单据及时进行账务处理，特别是到了月末，一定要到各开户行将未取回的收付款单据取回，并依据单据进行相应的会计处理。

【例题9·单项选择题】 企业银行存款的实有数是指（　　）。

A. 银行对账单的余额

B. 企业银行存款日记账的余额

C. 银行存款余额调节表调节后的余额

D. 以上都不对

【答案】 C

【解析】 银行存款余额调节表调节后的余额才是企业银行存款的实有数。

八、其他货币资金的核算

企业应设置"其他货币资金"账户进行其他货币资金的总分类核算，在"其他货币资金"总账账户下按其组成内容分设明细账户，并且按银行汇票或本票、信用证的收款单位，外埠存款的开户银行等设置明细账，如"其他货币资金——外埠存款——中国银行北京海淀区支行""其他货币资金——银行汇票——星火公司"。

其他货币资金包括外埠存款、银行汇票存款、银行本票存款、信用卡存款、信用证保证金存款以及存出投资款等。

【例题10·单项选择题】 下列各项中，需通过"其他货币资金"账户核算的是（　　）。

A. 外埠存款　　　　　　B. 银行汇票存款

C. 存出投资款　　　　　D. 商业汇票

【答案】 ABC

【解析】 商业汇票按承兑人的不同可分为银行承兑汇票和商业承兑汇票，使用的账户是"应收票据"或"应付票据"。

思考与练习

一、单项选择题

1. 在现金的使用范围中，"结算起点以下的零星开支"中的"结算起点"是指（　　）。

A. 2 000元　　　　　　B. 1 000元

C. 1 500元　　　　　　D. 500元

2. 银行根据企业的实际情况核定库存现金限额时，如为边远山区企业，则为（　　）天

的日常开支。
A. 5~15 B. 10
C. 3~5 D. 8

3. 下列各项中,可以办理提取现金发放工资的账户是(   )。
A. 基本存款账户 B. 一般存款账户
C. 临时存款账户 D. 专用存款账户

4. 企业将款项汇往外地开立采购专用账户时,应借记的会计账户是(   )。
A. "委托收款" B. "材料采购"
C. "银行存款" D. "其他货币资金"

5. 企业将款项划至在证券公司开立的资金账户时,如果用支票支付,收款人名称应填写为(   ),借记的账户应为(   )。
A. 本公司名称 "银行存款" B. 本公司名称 "其他货币资金"
C. 证券公司名称 "银行存款" D. 证券公司名称 "其他货币资金"

6. 企业为取得信用卡,按照规定存入银行的款项,应借记的会计账户是(   )。
A. "其他货币资金" B. "银行存款"
C. "库存现金" D. "其他应收款"

7. 企业现金清查中,经检查仍无法查明原因的现金短缺,经批准应记入(   )账户。
A. "财务费用" B. "管理费用"
C. "营业外支出" D. "销售费用"

8. 下列各项中,不通过"其他货币资金"账户核算的是(   )。
A. 存出投资款 B. 外埠存款
C. 银行汇票存款 D. 备用金

9. 无法查明原因的现金溢余,经批准后作为盘盈利得处理,记入(   )账户。
A. "营业外收入" B. "其他业务收入"
C. "管理费用" D. "主营业务收入"

10. 企业银行存款的实有数,应为(   )。
A. 银行对账单余额
B. 企业银行存款日记账余额
C. 银行存款余额调节表调节后的余额
D. 以上都不对

二、多项选择题

1. 资产负债表"货币资金"项目应根据(   )账户期末余额的合计数填列。
A. "库存现金" B. "银行存款"
C. "其他货币资金" D. "交易性金融资产"
E. 持有至到期投资

2. 现金具有的特征有(   )。
A. 货币性 B. 流动性
C. 通用性 D. 流通性

E. 交易性
3. 在企业的现金清查中,现金溢缺的核算会涉及的会计账户有( )。
A. "其他应收款" B. "其他应付款"
C. "管理费用" D. "营业外收入"
E. "待处理财产损溢"
4. 下列各项中,会导致企业银行存款日记账余额大于银行存款对账单余额的是( )。
A. 企业已经收款入账,银行尚未收款入账的款项
B. 企业已经付款入账,银行尚未付款入账的款项
C. 银行已经收款入账,企业尚未收款入账的款项
D. 银行已经付款入账,企业尚未付款入账的款项
E. 银行少记收款金额
5. 下列各项中,通过"其他货币资金"账户核算的有( )。
A. 信用证保证金存款 B. 银行本票存款
C. 银行汇票存款 D. 信用卡存款
E. 存出投资款

三、判断题
1. 在企业日常交易中应用的是狭义的现金概念,指库存现金,即纸币和硬币。 ( )
2. 在企业的货币性资产中,现金的流动性是最强的。 ( )
3. 无法查明原因的现金溢余,经批准冲减管理费用。 ( )
4. 一个企业只能开立一个基本存款账户。 ( )
5. 一个企业根据经济业务的需要,可以开立多个一般存款账户。 ( )

四、计算及账务处理题
1. 华夏公司 2×19 年对行政部门实行定额备用金管理制度:
(1) 1月1日,支付定额备用金5 000元。
(2) 5月20日,行政部发生3 000元费用,到财务报销。
(3) 12月31日,年终结算,持4 500元费用发票,未用现金500元至财务部门报销。
要求:编制相应会计处理的分录。
2. 2×19 年12月20日,华夏公司在对现金进行清查时,发现现金短缺400元。经查实,需由责任人赔偿260元、由保险公司赔偿100元、无法查明原因40元,并经批准进行相应的会计处理。
要求:编制相应会计处理的分录。
3. 2×19 年7月31日,华夏公司中国银行山东省分行的账号为3310××1683银行账户的银行存款日记账的余额为180 551元,银行对账单的余额为246 000元,经过对银行存款日记账和银行对账单的核对,发现未达账项及误记账的情况如下:
(1) 25日,公司收到货款8 600元,出纳误记为8 660元。
(2) 26日,支付运费990元,出纳误记为999元。

(3) 26 日，企业开出转账支票 50 000 元支付货款，持票人尚未到银行办理结算手续。

(4) 27 日，收到货款 10 000 元，银行误记为 1 000 元。

(5) 28 日，银行收取企业贷款利息 3 000 元，企业尚未收到付款通知。

(6) 28 日，银行将本公司存入的一笔款项串记至另一公司账户中，金额 20 000 元。

(7) 28 日，银行代企业支付水费 2 500 元，企业尚未收到付款通知。

(8) 29 日，企业送存银行的转账支票一张，金额 15 000 元，银行已承办，企业已凭回单记账，但银行尚未入账，对账单没有记录。

(9) 30 日，银行收到货款 65 000 元，但企业尚未收到收款通知。

要求：编制 2×19 年 7 月 31 日中国银行山东省分行的银行存款余额调节表。

五、案例分析题

王明是华夏公司刚入职的出纳人员，在日常工作中遇到了如下两件事情：

(1) 2×19 年 6 月 18 日，现金业务结束后进行现金清查时，发现现金短缺 30 元，找不到原因，他觉得钱也不多，于是自掏腰包补齐了 30 元的现金短缺。

(2) 2×19 年 6 月 26 日，现金业务结束后进行现金清查时，发现现金溢余 50 元，找不到原因，他觉得钱也不多，于是放入了自己的腰包。

请问王明对上述两项经济业务的处理是否正确？为什么？正确的处理方法是什么？

第三章 存 货

本章基本内容框架

存货及其分类 ─ 存货的概念与特征
　　　　　　　 存货的确认条件
　　　　　　　 存货的分类

存货的初始计量 ─ 外购的存货
　　　　　　　　 加工取得的存货
　　　　　　　　 委托加工存货

发出存货的计量 ─ 存货成本流转假设
　　　　　　　　 发出存货的计价方法 ─ 先进先出法
　　　　　　　　　　　　　　　　　　 月末一次加权平均法
　　　　　　　　　　　　　　　　　　 移动加权平均法
　　　　　　　　　　　　　　　　　　 个别计价法
　　　　　　　　 发出存货的会计处理 ─ 生产经营领用原材料
　　　　　　　　　　　　　　　　　　 生产经营领用周转材料
　　　　　　　　　　　　　　　　　　 销售的存货(如原材料、库存商品、产成品)
　　　　　　　　　　　　　　　　　　 在建工程领用存货

计划成本法

存货的期末计量 ─ 计提存货跌价准备的方法
　　　　　　　　 存货跌价准备的会计处理

存货的清查 ─ 存货盘盈的会计处理
　　　　　　 存货盘亏的会计处理

重点、难点讲解及典型例题

一、存货的概念

存货是指企业在日常活动中持有以备出售的产成品或商品、处在生产过程中的在产品、在生产过程或提供劳务过程中耗用的材料、物料等。存货区别于固定资产等非流动资产的最基本的特征是,企业持有存货的最终的目的是出售,包括可供直接销售的产成品、商品,以及需经过进一步加工后出售的原材料等。

【例题1·多项选择题】 下列各项中,属于企业存货的有(　　)。
A. 原材料　　　　　　　　　　　　B. 周转材料

C. 委托加工物资　　　　　　　　D. 在途物资
E. 生产成本　　　　　　　　　　F. 工程物资

【答案】　ABCDE

【解析】　工程物资是企业为建造固定资产而购入的材料等物资，"工程物资"账户的期末余额反映企业尚未使用的各项工程物资的实际成本，在资产负债表中"在建工程"项目填列。

【例题2·多项选择题】　下列各项中，不属于企业存货的有（　　）。
A. 为建造厂房而购入的水泥　　　B. 为生产产品而购入的不锈钢板
C. 汽车生产企业成品库中的汽车　D. 为运输而购入的货车
E. 为国家储备的特种物资　　　　F. 为国家储备的专项物资

【答案】　ADEF

【解析】　选项A中为建造厂房而购入的水泥属于企业的工程物资，设置的账户为"工程物资"，领用工程物资投入在建工程时，将其成本转入"在建工程"账户，工程完工，并达到预定可使用状态时，转入"固定资产"账户。"工程物资"账户的期末余额反映企业尚未使用的各项工程物资的实际成本，在资产负债表中"在建工程"项目填列，因此，选项A不属于存货。

选项D中为运输而购入的货车属于企业的固定资产，不属于存货。

选项E和选项F中因不参加企业的经营周转，也不属于存货。

而选项B中为生产产品而购入的不锈钢板，为企业的原材料，属于在生产过程中被耗用的存货，选项C中汽车生产企业成品库中的汽车是以销售为目的的存货，为产成品。

因此，答案为选项A、D、E、F。

二、外购存货

1. 外购存货的成本

【例题3·多项选择题】　下列各项中，属于企业外购存货的成本的有（　　）。
A. 购买价款　　　　　　　　　　B. 可以抵扣的进项税额
C. 大宗物资的市内运杂费　　　　D. 入库前的挑选整理费
E. 运输途中的合理损耗

【答案】　ACDE

【解析】　外购存货的成本是指存货从采购到入库前所发生的全部支出，可以抵扣的进项税额记入"应交税费——应交增值税（进项税额）"账户，不计入外购存货的成本。如果为不可以抵扣的进项税额，则计入外购存货的成本中。

【例题4·多项选择题】　下列各项中，不属于企业外购存货的成本的有（　　）。
A. 市内零星货物运杂费　　　　　B. 采购人员的差旅费
C. 采购机构的经费　　　　　　　D. 供应部门的经费
E. 不可以抵扣的进项税额

【答案】　ABCD

【解析】　一般情况下选项A、B、C、D所述的费用不应计入存货的成本；选项E中不可抵扣的进项税额应计入存货的成本。如果是增值税的小规模纳税人，即使收到了增值税专用发票，进项税额也不得抵扣，一并进入外购存货的成本；增值税的一般纳税人外购存货，收到的如果是增值税普通发票,则进项税额不得抵扣,一并计入外购存货的成本。

2. 采用预付货款方式购入存货

如果企业预付账款不多,也可不设置"预付账款"账户,而用"应付账款"账户。

【例题 5 · 单项选择题】 对于以预付方式购入存货,如果企业设置了"应付账款"账户,则企业预付款项时,借记的账户是(　　)。

A. "应收账款"　　　　　　　　　　B. "预付账款"
C. "应付账款"　　　　　　　　　　D. "银行存款"

【答案】 C

【解析】 本题企业预付款项时的编制分录为:
借:应付账款
　　贷:银行存款

3. 附有现金折扣条件的赊购

我国企业会计准则要求采用总价法。在总价法下应付账款按实际交易金额入账,如果购货方在现金折扣期限内付款,则购货方取得的现金折扣(少付金额)作为一项理财收入,冲减当期的"财务费用",即贷记"财务费用"。

现金折扣的表达方式,如"2/10, 1/20, n/30",通常情况下享受现金折扣的价款为不含增值税的价款。具体按实际要求处理。

【例题 6 · 单项选择题】 在赊购附有现金折扣条件的情况下,企业在折扣期内付款而享有的现金折扣,应记入(　　)账户的(　　)方。

A. "财务费用" 借方　　　　　　　B. "财务费用" 贷方
C. "管理费用" 借方　　　　　　　D. "管理费用" 贷方

【答案】 B

【解析】 由于在折扣期内付款,因此,少付的金额应作为一项理财收入,应贷记"财务费用"账户,即冲减财务费用。

4. 外购存货发生短缺的会计处理

外购存货发生短缺的会计处理

短缺原因	会计处理	会计账户
① 运输途中的合理损耗	应计入有关存货的采购成本	"原材料""周转材料"等
② 供货单位责任	补足存货,冲减"应付账款"账户	"应付账款"(冲减时为借方,货到时为贷方)
	赔偿,冲减"应付账款",同时需把进项税额转出	"应付账款"(借方)、"应交税费——应交增值税(进项税额转出)"(贷方)
③ 运输单位责任	赔偿,记入"其他应收款"账户,同时需把进项税额转出	"其他应收款""应交税费——应交增值税(进项税额转出)"
④ 自然灾害或意外事故等非常原因	扣除保险公司和过失人赔款后的净损失记入"营业外支出"账户	"其他应收款""营业外支出"

【例题 7·单项选择题】 外购存货发生短缺,成本 5 000 元,经查实是甲运输单位的责任,经协商由运输单位赔款,应向运输单位收取( )元。

A. 5 000
B. 5 800
C. 5 726
D. 5 774

【答案】 B

【解析】 运输单位造成短缺的存货,需进项税额转出,进项税额转出的金额=5 000×13%=650(元),因此,应向运输单位收取的金额=5 000+650=5 650(元),分录为:

借:其他应收款——甲运输单位 5 650
　　贷:待处理财产损溢 5 000
　　　　应交税费——应交增值税(进项税额转出) 650

三、委托加工的存货

1. 委托加工应税消费品消费税的会计处理

根据税法规定,企业委托加工应税消费品时,除受托方为个人之外,应由受托方在向委托方交货时代收代缴消费税。

(1) 对于委托方收回后直接出售的应税消费品,由受托方代收代缴的消费税应直接计入委托加工物资的成本,即借记"委托加工物资"账户,待销售委托加工存货时,不需要再缴纳消费税。

(2) 对于委托方收回后用于连续生产的应税消费品,由受托方代收代缴的消费税准予抵扣,即借记"应交税费——应交消费税"账户,待连续生产的应税消费品生产完工并销售时,从生产完工的应税消费品应纳消费税额中抵扣。

【例题 8·单项选择题】 对于委托方收回后用于连续生产的应税消费品,由受托方代收代缴的消费税,委托方应当( )账户。

A. 借记"应交税费——应交消费税"
B. 借记"其他业务成本"
C. 借记"委托加工物资"
D. 借记"税金及附加"

【答案】 A

【解析】 对于委托方收回后用于连续生产的应税消费品,由受托方代收代缴的消费税准予抵扣,即借记"应交税费——应交消费税"账户,分录为:

借:应交税费——应交消费税
　　贷:银行存款

【例题 9·多项选择题】 对于委托方(增值税一般纳税人)收回后直接出售的应税消费品,计入委托加工物资成本的有( )。

A. 支付的加工费
B. 支付的运杂费
C. 支付的增值税(收到增值税专用发票)
D. 支付的消费税

【答案】 ABD

【解析】 对于委托方收回后直接出售的应税消费品,由受托方代收代缴的消费税应直接计入委托加工物资的成本;支付的加工费的增值税,可以抵扣,借记"应交税费——应交增值税(进项税额)",不计入委托加工存货的成本。

2. 委托加工应税消费品的消费税计算

$$组成计税价格 = \frac{材料成本 + 加工费}{1 - 消费税税率}$$

$$应纳消费税税额 = 组成计税价格 \times 消费税税率$$

四、发出存货的计量

1. 发出存货的计价方法

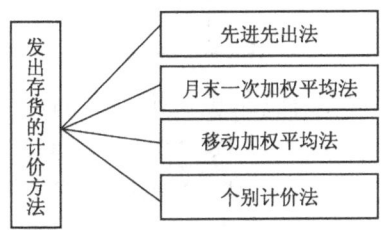

【例题 10·多项选择题】 我国企业会计准则规定,发出存货可以采用的计价方法有（　　）。

A. 先进先出法　　　　　　　　B. 月末一次加权平均法

C. 移动加权平均法　　　　　　D. 个别计价法

E. 后进先出法

【答案】 ABCD

【解析】 按照后进先出法,期末存货的成本是按较早购货成本确定的,脱离了目前市场价值,不能真实反映存货这一资产的状况。我国企业会计准则规定,发出存货计价不允许采用后进先出法。

【例题 11·单项选择题】 企业的存货采用先进先出法计价,在存货价格下跌的情况下,将会导致（　　）。

A. 期末存货成本降低,当期利润增加

B. 期末存货成本降低,当期利润减少

C. 期末存货成本升高,当期利润增加

D. 期末存货成本升高,当期利润减少

【答案】 B

【解析】 按照先进先出法,先入库存货的成本先转出,在存货价格下跌的情况下,先入库存货的成本高,即先转出的成本高,则利润就低,期末存货的成本是按较晚购货成本确定的,即反映目前市场价值,存货价格呈下跌趋势,因此,期末存货成本降低。

2. 发出存货的会计处理

生产经营领用周转材料

领用部门	用　　途	涉及收入类账户	相关成本费用类账户
生产部门	构成产品实体一部分		生产成本
车间	一般性物料消耗		制造费用

(续表)

领用部门	用　　途	涉及收入类账户	相关成本费用类账户
销售部门	随同商品出售不单独计价的		销售费用
	随同商品出售并单独计价的	其他业务收入	其他业务成本
	用于出租的(销售产品时)	其他业务收入	其他业务成本
	用于出借		销售费用
管理部门	自用		管理费用

【例题12·单项选择题】 随同商品出售不单独计价的周转材料成本,记入(　　)账户。

A."销售费用"　　　　　　　　B."其他业务成本"

C."营业外成本"　　　　　　　　D."管理费用"

【答案】 A

【解析】 随同商品出售不单独计价的周转材料成本,记入"销售费用"账户。

【例题13·单项选择题】 随同商品出售单独计价的周转材料成本,记入(　　)账户。

A."销售费用"　　　　　　　　B."其他业务成本"

C."营业外成本"　　　　　　　　D."管理费用"

【答案】 B

【解析】 随同商品出售单独计价的周转材料成本,相当于将周转材料出售,收入记入"其他业务收入"账户,其成本记入"其他业务成本"账户。

【例题14·单项选择题】 企业出借周转材料的成本,记入(　　)账户。

A."销售费用"　　　　　　　　B."其他业务成本"

C."营业外成本"　　　　　　　　D."管理费用"

【答案】 A

【解析】 企业出借周转材料的成本记入"销售费用"账户。

销售存货

项　目	涉及收入类账户	相关成本、费用类账户
销售产成品或库存商品	主营业务收入	主营业务成本
销售原材料	其他业务收入	其他业务成本

【例题15·单项选择题】 企业出售原材料的成本,记入(　　)账户。

A."销售费用"　　　　　　　　B."其他业务成本"

C."营业外成本"　　　　　　　　D."管理费用"

【答案】 B

【解析】 企业出售原材料,其收入记入"其他业务收入"账户,其成本记入"其他业务成本"账户。

【例题16·单项选择题】 东盛公司出售产成品一批,该批产品的成本记入(　　)账户。

A."销售费用"　　　　　　　　B."其他业务成本"

C. "营业外成本" D. "主营业务成本"

【答案】 D

【解析】 企业出售产成品或库存商品,其收入记入"主营业务收入"账户,其成本记入"主营业务成本"账户。

在建工程领用存货

在建工程	领用外购原材料	领用自产产品
有形动产	借:在建工程 　贷:原材料	借:在建工程 　贷:库存商品
不动产	借:在建工程 　贷:原材料	借:在建工程 　贷:库存商品

【例题17·单项选择题】 东海公司自行建造一台设备,领用本企业用于生产产品的原材料一批,成本10 000元,进项税额1 300元,市价12 000元,问该笔业务增加在建工程的成本为(　　)元。

A. 12 000　　　　　　B. 11 700
C. 10 000　　　　　　D. 12 040

【答案】 C

【解析】 设备属于有形动产,因此,直接将原材料的成本10 000元转入工程成本。分录为:

借:在建工程　　　　　　　　　　　　　　　　　　　　10 000
　贷:原材料　　　　　　　　　　　　　　　　　　　　　　　10 000

【例题18·单项选择题】 乙水泥厂自建一栋办公楼,领用本企业生产的水泥一批,成本20 000元,市价28 000元,问该笔业务增加在建工程的成本为(　　)元。

A. 20 000　　　　　　B. 24 760
C. 28 000　　　　　　D. 32 760

【答案】 A

【解析】 办公楼为不动产,领用自产产品时,需将自产产品的成本转入在建工程的成本中。分录为:

借:在建工程　　　　　　　　　　　　　　　　　　　　20 000
　贷:库存商品　　　　　　　　　　　　　　　　　　　　　　20 000

五、计划成本法

1. 计划成本法

日常:存货的收入、发出及结存按计划成本计价。

并设置"材料成本差异"账户登记计划成本与实际成本的差异额。

月末 —通过成本差异的分摊→ 将 { 发出的存货 / 结存的存货 } 由计划成本 —调整为→ 实际成本

即材料成本差异作为存货的调整项目。

2. 存货成本差异的形成

企业购进存货时的实际成本登记在"材料采购"账户的借方；存货验收入库时，将计划成本登记在"材料采购"账户的贷方，"材料采购"账户借方与贷方的差额，即实际成本与计划成本的差额，由"材料采购"账户转入到"材料成本差异"账户，此时"材料成本差异"产生，即材料成本差异产生的时点是存货验收入库时。

（1）采购存货，按实际成本：

借：材料采购　　　　　　　　　　【实际成本】
　　应交税费——应交增值税（进项税额）
　　贷：银行存款等账户

（2）存货验收入库，差异产生：

① 验收入库，按计划成本。

借：原材料/周转材料等　　　　　【计划成本】
　　贷：材料采购　　　　　　　　【计划成本】

② "材料采购"账户借贷方进行对比，材料成本差异产生。

方法："材料采购"金额小的一方，就用"材料采购"账户补足，对方便为"材料成本差异"账户，如果"材料成本差异"在借方，便为超支差异，如果在贷方，便为节约差异。

借：材料采购　　　　　　或　　　借：材料成本差异
　　贷：材料成本差异　　　　　　　　贷：材料采购

①②可以合并为：

借：原材料/周转材料等　　　　　【计划成本】
　　贷：材料采购　　　　　　　　【实际成本】
　　　　材料成本差异　　　　　　【贷方差，为节约；如为借方差，则为超支】

3. 存货的发出按计划成本计算

4. 发出存货成本差异的分摊

$$\text{本月材料成本差异率} = \frac{\text{月初结存材料的成本差异} + \text{本月验收入库材料的成本差异}}{\text{月初结存材料的计划成本} + \text{本月验收入库材料的计划成本}} \times 100\%$$

$$\text{本月发出存货应负担的成本差异} = \text{发出存货的计划成本} \times \text{本月材料成本差异率}$$

5. 月末计算存货的实际成本

月初结存存货的成本差异和本月取得存货形成的成本差异，由本月发出存货分摊之后的差异余额，实际就成为应由期末结存存货分摊的差异额。金额为：

$$\begin{array}{c}\text{"材料成本差异"}\\\text{账户月末余额}\end{array} = \begin{array}{c}\text{本账户期初}\\\text{余额}\end{array} + \begin{array}{c}\text{本期验收入库产生的}\\\text{成本差异额}\end{array} - \begin{array}{c}\text{发出存货分摊的}\\\text{差异额}\end{array}$$

也就是说，原期末结存存货为计划成本，或加或减"材料成本差异""产品成本差异"账户后，将材料或产成品的计划成本调整为实际成本。

$$\text{月末结存存货的实际成本} = \text{结存存货的计划成本} + \text{结存存货应负担的超支差异}$$

或：

> 月末结存存货的实际成本 ＝ 结存存货的计划成本 － 结存存货应负担的节约差异

即资产负债表中存货的期末余额体现的是实际成本,而非计划成本。

【例题 19·单项选择题】 丙公司本月月初库存原材料计划成本 50 000 元,材料成本差异为贷方余额 2 000 元;本月购进原材料计划成本 500 000 元,实际成本 480 000 元。本月材料成本差异率为( )。

A. 超支 3%   B. 节约 3%
C. 超支 4%   D. 节约 4%

【答案】 D

【解析】 材料成本差异的贷方为节约,用"－"表示。
材料成本差异率＝(－2 000－20 000)/(50 000＋500 000)×100%＝－4%,为节约差异率。

【例题 20·单项选择题】 丁企业本月材料成本差异为超支 2%,本月生产领用原材料的计划成本为 50 000 元,实际成本为( )元。

A. 50 000   B. 49 000
C. 51 000   D. 50 100

【答案】 C

【解析】 由于材料成本差异为超支 2%,因此,实际成本大于计划成本,所以实际成本＝50 000×(1＋2%)＝51 000(元)。

六、存货的期末计量

资产负债表日,当存货成本低于可变现净值时,存货按成本计量;当存货成本高于可变现净值时,存货按可变现净值计量,同时按照成本高于可变现净值的差额计提存货跌价准备,计入当期损益。

即:资产负债表日,存货应当按照成本与可变现净值孰低法进行计量。成本,是指期末存货的实际成本。可变现净值,是指在日常活动中,存货的估计售价减去至完工时估计将要发生的成本、估计的销售费用以及相关税费后的金额。

1. **存货跌价准备的计提**

某期应计提的存货跌价准备 ＝ 当期可变现净值低于成本的差额 － "存货跌价准备"账户的原有余额

通过以上公式可见,要得出某期应计提的存货跌价准备金额,需先求出当期可变现低于成本的差额,然后再与"存货跌价准备"账户原有的余额进行比较。

技巧:在计算当期应计提的存货跌价准备金额时,可借助丁字形账户。

【例题 21·单项选择题】 星火公司 2×19 年年末,B 原材料的账面成本为 260 000 元,可变现净值为 240 000 元。计提存货跌价准备前,"存货跌价准备"账户为贷方余额 8 000 元。星火公司当年应计提的存货跌价准备为( )元。

A. 28 000   B. 20 000   C. 12 000   D. 8 000

【答案】 C

【解析】 可变现净值低于成本的差＝260 000－240 000＝20 000(元)，即"存货跌价准备"账户的余额，账户原余额为贷方 8 000，当期应计提存货跌价准备＝20 000－8 000＝12 000(元)。

```
           存货跌价准备
    ┌─────────────────────┐
    │         8 000        【账户余额】
    │        12 000    ←──【当期应计提的金额】
    │        20 000        【可变现金额低于成本的差额，先定下】
```

2. 存货跌价准备的会计处理

（1）补提：

借：资产减值损失
　　贷：存货跌价准备

（2）转回：

借：存货跌价准备
　　贷：资产减值损失

七、存货的清查

存货的盘盈、盘亏通过"待处理财产损溢——待处理流动资产损溢"账户核算。

1. 存货的盘盈

存货发生盘盈，应按重置成本作为盘盈存货的入账价值，及时予以登记入账；待查明原因，按管理权限报经批准处理后，冲减当期管理费用。

（1）发现盘盈：

借：原材料等
　　贷：待处理财产损溢——待处理流动资产损溢

（2）经批准，进行会计处理：

借：待处理财产损溢——待处理流动资产损溢
　　贷：管理费用

2. 存货的盘亏

存货发生盘亏，应将其账面价值及时转销，涉及增值税的，还应进行相应处理；待查明原因，按管理权限报经批准后，根据造成存货盘亏或毁损的原因，分别以下情况进行处理：

（1）属于计量收发差错和管理不善等原因造成的存货短缺，应先扣除残料价值、可以收回的保险赔偿和过失人赔偿，将净损失记入"管理费用"账户；

（2）属于定额内自然损耗造成的短缺，记入"管理费用"账户；

（3）属于自然灾害等非常原因造成的存货毁损，应先扣除处置收入(如残料价值)、可以收回的保险赔偿和过失人赔偿，将净损失记入"营业外支出"账户。

【例题22·多项选择题】 盘亏的存货，应记入"管理费用"账户的有（　　）。

A. 定额内的自然损耗　　　　　B. 收发计量差错造成的净损失

C. 管理不善造成的净损失　　　　　　D. 自然灾害等非常原因造成的净损失

【答案】 ABC

【解析】 选项 D 中自然灾害等非常原因造成的净损失，记入"营业外支出"账户。

思考与练习

一、单项选择题

1. 下列各项中，账户的期末余额不应列示于资产负债表"存货"项目下的是（　　）。
   A. "生产成本"　　　　　　　　　　B. "周转材料"
   C. "原材料"　　　　　　　　　　　D. "工程物资"

2. 下列各项支出中，一般纳税人企业不应计入存货成本的是（　　）。
   A. 入库前的挑选整理费用　　　　　B. 运输途中的合理损耗
   C. 购买存货发生的进口关税　　　　D. 购入存货时支付的增值税进项税额

3. 企业委托加工存货所支付的下列款项中，不可能计入委托加工存货成本的是（　　）。
   A. 支付的往返运杂费　　　　　　　B. 支付的消费税额
   C. 支付的加工费　　　　　　　　　D. 支付的增值税额

4. 需要交纳消费税的委托加工存货，收回后用于继续加工应税消费品，由受托方代收代缴的消费税应当借记（　　）账户。
   A. "委托加工物资"　　　　　　　　B. "应交税费"
   C. "其他业务成本"　　　　　　　　D. "税金及附加"

5. 随同商品出售并单独计价的包装物，其成本应记入（　　）账户。
   A. "其他业务成本"　　　　　　　　B. "销售费用"
   C. "主营业务成本"　　　　　　　　D. "制造费用"

6. 随同商品出售但不单独计价的包装物，其成本应记入（　　）账户。
   A. "其他业务成本"　　　　　　　　B. "销售费用"
   C. "主营业务成本"　　　　　　　　D. "制造费用"

7. 出租周转材料的成本，企业应记入（　　）账户。
   A. "销售费用"　　　　　　　　　　B. "管理费用"
   C. "其他业务成本"　　　　　　　　D. "营业外支出"

8. 企业自建办公楼，领用了本企业的产成品水泥，该产成品生产成本为 8 000 元，正常售价为 10 000 元，增值税税率 13%，企业领用该产品应计入在建工程成本的金额为（　　）元。
   A. 8 000　　　　　　　　　　　　B. 11 700
   C. 9 700　　　　　　　　　　　　D. 10 000

9. 企业自制一台生产设备，领用了本企业的产成品，该产成品生产成本为 8 000 元，正常售价为 10 000 元，增值税税率 13%，企业领用该产品应计入在建工程成本的金额为（　　）元。
   A. 8 000　　　B. 11 700　　　C. 9 700　　　D. 10 000

10. 资产负债表日,存货应当按照成本与可变现净值孰低计量,这一做法体现了会计信息质量要求的(　　)。
   A. 相关性　　　　　　　　　　B. 谨慎性
   C. 实质重于形式　　　　　　　D. 重要性

二、多项选择题

1. 下列各项中,不应计入外购存货成本的项目有(　　)。
   A. 大宗物资的市内运杂费　　　B. 运输途中的保险费
   C. 市内零星货物运杂费　　　　D. 采购机构的经费
   E. 采购人员的差旅费

2. 企业会计准则规定,发出存货的计价应当采用(　　)。
   A. 先进先出法　　　　　　　　B. 后进先出法
   C. 加权平均法　　　　　　　　D. 移动平均法
   E. 个别计价法

3. 企业在进行存货盘点时,发生的下列存货盘亏或毁损中,应将净损失记入"管理费用"账户的是(　　)。
   A. 自然灾害造成的毁损　　　　B. 定额内自然损耗
   C. 管理不善造成的霉烂变质　　D. 意外事故造成的毁损
   E. 收发计量差错造成的盘亏

4. 企业存货发生盘盈盘亏,应先记入"待处理财产损溢"账户,待报经批准后,分别转入(　　)账户。
   A. "营业外支出"　　　　　　　B. "其他应收款"
   C. "营业外收入"　　　　　　　D. "财务费用"
   E. "管理费用"

5. 在物价上涨的情况下,采用先进先出法结转存货成本,其特点有(　　)。
   A. 高估期末存货成本　　　　　B. 低估期末存货成本
   C. 高估当期利润　　　　　　　D. 低估当期利润
   E. 高估当期资产价值

三、判断题

1. 企业为生产产品而购入的材料,属于存货;为建造固定资产而购入的材料,不属于存货。　　　　　　　　　　　　　　　　　　　　　　　　　　　　(　　)

2. 对于生产和销售机器设备的企业来说,成品库中的机器设备属于企业的存货;而对于使用机器设备进行生产的企业来说,所使用的机器设备属于固定资产。(　　)

3. 期末存货应采用成本与可变现净值孰低的方法计价。　　　　　　　　(　　)

4. 存货采购过程中发生的仓储费用以及在生产过程中为使存货达到下一生产阶段所必需的仓储费用,应当计入存货成本。　　　　　　　　　　　　　　(　　)

5. 存货采用计划成本法核算时,在资产负债表中应按计划成本反映存货的价值。
　　　　　　　　　　　　　　　　　　　　　　　　　　　　　　　　(　　)

四、计算及账务处理题

1. 甲公司 M 原材料：11 月 1 日期初结存 1 000 件，单价 55 元。11 月份发生以下 M 原材料收入、发出的经济业务：

(1) 11 月 6 日，购进 2 000 件，单价 53 元。

(2) 11 月 8 日，发出 2 200 件。

(3) 11 月 14 日，购进 1 500 件，单价 57 元。

(4) 11 月 19 日，发出 1 000 件。

(5) 11 月 22 日，购进 3 000 件，单价 58 元。

(6) 11 月 30 日，发出 3 500 件。

要求：根据以上资料，分别采用先进先出法、月末一次加权平均法、移动加权平均法计算期末结存的 M 原材料的成本和本期发出的 M 原材料的成本。

2. 某年 6 月份，乙公司从北海公司购入一批原材料，增值税专用发票上注明的材料价款为 10 000 元，增值税额为 1 300 元。

要求：分别编制下列情况下，乙公司购入原材料的会计分录：

(1) 原材料已验收入库，款项由银行电汇支付。

(2) 款项由银行电汇支付，但材料尚在运输途中。

① 6 月 15 日，支付款项。

② 6 月 20 日，材料运抵企业并验收入库。

(3) 材料已验收入库，但发票账单尚未到达企业。

① 6 月 25 日，材料运抵企业并验收入库，但发票账单尚未到达。

② 6 月 30 日，发票账单仍未到达，对该批材料估价 10 500 元入账。

③ 7 月 1 日，进行相应会计处理。

④ 7 月 5 日，发票账单到达企业，以银行承兑汇票支付货款。

3. 丙公司为增值税一般纳税人，从 G 公司赊购一批原材料，G 公司开具的增值税专用发票上注明的价款为 200 000 元，增值税额为 26 000 元，根据购货合同约定，赊购期限为 30 天，现金折扣条件为 2/10，1/20，n/30，计算现金折扣时不考虑增值税。

要求：根据下列内容，按总价法编制丙公司相关的会计分录。

(1) 赊购原材料。

(2) 支付货款。

① 假定 10 天内支付货款。

② 假定 20 天内支付货款。

③ 假定超过 20 天支付货款。

第四章 金融资产

本章基本内容框架

金融资产的定义及分类 { 以摊余成本计量的金融资产 / 以公允价值计量且其变动计入其他综合收益的金融资产 / 以公允价值计量且其变动计入当期损益的金融资产

交易性金融资产的会计处理 { 初始计量 / 后续计量 / 处置及重分类

债权投资的会计处理 { 初始计量 / 后续计量 / 处置及重分类

贷款及应收款项概述 { 贷款和应收款项 / 应收款项的会计处理

其他债权投资和其他权益工具投资 { 初始计量 / 后续计量 / 处置及重分类

应收款项的减值 { 应收款项减值的核算原则 / 应收款项减值的主要核算账户 / 应收款项减值的主要会计处理

重点、难点讲解及典型例题

一、金融资产的分类

金融资产通常是指企业的库存现金、银行存款、应收账款、应收票据、其他应收款、股权投资、债权投资等。本章介绍的金融资产分类如下：

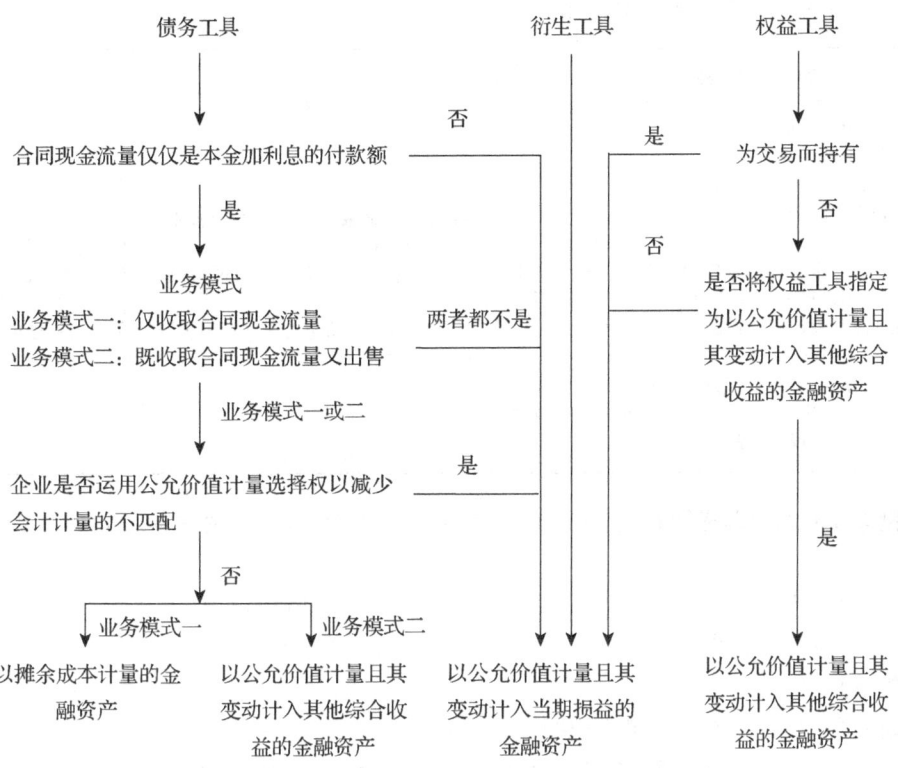

金融资产的分类

二、交易性金融资产的会计处理

1. 交易性金融资产账户设置

与交易性金融资产核算有关的会计账户

核算账户		账户性质	核算内容
交易性金融资产	交易性金融资产——××（成本）【明细分类账户】	资产类	核算交易性金融资产的取得成本
	交易性金融资产——××（公允价值变动）【明细分类账户】	资产类	核算交易性金融资产在持有期间的公允价值变动金额
应收股利		资产类	核算应收取的现金股利和应收取其他单位分配的利润
应收利息		资产类	核算分期付息债券在资产负债表日按照面值乘以票面利率计算确定的应收未收的利息
投资收益		损益类	核算金融资产持有期间取得的投资收益以及处置金融资产实现的损益
公允价值变动损益		损益类	核算交易性金融资产等的公允价值变动形成的应计入当期损益的利得或损失

2. 交易性金融资产的初始计量

初始计量核算要点	分录	备注
(1) 按公允价值计量	借：交易性金融资产——××(成本) 　　投资收益 　　应交税费——应交增值税(进项税额) 　贷：其他货币资金——存出投资款等	【公允价值】 【交易费用】 【按交易费用可以抵扣的增值税进项税额】
(2) 相关的交易费用计入当期损益,"投资收益"账户(借方,冲减)		
(3) 价款中,如果包含已宣告但尚未发放的现金股利或已到付息期但尚未领取的债券利息,借记"应收股利"或"应收利息"账户		
(4) 发生交易费用取得增值税专用发票的,按其注明的增值税进项税额,借记"应交税费——应交增值税(进项税额)"账户		

【例题1·单项选择题】 企业取得交易性金融资产时,支付的手续费,应当记入( )账户。

　　A."财务费用"　　　　　　　　　　B."投资收益"
　　C."交易性金融资产"　　　　　　　D."管理费用"

【答案】 B

【解析】 相关的交易费用借记"投资收益"账户,即冲减投资收益。

【例题2·单项选择题】 甲企业以每股4.60元的价格购入M公司股票10 000股作为交易性金融资产,并支付交易税费800元。股票购买价款中包含了每股0.10元的已宣告但尚未发放的现金股利。该交易性金融资产的初始确认金额为( )元。

　　A. 46 000　　　　　　　　　　　B. 46 800
　　C. 45 000　　　　　　　　　　　D. 45 800

【答案】 A

【解析】 交易性金融资产的初始确认金额=10 000×(4.6−0.1)=45 000(元)。分录为：

借：交易性金融资产——M公司股票(成本)　　　　　　　　　　45 000
　　应收股利　　　　　　　　　　　　　　　　　　　　　　　 1 000
　　投资收益　　　　　　　　　　　　　　　　　　　　　　　　 800
　贷：其他货币资金——存出投资款等　　　　　　　　　　　　46 800

3. 交易性金融资产的后续计量

后续计量核算要点		分录	备注
(1) 持有期间：收益的确认	A. 被投资方宣告发放现金股利或收到股利时(股票),确认投资收益;贷记"投资收益"账户	借：应收股利/应收利息 　贷：投资收益	
	B. 资产负债表日或付息日计算应收利息(债券),确认投资收益;贷记"投资收益"账户		

(续表)

后续计量核算要点	分 录	备 注
(2) 期末计量：资产负债表日按公允价值计量，其变动记入当期损益的"公允价值变动损益"账户	借：交易性金融资产——××（公允价值变动） 　　贷：公允价值变动损益	价值上升↗
	借：公允价值变动损益 　　贷：交易性金融资产——××（公允价值变动）	价值下跌↘

【例题3·单项选择题】 交易性金融资产在持有期间，公允价值的变动记入（　　）账户。

A. "资本公积"

B. "公允价值变动损益"

C. "营业外支出"

D. "投资收益"

【答案】 B

【解析】 交易性金融资产在持有期间，公允价值的变动记入当期损益，账户为"公允价值变动损益"。

【例题4·单项选择题】 交易性金融资产在持有期间，获得的现金股利收益，应（　　）。

A. 冲减财务费用

B. 记入"投资收益"账户

C. 记入"其他业务收入"账户

D. 记入"资本公积"账户

【答案】 B

【解析】 交易性金融资产在持有期间，获得的现金股利收益，应确认为投资收益：贷记"投资收益"账户。

4. 交易性金融资产的处置

处置核算要点	分 录	备 注
售价与账面价值（余额）的差记入"投资收益"账户，尚有未收回的现金股利或利息，贷记"应收股利/应收利息"账户	借：其他货币资金——存出投资款等 　　贷：交易性金融资产——××（成本） 　　　　交易性金融资产——××（公允价值变动） 　　　　投资收益 　　　　应收股利/应收利息	【实收金额】 【可借】 【差，可借】

【例题5·单项选择题】 企业将作为交易性金融资产的N公司股票出售，实际收到价款100 000元。出售日，该交易性金融资产账户余额为："交易性金融资产——N公司股票（成本）"80 000元、"交易性金融资产——N公司股票（公允价值变动）"贷方余额5 000元、"应收股利"借方余额3 000元。处置该股票时，应确认的处理损益为（　　）元。

A. 22 000　　　　　　　　　　　　B. 5 000
C. 17 000　　　　　　　　　　　　D. 20 000

【答案】 A

【解析】 可得处置收益＝100 000－(80 000－5 000)－3 000＝22 000(元)，处置时分录如下。

(1) 处置时：

借：其他货币资金——存出投资款　　　　　　　　　　　　　　　　100 000
　　交易性金融资产——N公司股票(公允价值变动)　　　　　　　　　5 000
　贷：交易性金融资产——N公司股票(成本)　　　　　　　　　　　　80 000
　　　应收股利　　　　　　　　　　　　　　　　　　　　　　　　　3 000
　　　投资收益　　　　　　　　　　　　　　　　　　　　　　　　　22 000

5. 转让金融商品应交增值税

核算要点	分录	备注
(1) 产生转让收益	借：投资收益等 　贷：应交税费——转让金融商品应交增值税	按照(卖出价－买入价)÷1.06×6%
(2) 产生转让损失	借：应交税费——转让金融商品应交增值税 　贷：投资收益等	

说明：转让金融商品出现的正负差，按盈亏相抵后的余额为销售额。若相抵后出现负差，可结转下一纳税期与下期转让金融商品销售额相抵，但年末时仍出现负差的(即"应交税费——转让金融商品应交增值税"年末借方出现余额)，不得转入下一个会计年度。应编制的会计分录为：

借：投资收益等
　贷：应交税费——转让金融商品应交增值税

6. 交易性金融资产的重分类

重分类对象	核算要点	分录
重分类为以摊余成本计量的金融资产	应当以其在重分类日的公允价值作为新的账面余额	借：债权投资 　贷：交易性金融资产
重分类为以公允价值计量且其变动计入其他综合收益的金融资产	应当继续以公允价值计量该金融资产	借：其他债权投资 　贷：交易性金融资产

三、债权投资的会计处理

1. 债权投资账户设置

与债权投资核算有关的会计账户

核算账户		账户性质	核算内容
债权投资	债权投资——××（成本） 【明细分类账户】	资产类	核算债权投资的面值
	债权投资——××（利息调整） 【明细分类账户】	资产类	核算债权投资初始确认金额与其面值的差额，以及按照实际利率法分期摊销该差额后的摊余金额
	债权投资——××（应计利息） 【明细分类账户】	资产类	核算到期一次还本付息债券在资产负债表日按照面值乘以票面利率计算确定的应收未收利息
其他综合收益		所有者权益类	核算直接计入所有者权益的利得和损失

2. 债权投资的初始计量

初始计量核算要点	分录	备注
（1）按公允价值加交易费用计量。其中，交易费用倒挤在"债权投资——利息调整"账户	借：债权投资——××（成本） 　　应收利息 　　债权投资——××（利息调整） 　贷：其他货币资金——存出投资款等	【面值】 【含……】 【差，交易费用倒挤至此，可贷】
（2）实际支付的价款中，如果包含已到付息期但尚未领取的债券利息，应当单独确认为应收项目，记入"应收利息"账户		

【例题 6·单项选择题】 2×19 年 1 月 1 日，甲公司购入乙公司于 2×18 年 1 月 1 日发行的面值为 1 800 万元、期限 5 年、票面利率 5%、每年 12 月 31 日付息的债券，并作为债权投资，实际支付价款 1 900 万元（包括债券利息 90 万元，交易费用 4 万元）。该债券的初始入账金额为（　　）万元。

　　A. 1 810　　　　　　　　　　　　B. 1 900
　　C. 1 814　　　　　　　　　　　　D. 1 800

【答案】 A

【解析】 债权投资初始入账金额=1 900－90=1 810（万元），交易费用倒挤到"债权投资——乙公司债券（利息调整）"明细账户，也构成其入账价值。分录如下：

借：债权投资——乙公司债券（成本）	18 000 000
应收利息	900 000
债权投资——乙公司债券（利息调整）	100 000
贷：其他货币资金——存出投资款等	19 000 000

通过以上分录，可得债权投资初始入账金额=1 800+10=1 810（万元）。

3. 债权投资的后续计量

后续计量核算要点
确认投资收益，摊销利息调整 利息收入＝摊余成本×实际利率（记入"投资收益"账户） 应收利息＝面值×票面利率（名义利率） 利息收入与应收利息差额差记入"债权投资——××（利息调整）"账户 注：应收利息涉及账户： A."应收利息"：分期付息，到期还本 B."债权投资——××（应计利息）"：到期一次还本付息债券

分　录	备　注
A. 分期付息，到期还本债券 　借：应收利息 　　贷：投资收益 　　　　债权投资——××（利息调整）	【面值×票面利率】 【摊余成本×实际利率】 【差，可借】
B. 到期一次还本付息债券 　借：债权投资——××（应计利息） 　　贷：投资收益 　　　　债权投资——××（利息调整）	【面值×票面利率】 【摊余成本×实际利率】 【差，可借】

4. 债权投资的处置

处置核算要点	分　录	备　注
售价与账面价值的差记入"投资收益"账户	借：其他货币资金——存出投资款等 　　债权投资减值准备 　贷：债权投资——××成本 　　　　　　——××（利息调整） 　　　　　　——××（应计利息）/应收利息 　　　　投资收益	【可借】 【差，可借】

5. 债权投资的重分类

重分类对象	重分类核算要点	分　录
重分类为以公允价值计量且其变动计入当期损益的金融资产	应当按照该资产在重分类日的公允价值进行计量；原账面价值与公允价值之间的差额计入当期损益	借：交易性金融资产 　　债权投资损失准备 　　投资收益 　贷：债权投资
重分类为以公允价值计量且其变动计入其他综合收益的金融资产	应当按照该金融资产在重分类日的公允价值进行计量；原账面价值与公允价值之间的差额计入其他综合收益	借：其他债权投资 　　其他综合收益 　贷：债权投资

四、应收款项的会计处理

1. 应收账款的会计处理

商业折扣与现金折扣的区别

折扣形式	目　的	发生时间	处理方法
商业折扣	促销	一般在交易发生时	扣除商业折扣后的实际售价
现金折扣	鼓励债务人提前付款	赊销商品或提供劳务后	未扣除现金折扣前的金额

【例题7·单项选择题】　M公司为增值税的一般纳税人,于2×19年9月6日赊销一批商品给B公司,满足收入确认的条件,价税合计113 000元,给B公司的现金折扣条件是2/10,1/20,N/30,问M公司赊销时,确认的"应收账款"为(　　)元。

A. 113 000　　　　　　　　　　B. 113 680
C. 100 000　　　　　　　　　　D. 111 000

【答案】　A

【解析】　我国会计准则要求现金折扣按总价法核算,按未扣除现金折扣的金额确认应收账款。赊销的分录为:

借:应收账款——B公司　　　　　　　　　　　　　　　　　　113 000
　　贷:主营业务收入　　　　　　　　　　　　　　　　　　　100 000
　　　　应交税费——应交增值税(销项税额)　　　　　　　　 13 000

【例题8·单项选择题】　M公司为增值税的一般纳税人,于2×19年9月6日赊销一批商品给B公司,满足收入确认的条件,价格100 000元,给B公司的商业折扣为10%,问M公司赊销时,确认的"应收账款"为(　　)元。

A. 113 000　　　　　　　　　　B. 101 700
C. 100 000　　　　　　　　　　D. 90 000

【答案】　B

【解析】　商业折扣在交易发生时即已确定,在存在商业折扣的情况下,应收账款入账金额应根据扣除商业折扣以后的实际售价确定。本题应收账款=100 000×(1-10%)×(1+13%)=101 700(元)。分录如下:

借:应收账款——B公司　　　　　　　　　　　　　　　　　　101 700
　　贷:主营业务收入【100 000×(1-10%)】　　　　　　　　　90 000
　　　　应交税费——应交增值税(销项税额)　　　　　　　　 11 700

2. 应收票据的会计处理

贴现:

贴现所得额(实收额)= 票据到期值 - 贴现息
票据到期值 = 票据面值 + 票据利息
贴现息 = 票据到期值 × 贴现率 × 贴现期
票据贴现期 = 票据期限 - 持票期限

3. 预付账款的会计处理

企业应当设置"预付账款"账户,核算预付账款的增减变动及其结存情况。

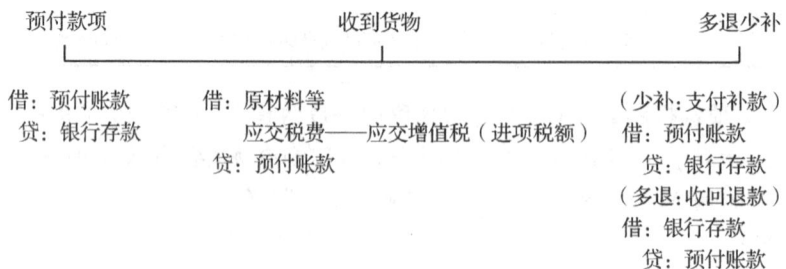

以预付账款方式购买材料物资的核算流程

预付款项情况不多的企业,可以不设置"预付账款"账户,而直接通过"应付账款"账户核算。无论采用哪个账户,核算的原则是自始至终均要采用该账户。

4. 其他应收款

其他应收款主要核算内容包括如下几项。

① 应收的各种赔款、罚款。
② 应收的出租包装物租金。
③ 应向职工收取的各种垫付款项。
④ 存出保证金,如租入包装物支付的押金。
⑤ 其他各种应收、暂付款项。

五、其他债权投资的会计处理

1. 其他债权投资核算账户

与其他债权投资核算有关的会计账户

核算账户		账户性质	核算内容
其他债权投资	其他债权投资——××(成本) 【明细分类账户】	资产类	核算其他债权投资的成本
	其他债权投资——××(利息调整) 【明细分类账户】	资产类	核算其他债权投资初始确认金额与其面值的差额,以及按照实际利率法分期摊销该差额后的摊余金额
	其他债权投资——××(应计利息) 【明细分类账户】	资产类	核算到期一次还本付息债券在资产负债表日按照面值乘以票面利率计算确定的应收未收的利息
	其他综合收益	所有者权益类	核算企业直接计入所有者权益的利得和损失

2. 其他债权投资的初始计量

初始计量核算要点	分　录	备　注
按公允价值加交易费用计量。其中,交易费用倒挤在"其他债券投资——××(利息调整)"账户	借:其他债权投资——××(成本) 　　应收利息 　　其他债权投资——××(利息调整) 　贷:其他货币资金——存出投资款等	【面值】 【含……】 【差,交易费用倒挤至此,可贷】

3. 其他债权投资的后续计量

后续计量核算要点	分　录	备　注
资产负债表日/付息日确认投资收益	借:其他债权投资——××(应计利息) 　贷:投资收益 　　其他债权投资——××(利息调整)	【面值×票面利率,或"应收利息"账户】 【摊余成本×实际利率】 【差,可借】

4. 其他债权投资的处置

处置核算要点	分　录	备　注
(1)售价与账面价值(余额)的差记入"投资收益"账户,尚有未收回的利息,贷记"应收利息"账户	借:其他货币资金——存出投资款等 　贷:其他债权投资——××(成本) 　　　　　　　　——××(利息调整) 　　　　　　　　——××(应计利息) 　　投资收益	【实收金额】 【可借】 【或"应收利息"】 【差,可借】
(2)将持有期间累计的"其他综合收益"转入"投资收益"("投资收益"最终转入"本年利润",为所有者权益类,因此所有者权益总金额不变)	借:其他综合收益 　贷:投资收益	或相反分录

5. 其他债权投资的重分类

重分类对象	重分类核算要点	分　录
重分类为以摊余成本计量的金融资产	应将之前计入其他综合收益的累计利得或损失转出,调整该金融资产在重分类日的公允价值,并以调整后的金额作为新的账面价值,即视同该金融资产一直以摊余成本计量	借:债权投资 　贷:其他债权投资 借:债权投资 　贷:其他综合收益 借:其他综合收益——损失准备 　贷:债权投资损失准备
重分类为以公允价值计量且其变动计入当期损益的金融资产	应继续以公允价值计量该金融资产。同时,企业应当将之前计入其他综合收益的累计利得或损失从其他综合收益转入当期损益	借:交易性金融资产 　贷:其他债权投资 借:投资收益 　　其他综合收益——损失准备 　贷:其他综合收益

六、其他权益工具投资的会计处理

1. 其他权益工具投资核算账户

与其他权益工具投资核算有关的会计账户

核算账户		账户性质	核算内容
其他权益工具投资	其他权益工具投资——××（成本）【明细分类账户】	资产类	核算其他权益工具投资的成本
	其他权益工具投资——××（公允价值变动）【明细分类账户】	资产类	核算其他权益工具投资在持有期间的公允价值变动金额

2. 其他权益工具投资的初始计量

初始计量核算要点	分录	备注
按公允价值加交易费用计量	借：其他权益工具投资——××（成本） 　　应收股利 贷：其他货币资金——存出投资款等	【公允价值＋交易费用】 【含……】

3. 其他权益工具投资的后续计量

后续计量核算要点	分录
持有期间取得的现金股利，应计入投资收益	借：应收股利 　　贷：投资收益
资产负债表日应按公允价值计量，公允价值变动应计入其他综合收益	借：其他综合收益 　　贷：其他权益工具投资——××（公允价值变动） 或相反

4. 其他权益工具投资的处置

处置核算要点	分录	备注
（1）售价与账面价值（余额）的差记入"投资收益"账户，尚有未收回的股利，贷记"应收股利"账户	借：其他货币资金——存出投资款等 贷：其他权益工具投资——××（成本） 　　　　　　　　——××（公允价值变动） 　　应收股利 　　投资收益	【实收金额】 【可借】 【差，可借】
（2）将持有期间累计的"其他综合收益"转入留存收益	借：其他综合收益 贷：盈余公积 　　利润分配——未分配利润	或相反分录

七、金融资产减值

由于本教材不涉及金融企业会计业务的处理，以下主要介绍一般企业应收款项（如应收账款、其他应收款）减值损失的会计处理。

1. 坏账准备计提的方法

计提方法 { 余额百分比法 ; 账龄分析法 }

2. 账户设置

设置"资产减值损失"和"坏账准备"账户

3. 余额百分比法

计算步骤：

① 期末减值金额＝应收款项期末余额×坏账比率%

② 当期实际应计提坏账＝期末减值金额－"坏账准备"账户原有余额

【例题9·单项选择题】 甲公司年末应收账款余额300 000元,坏账提取比率2%,计提坏账准备前,"坏账准备"账户原有余额为贷方2 000元,甲企业当年应计提的坏账准备金额为（　　）元。

A. 6 000　　　　B. 4 000　　　　C. 2 000　　　　D. 8 000

【答案】 B

【解析】 甲公司当年应计提坏账准备的金额＝300 000×2%－2 000＝4 000(元)，以下借助丁字形账户解释：

```
        坏账准备
        | 2 000      原余额
        | 4 000  ← 【6 000−2 000】当年应计提金额
        | 6 000     【300 000×2%】期末减值金额,先定下来!
```

【例题10·单项选择题】 甲公司年末应收账款余额300 000元,坏账提取比率2%,计提坏账准备前,"坏账准备"账户原有余额为借方2 000元,甲企业当年应计提的坏账准备金额为（　　）元。

A. 6 000　　　　B. 4 000　　　　C. 2 000　　　　D. 8 000

【答案】 D

【解析】 甲公司当年应计提坏账准备的金额＝300 000×2%－（－2 000）＝6 000＋2 000＝8 000(元)，以下借助丁字形账户解释：

```
            坏账准备
原余额 2 000 |
            | 8 000  ← 【6 000+2 000】当年应计提金额
            | 6 000     【300 000×2%】期末减值金额,先定下来!
```

4. 会计处理

（1）计提时：

① 补提坏账准备：

借：信用减值损失
　　贷：坏账准备

② 冲减坏账准备：

借：坏账准备
　　贷：信用减值损失

（2）无法收回，予以转销：

借：坏账准备
　　贷：应收账款

（3）已转销的以后又部分或全部收回：

第一种方法：

① 冲销原分录：

借：应收账款
　　贷：坏账准备

② 收回：

借：银行存款
　　贷：应收账款

第二种方法：简化方法，即直接编制一个分录：

借：银行存款
　　贷：坏账准备

思考：哪一种方法更能详细地记录企业的应收款项转销后又收回来的情况？

假设甲公司2×18年年初应收乙公司100 000元，2×19年3月份甲确认此款已无法收回并予以转销，2×21年6月份，乙公司又将此款支付给甲公司。以下借助丁字形账户解释：

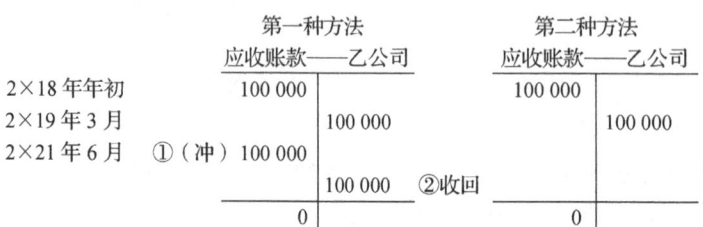

通过丁字形账户，不难看出，采用第一种方法能详细地记录应收乙公司的100 000元，转销后又收回来的每一个环节，而第二种方法只能反映出应收的100 000元无法收回已转销的记录；因此在实务中建议采用第一种方法。

【例题11·多选题】 下列各项中，可以计提坏账准备的有（　　）。

A. 应收账款　　　　　　　　　　B. 预付账款
C. 应收票据　　　　　　　　　　D. 其他应收款
E. 应收利息　　　　　　　　　　F. 长期应收款
G. 应收股利

【答案】 ABCDEFG

【解析】 计提坏账准备的范围包括：应收账款、预付账款、应收票据、其他应收款、应收利息、应收股利、长期应收款等。

【例题12·单项选择题】 甲公司年末应收账款余额700 000元,坏账提取比率1‰,计提坏账准备前,"坏账准备"账户原有余额为贷方3 000元,甲公司计提坏账准备后,应收账款的账面价值为( )元。

A. 693 000　　　　B. 697 000　　　　C. 700 000　　　　D. 707 000

【答案】 A

【解析】 应收账款的账面价值＝700 000－700 000×1‰＝693 000(元),本题无需计算本期计提的坏账准备金额。

【例题13·单项选择题】 甲公司年末应收账款余额700 000元,坏账提取比率1‰,计提坏账准备前,"坏账准备"账户原有余额为贷方3 000元,甲公司计提坏账准备后,应收账款的账面余额为( )元。

A. 693 000　　　　B. 697 000　　　　C. 700 000　　　　D. 707 000

【答案】 C

【解析】 账面余额指"应收账款"账户的余额,此账户余额为700 000没有变化,注意与[例题12]中账面价值的区别,账面价值指"应收账款"减去"坏账准备"之后的余额,资产负债表中应收账款项目以期末账面价值进行填列。

 思考与练习

一、单选题

1. 华夏公司从证券市场购入乙公司股票50 000股,划分为交易性金融资产。华夏公司为此支付价款105万元,其中包含已宣告但尚未发放的现金股利1万元,另支付相关交易费用0.5万元,假定不考虑其他因素,华夏公司该项投资的入账金额为( )万元。

A. 104　　　　B. 105.5　　　　C. 105　　　　D. 104.5

2. 华夏公司于2×19年2月20日从证券市场购入A公司股票50 000股,划分为交易性金融资产,每股买价8元,另外支付印花税及佣金4 000元。A公司于2×19年4月10日宣告发放现金股利,每股0.30元。华夏公司于2×19年5月20日收到该现金股利15 000元并存入银行。至12月31日,该股票的市价为450 000元。华夏公司2×19年对该项金融资产应确认的投资收益为( )元。

A. 15 000　　　　B. 11 000　　　　C. 50 000　　　　D. 61 000

3. 华夏公司于2×19年2月30日以每股15元的价格购入某上市公司股票100万股,划分为交易性金融资产,购买该股票支付手续费20万元。6月22日,收到该上市公司按每股1元发放的现金股利。12月31日该股票的市价为每股18元。2×19年12月31日该交易性金融资产的账面价值为( )万元。

A. 1 500　　　　B. 575　　　　C. 1 800　　　　D. 1 000

4. 2×19年12月10日,华夏公司购入乙公司股票10万股,将其划分为交易性金融资产,购买日支付价款249万元,另支付交易费用0.6万元,2×19年12月31日,该股票的公允价值为258万元,不考虑其他因素,华夏公司2×19年度利润表"公允价值变动收益"项目本期金额为( )万元。

A. 9　　　　　B. 9.6　　　　　C. 0.6　　　　　D. 8.4

5. 华夏公司将其持有的交易性金融资产全部出售,售价为3 000万元;出售前该金融资产的账面价值为2 800万元(其中成本2 500万元,公允价值变动300万元)。假定不考虑增值税等其他因素,华夏公司对该交易应确认的投资收益为(　　)万元。

A. 200　　　　B. －200　　　　C. 500　　　　D. －500

6. 华夏公司2×19年2月28日购入K公司股票作为交易性金融资产核算,实际支付价款1 238万元,其中包括已宣告但尚未发放的现金股利38万元、手续费5万元;截至2×19年6月30日,该股票的市场价格为1 100万元,华夏公司于2×19年7月16日将其出售,收取价款1 080万元,不考虑增值税因素,则华夏公司处置该交易性金融资产对当月损益的影响金额是(　　)万元。

A. 20　　　　　B. 70　　　　　C. 75　　　　　D. 30

7. 下列关于金融资产的说法中,错误的是(　　)。

A. 金融资产包含从其他单位收取现金或其他金融资产的合同权利

B. 金融资产包含持有的其他方的权益工具

C. 将来须用或可用企业自身权益工具进行结算的非衍生工具合同,且企业根据该合同将收到可变数量的自身权益工具,属于金融资产

D. 预付账款属于金融资产

8. 华夏公司销售商品一批,增值税专用发票上标明的价款为50万元,适用的增值税税率为13%,为购买方代垫运杂费为3万元,款项尚未收回。该企业确认的应收账款为(　　)万元。

A. 50　　　　　B. 56.5　　　　C. 53　　　　　D. 59.5

9. 华夏公司2×19年12月31日应收甲公司账款1 000万元,该账款预计的未来现金流量现值为960万元,此前已对该账款计提了15万元的坏账准备,则12月31日华夏公司为该笔应收账款应计提的坏账准备为(　　)万元。

A. 1 000　　　B. 40　　　　　C. 25　　　　　D. 15

10. 应收票据在贴现时,其贴现息应该计入(　　)。

A. 财务费用　　　　　　　　　　B. 银行承兑汇票

C. 商业承兑汇票　　　　　　　　D. 应收票据

11. 下列各项中,在确认销售收入时不影响应收账款入账金额的是(　　)。

A. 销售价款

B. 增值税销项税额

C. 预计购货方很可能无法享受到的现金折扣

D. 销售产品代垫的运杂费

12. 华夏公司采用托收承付结算方式销售一批商品,增值税专用发票注明的价款为1 000万元,增值税税额为130万元,销售商品为客户代垫运输费5万元,全部款项已办妥托收手续。该企业应确认的应收账款为(　　)万元。

A. 1 000　　　B. 1 005　　　C. 1 130　　　D. 1 135

13. 如果企业预付款项业务不多且未设置"预付账款"账户,企业预付给供应商的采购款项,应记入(　　)。

A. "应收账款"账户的借方　　　　B. "应付账款"账户的贷方

C. "应收账款"账户的贷方　　　　　　D. "应付账款"账户的借方

14. 资产负债表日,经减值测试,企业应收账款账面价值高于其预计未来现金流量现值的差额,应记入( )。
　　A. "信用减值损失"账户的贷方　　　B. "坏账准备"账户的贷方
　　C. "管理费用"账户的借方　　　　　D. "应收账款"账户的贷方

15. 2×19年年初华夏公司"坏账准备——应收账款"账户贷方余额为3万元,3月20日收回已核销的坏账12万元并入账,12月31日"应收账款"账户余额为220万元(所属明细账户为借方余额),预计未来现金流量现值为200万元,不考虑其他因素,2×19年年末华夏公司计提的坏账准备金额为( )万元。
　　A. 17　　　　B. 29　　　　C. 20　　　　D. 5

16. 华夏公司2×19年年初应收账款余额为1 800万元,本期赊销款为200万元,当期收回应收账款500万元,华夏公司按应收账款余额百分比法计提坏账准备,计提比例为2%,则2×19年年末应当计提的坏账准备金额为( )万元。
　　A. 6　　　　B. 30　　　　C. −6　　　　D. −3

17. 华夏公司2×19年2月份发生如下应收事项:进行存货盘点发现存货盘亏,应收取保险公司赔款2.5万元,应收取管理人员赔款1万元;销售商品一批,应收取价款30万元,增值税税额3.9万元;销售包装物一批,应收取价款10万元,增值税税额1.3万元。则甲公司本月应记入"其他应收款"账户核算的金额为( )万元。
　　A. 3.5　　　B. 14.8　　　C. 43.5　　　D. 50.3

18. 华夏公司2×19年1月1日"应收账款"账户的余额为100万元,"坏账准备"账户的余额为10万元。1月份A企业实际发生应收账款10万元,收回已确认并转销的应收账款15万元,期末转回坏账准备3万元。则2×19年1月31日应收账款的账面价值为( )万元。
　　A. 88　　　B. 95　　　C. 110　　　D. 125

19. 企业取得债券投资时支付的下列款项中,不得计入其初始投资成本的是( )。
　　A. 购买价款　　　　　　　　　　B. 佣金
　　C. 手续费　　　　　　　　　　　D. 买价中包含的利息

20. 购入交易性金融资产发生的交易费用,在( )账户中反映。
　　A. "交易性金融资产——成本"　　　B. "投资收益"
　　C. "财务费用"　　　　　　　　　　D. "应收股利"

二、多选题

1. 下列各项中,关于交易性金融资产的会计处理的表述正确的有( )。
　　A. 持有期间发生的公允价值变动计入公允价值变动损益
　　B. 持有期间被投资单位宣告发放的现金股利计入投资收益
　　C. 取得时支付的价款中包含的应收股利计入初始成本
　　D. 取得时支付的相关交易费用计入投资收益

2. 关于贷款和应收款项,下列说法中正确的有( )。
　　A. 贷款和应收款项在活跃市场中没有报价
　　B. 贷款和应收款项在活跃市场中有报价

C. 贷款和应收款项应当以公允价值进行后续计量

D. 贷款和应收款项的回收金额固定或可确定

3. 下列各项中,关于交易性金融资产的表述正确的有( )。

A. 取得交易性金融资产所发生的相关交易费用应当在发生时计入投资收益

B. 资产负债表日交易性金融资产公允价值与账面余额的差额计入当期损益

C. 收到交易性金额资产购买价款中已到付息期尚未领取的债券利息计入当期损益

D. 出售交易性金融资产时应将其公允价值与账面余额之间的差额确认为投资收益

4. 下列各项中,应记入资产负债表"其他应收款"项目的是( )。

A. 借入包装物支付的押金

B. 销售商品应收取的包装物租金

C. 应收经营租赁固定资产的租金

D. 无力支付到期的银行承兑汇票

5. 下列各项中,应通过"其他应收款"账户核算的内容有( )。

A. 应收保险公司的赔款

B. 代购货单位垫付的运杂费

C. 应收出租包装物租金

D. 应向职工收取的各种垫付款

6. 下列各项中,有关交易性金融资产的说法正确的有( )。

A. 交易性金融资产期末按照公允价值进行后续计量

B. 处置交易性金融资产时,取得的价款计入其他业务收入

C. 持有期间,被投资单位宣告发放的现金股利计入投资收益

D. 如果持有期间公允价值下降幅度较大,需要计提减值准备,计入交易性金融资产——减值准备

7. 下列各项中,会导致企业应收账款账面价值减少的有( )。

A. 转销无法收回备抵法核算的应收账款   B. 收回应收账款

C. 计提应收账款坏账准备   D. 收回已转销的应收账款

8. 下列选项中,可能通过"其他应收款"账户核算的有( )。

A. 应收的各种赔款、罚款   B. 存入保证金

C. 备用金   D. 应收的出租包装物租金

9. 2×19年9月份华夏公司收回已确认为坏账的应收账款3万元,则华夏公司正确的账务处理为( )。

A. 借:信用减值损失   3
     贷:坏账准备   3

B. 借:信用减值损失   3
     贷:应收账款   3

C. 借:银行存款   3
     贷:应收账款   3

D. 借:应收账款   3
     贷:坏账准备   3

10. 对以公允价值计量且其变动计入其他综合收益的权益工具投资,下列项目中错误的有(   )。
   A. 符合条件的股利收入应计入其他综合收益
   B. 当该金融资产终止确认时,之前计入其他综合收益的累计利得或损失应当从其他综合收益中转出,计入留存收益
   C. 当该金融资产终止确认时,之前计入其他综合收益的累计利得或损失应当从其他综合收益中转出,计入投资收益
   D. 确认的预期损失准备计入当期损益

三、不定项选择题

1. 华夏公司属于增值税一般纳税人,适用的增值税税率为13%,商品和原材料售价中均不含有增值税,假定销售商品和原材料均符合收入确认条件,成本在确认收入时逐笔结转,华夏公司2×19年1月发生如下交易和事项。

(1) 1月5日,向乙公司销售商品一批,价款为150万元,已办妥托收手续,同日收到乙公司交付的一张3个月内到期的银行承兑汇票,面值与应付甲公司款项的金额相同。

(2) 1月28日,向丙公司销售原材料一批,价款为80万元,以银行存款代垫运杂费2万元。丙公司于2月3日付清了货款。

(3) 1月20日,甲公司为租入某包装物支付给对方押金5万元。

(4) 1月30日,甲公司收到丁公司存入的保证金8万元。

(5) 本月甲公司应收的出租包装物租金为6万元。

要求:根据上述资料,不考虑其他条件,回答下列问题。

(1) 关于商业汇票的下列说法中,恰当的是(   )。
   A. 实务中,企业可以将自己持有的商业汇票背书转让
   B. 对于票据贴现,应将贴现息计入销售费用
   C. 商业汇票的付款期限,最长不得超过六个月
   D. 商业汇票分为商业承兑汇票和银行承兑汇票

(2) 根据事项(1),华夏公司的会计处理正确的是(   )。

   A. 借:其他货币资金   169.5
        贷:主营业务收入   150
            应交税费——应交增值税(销项税额)   19.5

   B. 借:应收票据   169.5
        贷:主营业务收入   150
            应交税费——应交增值税(销项税额)   19.5

   C. 借:应收票据   150
        贷:主营业务收入   150

   D. 借:应收账款   169.5
        贷:主营业务收入   150
            应交税费——应交增值税(销项税额)   19.5

(3) 1月28日,华夏公司销售给丙公司原材料应该确认的应收账款为(   )万元。

A. 90.4   B. 92.4   C. 80   D. 82

(4) 华夏公司1月份应该计入其他应收款的金额为（   ）万元。
A. 5   B. 21   C. 19   D. 11

(5) 根据上述事项，华夏公司2×19年1月应收款项的金额为（   ）万元。
A. 272.9   B. 280.9   C. 261.9   D. 92.4

2. 华夏公司为一家上市公司，2×19年持有乙公司交易性金融资产的相关资料如下。

(1) 1月1日，华夏公司委托证券公司从二级市场购入乙公司股票，支付1 600万元（其中包含已宣告但尚未发放的现金股利40万元），另支付相关交易费用4万元，取得的增值税专用发票上注明的增值税税额为100万元，华夏公司将其划分为交易性金融资产核算。

(2) 1月5日，收到乙公司发放的现金股利40万元并存入银行。

(3) 6月30日，持有乙公司股票的公允价值为1 800万元，同日宣告发放上半年股利40万元。

(4) 12月31日，华夏公司将持有的乙公司股票全部出售，售价为2 100万元，适用的增值税税率为6%。

要求：根据上述资料，不考虑其他相关因素，分析回答下列问题。（答案中金额单位用万元表示）

(1) 根据资料(1)，华夏公司购入交易性金融资产的入账金额为（   ）万元。
A. 1 560   B. 1 600   C. 1 604   D. 1 740

(2) 根据资料(2)，华夏公司收到购买价款中包含的现金股利的会计分录正确的是（   ）。

　　A. 借：银行存款   40
　　　　　贷：应收股利   40
　　B. 借：其他货币资金   40
　　　　　贷：应收股利   40
　　C. 借：银行存款   40
　　　　　贷：投资收益   40
　　D. 借：其他货币资金   40
　　　　　贷：投资收益   40

(3) 根据资料(3)，下列会计处理正确的是（   ）。

A. 借记"交易性金融资产——公允价值变动"账户200万元
B. 贷记"公允价值变动损益"账户240万元
C. 借记"应收股利"账户40万元
D. 贷记"投资收益"账户40万元

(4) 根据资料(4)，从购入到出售该持有交易性金融资产累计应确认的投资收益金额为（   ）万元。
A. 736   B. 896   C. 936   D. 336

(5) 华夏公司在出售该交易性金融资产时应交增值税的金额为（   ）万元。
A. 28.30   B. 30   C. 118.87   D. 126

四、判断题

1. 交易性金融资产持有期间,投资单位收到投资前被投资单位已宣告但尚未发放的现金股利时,应确认投资收益。（　　）
2. 交易性金融资产主要是指企业为了近期内出售而持有的金融资产,主要包括股票、基金等,不包括债券投资。（　　）
3. 根据承兑人不同,"应收票据"账户核算的内容包括银行汇票和商业汇票。（　　）
4. 会计期末,如果交易性金融资产的成本高于市价,应该确认交易性金融资产减值损失。（　　）
5. 收回已转销的应收账款,不会影响应收账款的账面价值。（　　）
6. 确定应收款项减值有两种方法,即直接转销法和备抵法,我国企业会计准则规定确定应收款项的减值只能采用备抵法,不得采用直接转销法。（　　）
7. 我国会计制度规定,应收账款的入账金额应该扣除商业折扣。（　　）
8. 当债券票面利率高于金融市场利率时,可能导致债券溢价。（　　）
9. 企业购入的债权投资实际支付的价款中,相关税费直接计入当期损益,不计入债权投资成本。（　　）
10. 债券折价差额属于债券发行者给予债券投资者的利息补偿。（　　）

五、计算及会计处理题

1. 甲公司是上市公司,按年对外提供财务报表。企业有关交易性金融资产投资资料如下:

(1) 2×19年10月3日从二级市场购入N公司股票1 000万股,划分为交易性金融资产,购买价款为12.6元/股,购入时N公司已宣告但尚未发放的现金股利为0.3元/股,甲公司另支付交易费用4万元。

(2) 2×19年10月15日甲公司收到了上述现金股利。

(3) 2×19年12月31日N公司股票收盘价为13.1元/股。

(4) 2×20年4月18日N公司宣告发放现金股利0.5元/股。

(5) 2×20年5月15日甲公司收到了上述股利。

(6) 2×20年6月30日N公司股票收盘价为11.5元/股。

(7) 2×20年7月9日甲公司将上述股票全部出售,售价共计13 144万元(含税,税率为6%)。

要求:编制相关业务的会计分录。

2. 乙公司是上市公司,按年对外提供财务报表。企业有关交易性金融资产投资资料如下:

(1) 2×19年3月6日乙公司以赚取差价为目的从二级市场购入的X公司股票100万股,作为交易性金融资产,取得时公允价值为每股为5.2元,每股含已宣告但尚未发放的现金股利为0.2元,另支付交易费用5万元。

(2) 2×19年3月16日,收到购买价款中所含现金股利。

(3) 2×19年12月31日,该股票公允价值为每股4.5元。

(4) 2×20年2月21日,X公司宣告每股发放现金股利0.3元。

(5) 2×20年3月21日,收到现金股利。
(6) 2×20年12月31日,该股票公允价值为每股5.3元。
(7) 2×21年3月16日,将该股票全部处置,每股5.1元,交易费用为5万元。
要求:编制有关交易性金融资产的会计分录。

3. 2×18年12月31日,丙公司对应收A公司的账款进行减值测试。应收账款余额合计为100 000元,丙公司根据A公司的资信情况确定按10%计提坏账准备。
(1) 假定"坏账准备"原账户余额为0,编制丙公司计提坏账准备的会计处理。
(2) 假设2×19年6月,丙公司对A公司的应收账款实际发生坏账损失7 000元,编制丙公司确认坏账损失的会计处理。
(3) 丙公司2×19年末应收A公司的账款金额为120 000元,经减值测试,丙公司决定仍按10%计提坏账准备。
要求:编制丙公司计提坏账准备的会计分录。

4. 丁公司按备抵法进行坏账损失的核算,采用应收账款余额百分比法计提坏账准备,比例为3‰。2×18年年末应收账款余额为900 000元。2×19年债务人A公司遭受重大火灾,应收A公司销货款15 000元无法收回,确认为坏账损失。同年,债务人B公司破产,应收B公司销货款12 500元无法收回,确认为坏账损失。2×19年年末应收账款余额为1 080 000元。2×20年,收到法院送来的B公司破产财产1 000元清偿欠款。当年无其他坏账损失,年末应收账款余额为1 600 000元。假设丁公司于2×18年首次计提坏账准备。
要求:试编制与丁公司坏账准备和坏账损失有关的会计分录。

5. 戊公司2×19年1月1日购入某企业当天发行的面值为100 000元,期限2年,到期一次还本付息,票面利率为6%的债券作为债权投资,支付价款104 000元,实际利率为3.775%。
要求:采用实际利率法,分别编制戊公司购入债券、年末确认应计利息及利息调整摊销和到期收回本息的会计分录。

第五章 长期股权投资

 本章基本内容框架

长期股权投资
- 初始计量
  - 长期股权投资及其计量原则
  - 长期股权投资的取得
    - 企业合并取得
      - 同一控制下企业合并
      - 非同一控制下企业合并
    - 非企业合并取得
- 长期股权投资的后续计量
  - 成本法的核算范围及会计处理
  - 权益法的核算范围及会计处理
- 长期股权投资核算方法的转换
  - 成本法转权益法
  - 权益法转成本法
- 长期股权投资的处置

 重点、难点讲解及典型例题

一、长期股权投资的内容

长期股权投资是用来核算企业准备长期持有的权益性投资,即企业为了取得被投资企业股权且打算长期持有的投资。其主要目的是长远利益而影响、控制其他在经济业务上相关联的企业。企业进行长期股权投资后,成为被投资企业的股东,有参与被投资企业经营决策的权利。

长期股权投资核算的内容:

核算内容	控股比例	内容描述	被投资单位	后续计量方法
(1) 控制	R>50%	是指有权决定一个企业的财务和经营政策,并能据以从该企业的经营活动中获取利益	子公司	成本法
(2) 共同控制	R=50%	是指按合同约定对某项经济活动所共有的控制,仅在与该项经济活动相关的重要财务和经营决策需要分享控制权的投资方一致同意时存在	合营企业	权益法
(3) 重大影响	20%≤R≤50%	是指对一个企业的财务和经营政策有参与决策的权力,但并不能够控制或者与其他方一起共同控制这些政策的制定	联营企业	权益法

结合下面线段,以便记忆:

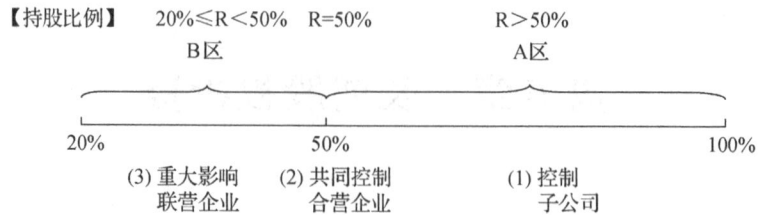

【例题1·多项选择题】 下列各项中,应划分为长期股权投资的有( )。

A. 具有控制的股权投资
B. 具有共同控制的股权投资
C. 具有重大影响的股权投资
D. 公允价值不能可靠计量的零星股权投资
E. 公允价值能够可靠计量的零星股权投资

【答案】 ABC

【解析】 长期股权投资,是指投资方能够对被投资单位实施控制、重大影响的权益性投资,以及对其合营企业的权益性投资。不是有控制、共同控制和重大影响的其他投资,适用《企业会计准则第22号——金融工具确认和计量》。

二、长期股权投资的取得

(一) 企业合并形成的长期股权投资

企业合并通常包括吸收合并、新设合并和控股合并三种形式。其中,只有控股合并形成投资关系。

1. 同一控制下企业合并形成的长期股权投资

合并方的初始投资成本为在被合并方所有者权益账面价值中按持股比例享有的份额。

(1) 以支付现金、转让非现金资产等作为合并对价。

① 初始投资成本 > 支付的合并对价的账面价值。
差额记入"资本公积——资本溢价/股本溢价"贷方

② 初始投资成本 < 支付的合并对价账面价值。

差额冲减(借记) { "资本公积——资本溢价/股本溢价" / "盈余公积" / "利润分配——未分配利润" } 依次

③ 为合并而发生的直接相关费用(审计费、评估费等)应当于发生时记入当期"管理费用"。

④ 如以固定资产对外投资,则先进入固定资产清理环节。

【例题2·单项选择题】 同一控制下企业合并取得长期股权投资,初始投资成本是指( )。

A. 支付合并对价的账面价值
B. 支付合并对价的公允价值
C. 占被投资方所有者权益的份额
D. 股权投资的公允价值

【答案】 C

【解析】 同一控制下企业合并,合并方的初始投资成本为在被合并方所有者权益账面价值中按持股比例享有的份额。

【例题3·单项选择题】 A公司和B公司为同一母公司所控制的两个子公司。2×19年4月15日,A和B达成合并协议,约定A以厂房作为合并对价,取得B公司70%的股权。购买日,A公司投出固定资产的原值1 000万元,已计提折旧475万元,已提减值准备125万元,公允价值为370万元。在合并中,A公司支付审计、评估等费用10万元。B公司2×19年4月15日所有者权益账面价值为500万元。A公司该项长期股权投资的初始成本为( )万元。

A. 350 B. 1 000 C. 500 D. 400

【答案】 A

【解析】 同一控制下企业合并,合并方的初始投资成本为在被合并方所有者权益账面价值中按持股比例享有的份额。

因此,该项长期股权投资初始成本=500×70%=350(万元)。

【例题4·单项选择题】 接[例题3],A公司支付的审计、评估等费用10万元应记入( )账户。

A."长期股权投资"　　　　B."财务费用"
C."管理费用"　　　　　　D."资本公积"

【答案】 C

【解析】 为合并而发生的直接相关费用(审计费、评估费等)应当于发生时记入当期"管理费用"。

(2) 合并方以发行权益性证券作为合并对价。
① 按照发行的权益性证券面值总额作为股本。
② 初始投资成本＞支付的合并对价账面价值。
差额贷记"资本公积——资本溢价/股本溢价"
③ 初始投资成本＜支付的合并对价账面价值。

差额冲减(借记) 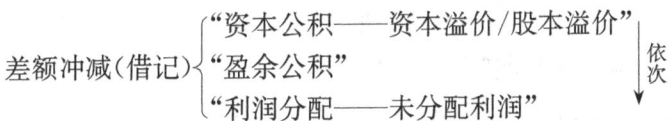 依次

④ 合并方为企业合并而发行权益性证券所支付的手续费、佣金等费用。

冲减(借记) 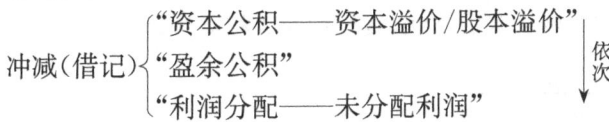 依次

2. 非同一控制下企业合并形成的长期股权投资
核算原则如下:
(1) 购买方应将企业合并视为一项购买交易。
(2) 初始成本:付出对价的公允价值。
(3) 购买方作为合并付出的资产,应当按照以公允价值处置该资产进行会计处理。公允价值与账面价值差额的处理同出售该资产的处理一样:
① 固定资产、无形资产的公允价值与账面价值差额记入"营业外收入/营业外支出"。

② 金融资产的公允价值与账面价值差额记入"投资收益"。

③ 存货按售价计入收入、按账面价值结转成本,同时考虑增值税。

④ 为合并而发生的直接相关费用(审计费、评估费等)应当于发生时记入当期"管理费用"。

⑤ 购买方为进行企业合并而发行的权益性证券支付的手续费、佣金等费用。

冲减(借记) { "资本公积——资本溢价/股本溢价"; "盈余公积"; "利润分配——未分配利润" } 依次↓

【例题5·单项选择题】 非同一控制下企业合并取得长期股权投资,初始投资成本是指( )。

A. 支付合并对价的账面价值   B. 支付合并对价的公允价值
C. 占被投资方所有者权益的份额   D. 股权投资的公允价值

【答案】 B

【解析】 非同一控制下企业合并,合并方的初始投资成本为支付合并对价的公允价值。

(二)非企业合并取得的长期股权投资

(1)以支付现金取得的长期股权投资,应当以实际支付的购买价款作为初始投资成本,包括购买过程中支付的手续费等必要支出,不包括被投资单位已宣告但尚未发放的现金股利或利润,被投资单位已宣告但尚未发放的现金股利或利润应作为应收项目核算。

(2)以发行权益性证券方式取得的长期股权投资,其初始投资成本为所发行权益性证券的公允价值。

为发行权益性证券支付给有关证券承销机构等的手续费、佣金等与权益性证券发行直接相关的费用,不构成取得长期股权投资的成本。

该部分费用应自权益性证券的溢价发行收入中扣除(即冲减"资本公积"),权益性证券的溢价收入不足冲减的,应冲减"盈余公积"和"利润分配——未分配利润",即:

冲减(借记) { "资本公积——资本溢价/股本溢价"; "盈余公积"; "利润分配——未分配利润" } 依次↓

三、长期股权投资的后续计量

成本法与权益法的核算范围:线段两边为成本法,线段中间为权益法。

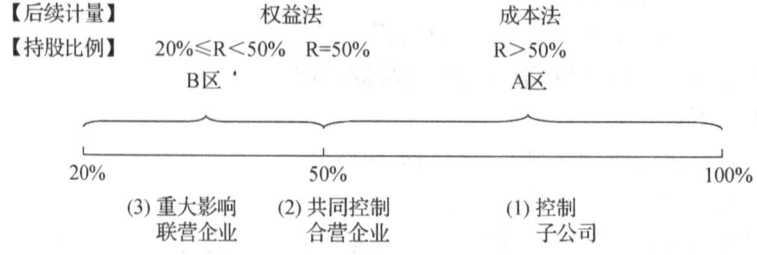

【例题6·单项选择题】 企业的下列长期股权投资,应采用成本法核算的有( )。

A. 具有控制 B. 具有共同控制
C. 具有重大影响

【答案】 A

【解析】 B、C选项应采用权益法核算,成本法仅适用于对子公司的投资。

1. 成本法的核算

成本法是指长期股权投资的价值通常按初始投资成本计量,除追加或收回投资外,一般不对长期股权投资的账面价值进行调整的一种会计处理方法。

核算要点:

(1) 被投资方宣告发放现金股利或利润时,按属于本企业享有的部分(份额)确认"投资收益"。

(2) 被投资方宣告分派股票股利时,投资企业应于除权日作备忘记录。

(3) 被投资单位未分派股利,投资企业不作任何会计处理。

2. 权益法的核算

权益法是指在取得长期股权投资时以投资成本计量,在投资持有期间则要根据投资企业应享有被投资企业所有者权益份额的变动,对长期股权投资的账面价值进行相应调整的一种会计处理方法。

权益法账户的设置:

长期股权投资——×× { 成本 / 损益调整 / 其他权益变动

【例题7·多项选择题】 长期股权投资采用权益法核算,下列情况中,应调整股权投资账面价值的有( )。

A. 被投资单位产生盈利 B. 被投资单位发生亏损
C. 被投资单位分派现金股利 D. 被投资单位分派股票股利
E. 被投资单位可供出售金融资产公允价值变动

【答案】 ABCE

【解析】 只要被投资单位所有者权益发生变动,就要根据投资企业应享有被投资企业所有者权益份额的变动,对长期股权投资的账面价值进行相应调整。

四、长期股权投资的处置

长期股权投资的处置,主要指通过证券市场售出股权,也包括抵偿债务转出、非货币性资产交换转出以及因被投资企业破产清算而被迫清算股权等情形。

按照实际收到的价款,借记"银行存款"等账户,根据处置长期股权投资的账面价值,贷记"长期股权投资——××公司(成本)""长期股权投资——××公司(损益调整)""长期股权投资——××公司(其他权益变动)"账户,差额借记或贷记"投资收益"账户。

采用权益法核算的长期股权投资,处置时还应将原记入"资本公积"账户的相关金额,转入处置当期"投资收益"账户。

在处置部分某项长期股权投资时,按该项投资的总平均成本确定处置部分的成本,并按相同的比例结转已计提的长期股权投资减值准备和相关的资本公积金额。

借：银行存款
　　贷：长期股权投资——甲公司——成本
　　　　　　　　　　　　　　——损益调整
　　　　　　　　　　　　　　——其他权益变动
　　　　投资收益　　　　　　【可借】

采用权益法核算的长期股权投资,还应将原计入资本公积的部分按比例转入当期损益：

借：资本公积——其他资本公积
　　贷：投资收益

【例题8·单项选择题】 甲公司将采用成本法核算的长期股权投资转让,取得转让价款300 000元,该长期股权投资初始入账成本263 000元,计提了减值准备20 000元。转让该长期股权投资时确认的"投资收益"为(　　)元。

　　A. －37 000　　　　　　　B. 37 000
　　C. －57 000　　　　　　　D. 57 000

【答案】 D
【解析】 分录为：

借：银行存款　　　　　　　　　　　　　　　　　　　300 000
　　长期股权投资减值准备　　　　　　　　　　　　　　20 000
　　贷：长期股权投资　　　　　　　　　　　　　　　　263 000
　　　　投资收益　　　　　　　　　　　　　　　　　　 57 000

思考与练习

一、单项选择题

1. A公司和B公司均为M集团的子公司,2019年1月1日,A公司以2 600万元购入B公司60%普通股,并准备长期持有,A公司同时支付相关税费20万元。B公司2012年1月1日的所有者权益账面价值总额4 000万元,可辨认净资产的公允价值4 800万元。A公司应确认的长期股权投资初始投资成本为(　　)万元。

　　A. 2 600　　　　　　　　B. 2 620
　　C. 2 400　　　　　　　　D. 2 880

2. A、B两家公司属于非同一控制下的独立公司。A公司于2019年8月1日以本企业的固定资产对B公司投资,取得B公司60%的股份,该固定资产原值1 500万元,已计提折旧300万元,已提取减值准备50万元,该固定资产8月1日的公允价值为1 250万元。B公司2019年8月1日所有者权益为2 000万元。A公司该项长期股权投资的初始投资成本为(　　)万元。

　　A. 1 500　　　　　　　　B. 1 150
　　C. 1 200　　　　　　　　D. 1 250

3. 非同一控制下的企业合并,以发行权益性证券取得的长期股权投资,其初始投资成本应当按照(　　)确定。

A. 发行权益性证券的公允价值
B. 发行权益性证券的账面价值
C. 发行权益性证券的面值总额
D. 长期股权投资原投资单位的账面价值

4. 甲公司与乙公司共同出资设立丙公司,经甲、乙双方协议,丙公司的总经理由甲公司委派,董事长由乙公司委派,各方的出资比例均为50%,股东按出资比例行使表决权。在这种情况下,( )。

A. 甲公司采用权益法核算该长期股权投资,乙公司采用成本法核算该长期股权投资
B. 甲公司采用成本法核算该长期股权投资,乙公司采用权益法核算该长期股权投资
C. 甲公司和乙公司均采用权益法核算该长期股权投资
D. 甲公司和乙公司均采用成本法核算该长期股权投资

5. 甲公司是增值税一般纳税人,适用的增值税税率为16%。2019年1月1日,甲公司以一批原材料对乙公司进行长期股权投资,享有乙公司60%的股权。投出的原材料账面余额为5 000万元,公允价值为5 500万元;投资时乙公司可辨认净资产公允价值为11 000万元。假设甲、乙公司不存在关联方关系,该合并属于非同一控制下的企业合并。则甲公司投资时长期股权投资的入账价值为( )万元。

A. 5 500   B. 6 600
C. 6 380   D. 5 000

二、多项选择题

1. 关于长期股权投资的核算,投资方应采用权益法核算的有( )。

A. 控制
B. 共同控制
C. 重大影响

2. 下列投资中,应作为长期股权投资核算的是( )。

A. 对子公司的投资
B. 对联营企业的投资
C. 对合营企业的投资

3. 下列关于同一控制下的企业合并的说法中,正确的有( )。

A. 合并方以支付现金、转让非现金资产或承担债务方式作为合并对价的,应当在合并日以取得被合并方所有者权益账面价值的份额作为长期股权投资的初始投资成本
B. 合并方以支付现金、转让非现金资产或承担债务方式作为合并对价的,应当在合并日以取得被合并方可辨认净资产公允价值的份额作为长期股权投资的初始投资成本
C. 长期股权投资初始投资成本与支付的现金、转让的非现金资产以及所承担债务账面价值之间的差额,应调整资本公积,资本公积不足冲减的,调整留存收益
D. 长期股权投资初始投资成本与支付的现金、转让的非现金资产以及所承担债务账面价值之间的差额,应当计入当期损益
E. 为合并而发生的直接相关费用(审计费、评估费等)应当于发生时记入当期"管理费用"

4. 在非企业合并情况下,下列各项中,不应作为长期股权投资取得时初始成本入账的有(   )。
   A. 为发行权益性证券支付的手续费
   B. 投资时支付的不含应收股利的价款
   C. 投资时支付款项中所含的已宣告而尚未领取的现金股利
   D. 投资时支付的税金、手续费
   E. 以发行权益性证券方式取得的长期股权投资,发行权益性证券的公允价值

5. 下列关于长期股权投资权益法核算的说法中,正确的有(   )。
   A. 投资企业对于被投资企业除净损益以外所有者权益的其他变动,应当调整长期股权投资的账面价值并计入当期损益
   B. 投资企业对于被投资企业除净损益以外所有者权益的其他变动,应当调整长期股权投资的账面价值并记入"资本公积"
   C. 投资企业按照被投资企业宣告分派的利润或现金股利计算应分得的部分,相应减少长期股权投资的账面价值
   D. 投资企业确认被投资企业发生的净亏损,应当以长期股权投资的账面价值以及其他实质上构成对被投资企业净投资的长期权益减记至零为限,投资企业负有承担额外损失义务的除外
   E. 投资企业在确认应享有被投资企业净损益的份额时,应当以取得投资时被投资企业各项可辨认净资产的公允价值为基础,对被投资企业的净利润进行调整后确认

三、判断题

1. 同一控制下的企业合并,投资方投资资产账面价值和长期股权投资入账价值的贷方差额应直接计入所有者权益,借方差额计入当期损益。(   )
2. 同一控制下的企业合并,投资方投出资产的公允价值和账面价值的差额应计入当期损益。(   )
3. 投资企业对被投资单位具有共同控制或重大影响的长期股权投资,应当采用权益法核算。(   )
4. 非同一控制下的企业合并,投资企业能够对被投资企业实施控制,当初始投资成本小于投资时应享有被投资单位可辨认净资产公允价值的份额时,应确认营业外收入。(   )
5. 投资者投入的长期股权投资,一律应当以投资合同或协议约定的价值作为初始投资成本。(   )

四、计算及账务处理题

甲公司和乙公司是不具有关联关系的两个独立的公司,适用的增值税税率均为13%。有关企业合并资料如下:

(1) 2×18年12月25日达成合并协议,由甲公司采用控股合并方式对乙公司进行合并,合并后甲公司取得乙公司80%的股份。

(2) 2×19年1月1日甲公司以一项固定资产、交易性金融资产和库存商品作为对价合

并了乙公司。该固定资产原值为4 600万元,已计提折旧1 480万元,公允价值为1 920万元;交易性金融资产的成本为2 000万元,公允价值变动(借方余额)为200万元,公允价值为2 800万元;库存商品账面价值为1 600万元,公允价值为2 000万元;相关资产均已交付乙公司并办妥相关手续。

(3) 为企业合并发生的审计、评估费为80万元。

(4) 购买日乙公司可辨认净资产的公允价值为8 000万元(与账面价值相等)。

(5) 2×20年2月4日,乙公司宣告分派现金股利2 000万元,2×10年3月1日,收到现金股利。

(6) 2×20年12月31日,乙公司全年实现净利润3 000万元。

(7) 2×21年2月4日,乙公司宣告分派现金股利4 000万元,2×11年3月1日,收到现金股利。

(8) 2×21年12月31日,乙公司因可供出售金融资产公允价值变动增加400万元,不考虑所得税影响。

(9) 2×21年12月31日,乙公司全年实现净利润6 000万元。

(10) 2×22年1月4日,出售持有乙公司全部股权的50%,甲公司对乙公司的持股比例变为30%,在被投资单位董事会中派有代表,但不能对乙公司生产经营决策实施控制。出售价款5 000万元已收到,当日办理完毕相关手续。

要求:

(1) 确定购买方及合并日。

(2) 计算合并成本。

(3) 计算固定资产和交易性金融资产的处置损益。

(4) 判断2×22年1月4日出售一半股权后,甲公司该项股权投资应采用的核算方法,并说明理由。

(5) 完成甲公司对该长期股权投资的相关的账务处理。

五、案例分析题

华夏公司用现金分别对A、B、C公司进行投资,占A公司股权的80%,占B公司股权的50%,占C公司股权的20%。

甲公司对A、B、C公司的股权投资应分别采用什么方法核算?初始投资成本应该怎样确定?A、B、C公司实现净利润,宣告分派股利时,华夏公司应分别作怎样的账务处理?

第六章 固定资产

 本章基本内容框架

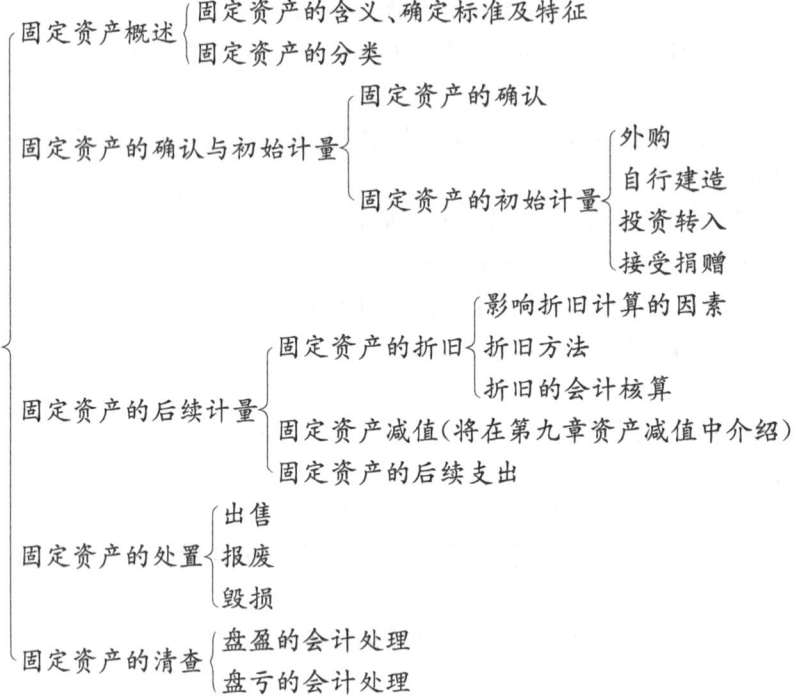

 重点、难点讲解及典型例题

一、固定资产的确认标准

根据《企业会计准则第4号——固定资产》的规定,按固定资产是否属于生产经营主要设备的物品,其确定的标准分别如下:

(1) 属于生产经营主要设备的物品,需满足使用寿命超过一个会计年度的条件(无单位价值的要求)。

(2) 不属于生产经营主要设备的物品,需同时满足以下两个条件:①单位价值在2 000元以上;②使用寿命超过2年。

【例题1·单项选择题】 不属于生产经营主要设备的物品,确认为固定资产的标准是:单位价值应在(　　)元以上,使用寿命超过(　　)年。

　　A. 1 000　3　　　　B. 3 000　5　　　　C. 2 000　2　　　　D. 2 000　3

【答案】 C

【解析】 不属于生产经营主要设备的物品,需同时满足两个条件:①单位价值在2 000元以上;②使用寿命超过2年。

【例题2·判断题】 属于生产经营主要设备的物品,确认为固定资产的标准是:单位价值应在2 000元以上。( )

【答案】 ×

【解析】 属于生产经营主要设备的物品,确认为固定资产无单位价值的限制。

二、使用中的固定资产

使用中的固定资产指企业正在使用的经营用和非经营用固定资产。

需要注意的是,以下固定资产也属于使用中的固定资产:

(1) 企业的房屋及建筑物无论是否在实际使用,都视为使用中的固定资产。

(2) 由于季节性生产经营或者大修理等原因而暂时停止使用以及存放在生产车间或者经营场所备用、轮换使用的固定资产,也属于使用中的固定资产。

以上(1)与(2)所指的固定资产照提折旧。注意联系计提折旧的范围。

三、固定资产的初始计量

1. 外购的固定资产

企业外购固定资产的成本,包括购买价款、相关税费、使固定资产达到预定可使用状态前所发生的可归属于该项资产的运输费、装卸费、安装费和专业人员服务费等。

1) 外购不需安装的固定资产

设置"固定资产"账户,可以抵扣的进项税额记入"应交税费——应交增值税(进项税额)"。

【例题3·单项选择题】 A企业为增值税一般纳税人,以银行存款外购一台不需安装的设备,增值税专用发票上注明价款50 000元,增值税6 500元,另支付运杂费及保险费2 000元收到普通发票,该设备的入账金额是( )元。

A. 60 500 B. 50 000
C. 52 000 D. 58 500

【答案】 C

【解析】 该设备的入账金额=50 000+2 000=52 000(元),分录为:

借:固定资产　　　　　　　　　　　　　　　　　　　　　52 000
　　应交税费——应交增值税(进项税额)　　　　　　　　　6 500
　　贷:银行存款　　　　　　　　　　　　　　　　　　　　58 500

2) 外购需安装的固定资产

企业应设置"在建工程"账户,"在建工程"账户余额反映企业期末各项未完工程的实际支出。

分录为:

① 购入需要安装的固定资产。

借：在建工程
　　应交税费——应交增值税（进项税额）　【可抵扣的增值税额】
　　贷：银行存款

② 在安装的过程中发生的安装调试等费用。

借：在建工程
　　贷：银行存款

③ 安装结束,固定资产达到预定可使用状态,将"在建工程"转入"固定资产"账户。

借：固定资产
　　贷：在建工程

【例题 4·单项选择题】　B 企业为增值税一般纳税人,外购一台需安装的设备,增值税专用发票上注明价款 140 000 元,进项税额 18 200 元,另支付运杂费及保险费 5 000 元,在安装过程支付安装费 8 000 元均收到普通发票,设备安装完毕,其入账金额是（　　）元。

A. 176 800
B. 153 000
C. 145 000
D. 148 000

【答案】　B

【解析】　该设备的入账金额＝140 000＋5 000＋8 000＝153 000(元)。

2. 自行建造固定资产

企业自行建造的固定资产包括自营建造和出包建造两种方式。

1) 自营方式建造固定资产

自营方式建造固定资产多指自制专用设备等有形动产,需设置"工程物资"和"在建工程"账户。在确定自营方式建造固定资产成本时需注意的问题：

(1) 购入的工程物资如果用于有形动产的在建工程（如设备）或用于不动产的在建工程（如厂房）,则所支付的增值税额可在当期抵扣。

(2) 有形动产的在建工程领用存货时,应按成本转入,计入在建工程的成本。

(3) 不动产的在建工程领用自制半成品或产成品时,按自制半成品和产成品的成本计入在建工程的成本。

(4) 不动产的在建工程领用外购存货时,应按存货成本,计入在建工程的成本。

(5) 自营方式建造固定资产应负担的职工薪酬、辅助生产部门为之提供的水、电、修理、运输等劳务,以及其他必要支出等也应计入所建工程项目的成本。

(6) 在建工程进行负荷联合试车发生的费用,计入工程成本（待摊成本）；试车期间形成的产品或副产品对外销售或转为库存商品时,借记"银行存款""库存商品"等账户,贷记"在建工程——待摊支出"账户。

(7) 建设期间发生的工程物资盘亏、报废及毁损,减去残料价值以及保险公司、过失人等赔款后的净损失,计入所建工程项目的成本。

(8) 建设期间盘盈的工程物资或处置净收益,冲减所建工程项目的成本。

(9) 符合资本化条件,应计入所建造固定资产成本的借款费用按照《企业会计准则第17号——借款费用》的有关规定处理。

(10) 工程完工后,剩余的工程物资转为本企业存货的,按其实际成本或计划成本进行结转,同时,冲减所建工程的成本,借记"原材料"等账户,贷记"在建工程"账户;

(11) 工程完工后,对于已领出的未用完的工程物资办理退库手续时,应借记"工程物资"账户,贷记"在建工程"账户。

(12) 工程完工后,发生的工程物资盘盈、盘亏、报废、毁损,记入当期"营业外收入"或"营业外支出"。

(13) 在建工程达到预定可使用状态时,对发生的待摊支出(工程管理费、征地费、公证费等)应分配计算。

2) 出包方式建造固定资产

出包方式建造的固定资产多指不动产。企业应设置"在建工程"账户,核算企业与建造承包商办理工程价款的结算业务。

3. 投资者转入的固定资产

应按投资合同或协议约定的价值加上应支付的相关税费作为固定资产的入账价值,但合同或协议约定价值不公允的除外。

按取得固定资产的入账价值,借记"固定资产"账户,可以抵扣的进项税额,借记"应交税费——应交增值税(进项税额)",贷记"实收资本"或"股本",按其差额部分记入"资本公积——资本溢价/股本溢价",即:

借:固定资产　　　　　　　　　　　【合同或协议的价值+相关税费】
　　应交税费——应交增值税(进项税额)　【可抵扣的进项税额】
　　贷:实收资本/股本　　　　　　　　【份额】
　　　　资本公积——资本溢价/股本溢价　【差额】

【例题5·单项选择题】 甲企业为增值税一般纳税人,接受乙公司以一栋厂房作为投资,投资合同约定的价值为2 000 000元,占甲公司所有者权益的份额为1 900 000元,另支付运杂费10 000元,该厂房的入账金额是(　　)元。

A. 2 000 000　　　　　　　　　　B. 1 900 000
C. 2 010 000　　　　　　　　　　D. 1 910 000

【答案】 C

【解析】 该厂房的入账金额=2 000 000+10 000=2 010 000(元)。

4. 接受捐赠的固定资产

捐赠利得是指企业接受外部现金或非现金资产捐赠而获得的利得,应记入"营业外收入——捐赠利得"账户,接受捐赠的固定资产,如可以抵扣进项税额的,应借记"应交税费——应交增值税(进项税额)"账户。

四、固定资产的后续计量

1. 固定资产的折旧

1) 影响固定资产折旧计算的因素

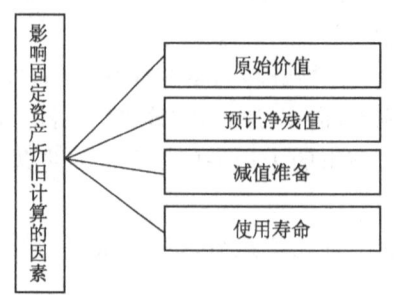

【例题6·多项选择题】 影响固定资产折旧核算的因素有（　　）。

A. 原值　　　　　　　　　　　B. 净残值
C. 固定资产减值准备　　　　　D. 使用寿命
E. 固定资产的性能

【答案】 ABCD

【解析】 影响固定资产折旧核算的因素有四个：原始价值、预计净残值、固定资产计提的减值准备、使用寿命。

2）固定资产的折旧范围

通常情况下，以下固定资产不计提折旧：

（1）房屋、建筑物以外未投入使用的固定资产。
（2）以经营租赁方式租入的固定资产。
（3）以融资租赁方式租出的固定资产。
（4）已足额提取折旧仍继续使用的固定资产。
（5）与经营活动无关的固定资产。
（6）单独估价作为固定资产入账的土地。
（6）改建、扩建中的固定资产。
（7）提前报废的固定资产。
（8）其他不得计提折旧的固定资产。

【例题7·多项选择题】 以下固定资产中，需计提折旧的有（　　）。

A. 融资租入固定资产
B. 经营租赁方式租入的固定资产
C. 达到预定可使用状态，未投入使用的厂房
D. 提前报废的设备
E. 季节性停产的固定资产
F. 大修理期间暂停使用的固定资产
G. 扩建中的固定资产

【答案】 ACEF

【解析】 经营租赁方式租入的固定资产不计提折旧，只支付租金；提前报废的设备其账面价值已注销，不计提折旧；扩建中的固定资产，在投入扩建时，就将其账面价值转入"在建工程"账户，不计提折旧。

3) 固定资产的折旧方法

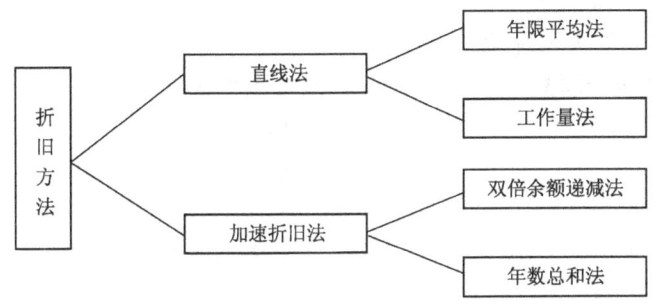

4) 固定资产折旧的会计处理

在会计实务中,企业一般都是按月计提固定资产折旧的。月份内开始使用的固定资产,当月不计提折旧,从下月起计提折旧;月份内减少或停用的固定资产,当月仍计提折旧,从下月起停止计提折旧。

所属部门	借记账户	备注
管理部门	管理费用	
未使用的固定资产		如未使用的房屋建筑物计提的折旧
内设销售机构		
生产部门	制造费用	如生产设备、厂房的折旧
专设销售机构	销售费用	如售后服务网点、销售网点的固定资产折旧
经营性出租	其他业务成本	如经营性出租设备的折旧
用于自行建造其他固定资产	在建工程	如用于自行建造办公楼的货车折旧
用于内部研发的其他无形资产,开发阶段符合资本化条件的	研发支出——资本化支出	如用于B专利权研发的A设备的折旧

【例题8·多项选择题】 以下发生的固定资产折旧中,记入"管理费用"账户的有( )。
A. 管理部门固定资产的折旧　　B. 售后服务网点固定资产的折旧
C. 未使用厂房的折旧　　　　　D. 经营性出租固定资产的折旧
E. 车间设备的折旧
【答案】 AC
【解析】 售后服务网点固定资产的折旧记入"销售费用"账户;经营性出租固定资产的折旧记入"其他业务成本"账户;车间设备的折旧记入"制造费用"账户。

2. 固定资产的后续支出

固定资产的后续支出是指固定资产使用过程中发生的更新改造支出、修理费用等,如固定资产的改良与改善、更新、修理、重新安装等。

一般情况下,企业发生的日常修理和大修理费用在发生的当期按照固定资产的用途和部门计入当期损益。

固定资产的日常修理费用在发生时应直接计入当期损益。企业生产车间(部门)和行政管理部门等发生的固定资产修理费用等后续支出记入"管理费用";企业专设销售机构发生的与专设销售机构相关的固定资产修理费用等后续支出,记入"销售费用"。

企业对固定资产进行定期检查发生的大修理费用,有确凿证据表明符合固定资产确认条件的部分,可以计入固定资产成本,不符合固定资产的确认条件的应当费用化,计入当期损益。固定资产在定期大修理期间,照提折旧。

【例题9·单项选择题】 生产车间(部门)设备的修理费,应记入(　　)账户。

A. "制造费用" B. "管理费用"
C. "生产成本" D. "其他业务成本"

【答案】 B

【解析】 企业生产车间(部门)和行政管理部门等发生的固定资产修理费用等后续支出记入"管理费用"。

五、固定资产的处置

固定资产的处置是指由于各种原因使企业的固定资产退出生产经营过程,并予以终止确认的处置活动。

(一)固定资产处置的会计处理方法

(1)企业出售、转让划归为持有待售类别的,按照持有待售非流动资产、处置组的相关规定进行会计处理。

(2)未划归为持有待售类别而出售、转让的,通过"固定资产清理"账户归集所发生的损益,其产生的利益或损失转入"资产处置损益"账户,计入当期损益。

(3)固定资产因报废毁损等原因而终止确认的,通过"固定资产清理"账户归集所发生的损益,其产生的利益或损失计入"营业外收入"或"营业外支出"账户。

(二)企业通过"固定资产清理"账户核算的出售、转让、报废和毁损而处置的固定资产的会计处理

企业应设置"固定资产清理"账户,核算企业因出售、报废、毁损、对外投资、非货币性资产交换、债务重组等原因转入清理的固定资产账面价值,以及清理过程发生的清理税费和清理收入。

会计处理一般经过以下几个步骤:

1. 固定资产转入清理,注销固定资产的账面价值

固定资产转入清理时,按固定资产账面价值,借记"固定资产清理"账户,按已计提的累计折旧,借记"累计折旧"账户,按已计提的减值准备,借记"固定资产减值准备"账户,按固定资产账面余额,贷记"固定资产"账户。

借:固定资产清理　　　　　　　【账面价值】
　　累计折旧
　　固定资产减值准备
　　贷:固定资产

2. 清理过程

(1)发生清理费用。固定资产清理过程中发生的有关费用,借记"固定资产清理"账户,贷记"银行存款"等账户。

借:固定资产清理
　　贷:银行存款/应付职工薪酬等

(2) 出售收入、残料、保险或过失人赔偿等。企业收回出售固定资产的价款、残料价值和变价收入、企业计算或收到的应由保险公司或过失人赔偿的损失等,应冲减清理支出。按实际收到的出售价款、残料变价收入、赔偿损失等,借记"银行存款""原材料""其他应收款"等账户,贷记"固定资产清理"账户。

借:银行存款/原材料/其他应收款等
　　贷:固定资产清理

通常情况下,出售固定资产会涉及相关税费,如增值税等,因此,当收到出售收入时,应同时计算应纳税额。

出售使用过的属于有形动产的固定资产增值税的计算原则

时间点	是否抵扣进项税额	计算原则
初始取得时	已抵扣了进项税额	按售价×16%
	未抵扣进项税额	售价÷(1+3%)×2%

分录如下:

借:银行存款
　　贷:固定资产清理
　　　　应交税费——应交增值税(销项税额)

3. 清理净损益的处理

(1) 清理完毕,"固定资产清理"账户余额如为借方,则表示固定资产处置的净损失,则由"固定资产清理"的贷方转入"营业外支出""资产处置损益"的借方。

① 属于已丧失使用功能正常报废所产生的损失,借记"营业外支出——处置非流动资产损失"账户,贷记"固定资产清理"账户:

借:营业外支出——非流动资产报废
　　贷:固定资产清理

② 属于生产经营期间由于自然灾害等非正常原因造成的,借记"营业外支出——非常损失"账户,贷记"固定资产清理"账户:

借:营业外支出——非常损失
　　贷:固定资产清理

③ 属于正常出售,转让所产生的损失,借记"资产处置损益",贷记"固定资产清理"账户:

借:资产处置损益
　　贷:固定资产清理

(2) 清理完毕,"固定资产清理"账户余额如为贷方,表示固定资产处置的净收益,则由"固定资产清理"的借方转入"营业外收入""资产处置损益"的借方。

借:固定资产清理
　　贷:营业外收入/资产处置损益

【例题 10·单项选择题】 固定资产出售的净收益,应(　　)账户。

A. 记入"资产处置损益"   B. 记入"主营业务收入"

C. 记入"其他业务收入"   D. 冲减"管理费用"

【答案】 A

【解析】 出售固定资产为非日常经营活动。出售固定资产的净损益属于处置非流动资产的利得或损益,应记入"资产处置损益"或"营业外支出"。

【例题 11·单项选择题】 固定资产报废,其净损失,记入(　　)账户。

A. "营业外支出"   B. "主营业务成本"

C. "其他业务成本"   D. "管理费用"

【答案】 A

【解析】 固定资产报废损失记入"营业外支出"。

【例题 12·单项选择题】 2×19 年 8 月 10 日,华夏公司将一台设备出售,设备原价为 1 000 000 元,已计提折旧 475 000 元,已计提减值准备 40 000 元,实际出售价格为 400 000 元(不含税价),已通过银行收回,在清理过程中发生清理费 4 000 元,已用银行存款支付。出售该设备的净损失为(　　)元。

A. 60 000   B. 89 000

C. 39 000   D. 84 000

【答案】 B

【解析】 出售该设备的净损失＝400 000－(1 000 000－475 000－40 000)－4 000＝89 000(元)。

会计处理如下:

(1) 将厂房转入清理,注销厂房的账面价值。

借:固定资产清理　【账面价值】　　　　　　　　　　　　　　　　485 000
　　累计折旧　　　　　　　　　　　　　　　　　　　　　　　　　475 000
　　固定资产减值准备　　　　　　　　　　　　　　　　　　　　　 40 000
　　贷:固定资产　　　　　　　　　　　　　　　　　　　　　　　1 000 000

(2) 清理过程。

① 发生清理费用。

借:固定资产清理　　　　　　　　　　　　　　　　　　　　　　　 4 000
　　贷:银行存款　　　　　　　　　　　　　　　　　　　　　　　　4 000

② 收到出售价款。

应交增值税＝400 000×13％＝52 000(元)

借:银行存款　　　　　　　　　　　　　　　　　　　　　　　　　452 000
　　贷:固定资产清理　　　　　　　　　　　　　　　　　　　　　400 000
　　　　应交税费——应交增值税(销项税额)　　　　　　　　　　　 52 000

(3) 结转净损益。

固定资产清理		资产处置损益	
(1) 485 000			
(2) ① 4 000			
	(2) ② 400 000		
借方余额:89 000			
	89 000 (3) →	(3) 89 000 →	
清理完毕,余额:0		借方余额:89 000	

借:资产处置损益　　　　　　　　　　　　　　　　　　　　　　　　　　61 500
　　贷:固定资产清理　　　　　　　　　　　　　　　　　　　　　　　　　　61 500

六、固定资产的清查

清　查	会　计　分　录	
固定资产盘亏	(1) 发生时。 借:待处理财产损溢——待处理固定资产损溢 　　累计折旧 　　固定资产减值准备 　　贷:固定资产 (2) 落实原因后,经批准。 借:其他应收款/银行存款等账户 　　营业外支出——盘亏损失 　　贷:待处理财产损溢——待处理固定资产损溢	【账面价值】 【盘亏损失】
固定资产盘盈	企业在财产清查中盘盈固定资产,作为前期差错处理。 借:固定资产 　　贷:以前年度损益调整 借:以前年度损益调整 　　贷:利润分配——未分配利润	

【例题13·单项选择题】　固定资产盘盈,通过(　　)账户核算。
A. "营业外收入"　　　　　　　　　　B. "以前年度损益调整"
C. "其他业务收入"　　　　　　　　　D. 冲减"管理费用"
【答案】　B
【解析】　企业在财产清查中盘盈固定资产,作为前期差错处理,通过"以前年度损益调整"账户核算。

 思考与练习

一、单项选择题

1. 下列说法中,不正确的是(　　)。
A. 新增固定资产应当从增加的当月开始计提折旧

B. 已提足折旧仍继续使用的固定资产和作为固定资产核算的土地不计提折旧
C. 固定资产的使用寿命、预计净残值和折旧方法一经确定,不得随意变更
D. 当月减少的固定资产,当月仍需计提折旧

2. 增值税一般纳税人购入需安装的设备,设备的入账价值不包括(　　)。
   A. 支付的运杂费、保险费　　　　　　B. 安装费
   C. 设备的成本　　　　　　　　　　　D. 增值税专用发票上注明的进项税额

3. 未使用的固定资产计提的折旧,应记入(　　)。
   A. "销售费用"　　　　　　　　　　　B. "管理费用"
   C. "其他业务成本"　　　　　　　　　D. "营业外支出"

4. 工业企业出租固定资产计提的折旧,应记入(　　)。
   A. "管理费用"　　　　　　　　　　　B. "销售费用"
   C. "其他业务成本"　　　　　　　　　D. "财务费用"

5. 为建造固定资产而发生的利息支出,在固定资产达到预定可使用状态后发生的,应记入(　　)。
   A. "在建工程"　　　　　　　　　　　B. "财务费用"
   C. "销售费用"　　　　　　　　　　　D. "固定资产"

6. 一台机器设备原值 80 000 元,估计净残值 8 000 元,预计可使用 12 年,按年限平均法计提折旧,则第 2 年应计提折旧为(　　)元。
   A. 6 600　　　B. 6 000　　　C. 7 000　　　D. 8 000

7. 某固定资产原值为 250 000 元,预计净残值 6 000 元,预计可以使用 8 年,按照双倍余额递减法计算,第 2 年应提取的折旧(　　)元
   A. 46 875　　　B. 45 750　　　C. 61 000　　　D. 30 500

8. 某固定资产使用年限为 5 年,在采用年数总和法计提折旧的情况下,第 2 年的年折旧率为(　　)。
   A. 4/15　　　B. 3/15　　　C. 2/15　　　D. 1/15

9. 华夏公司为增值税一般纳税人,适用的增值税税率为 13%。2×19 年 4 月 12 日,对 M 车间进行扩建。该固定资产的原价为 1 000 万元,累计折旧为 100 万元,已计提减值准备 100 万元。扩建过程发生劳务费用 400 万元;领用本公司产品一批,成本为 100 万元,计税价格为 130 万元。于 2×19 年 9 月 20 日达到预定可使用状态。则扩建后的车间入账价值为(　　)万元。
   A. 1 300
   B. 1 322.10
   C. 1 352.10
   D. 1 500

10. 盘盈的固定资产,应记入(　　)。
    A. "营业外收入"　　　　　　　　　B. "以前年度损益调整"
    C. "其他业务收入"　　　　　　　　D. "管理费用"

二、多项选择题

1. 下列固定资产中,应计提折旧的有(　　)。
   A. 融资租入的固定资产

B. 按规定单独估价作为固定资产入账的土地
C. 大修理停用的固定资产
D. 季节性停产的固定资产
E. 未使用的房屋建筑物

2. 影响固定资产折旧的因素主要有（　　）
   A. 固定资产原价
   B. 预计净残值
   C. 固定资产减值准备
   D. 固定资产的使用寿命
   E. 固定资产的性能

3. 以下固定资产的修理费，应记入"管理费用"的有（　　）
   A. 管理部门固定资产的修理费
   B. 专设销售机构固定资产的修理费
   C. 生产车间（部门）固定资产的修理费
   D. 企业内部销售部门固定资产的修理费

4. 我国会计准则允许采用的加速折旧方法包括（　　）。
   A. 年数总和法
   B. 余额递减法
   C. 双倍余额递减法
   D. 递减折旧率法

5. 增值税一般纳税人采用自营方式建造一台设备，下列应计入设备成本的有（　　）。
   A. 参与工程建造人员的薪酬
   B. 外购工程物资可抵扣的增值税
   C. 工程领用本企业自产产品的实际成本
   D. 生产车间为工程提供水电等的费用
   E. 建设期间工程物资的盘亏

6. 通过"固定资产清理"核算的业务包括（　　）。
   A. 固定资产盘盈
   B. 固定资产报废
   C. 固定资产毁损
   D. 固定资产盘亏

7. 以下业务造成的固定资产净损失中，记入"营业外支出"账户的有（　　）。
   A. 固定资产出售
   B. 固定资产报废
   C. 固定资产毁损
   D. 固定资产盘亏

8. "固定资产清理"账户贷方核算的内容包括（　　）。
   A. 固定资产的变价收入
   B. 收到的保险赔款
   C. 发生的清理费用
   D. 结转的固定资产清理净损失
   E. 转出的固定资产清理净收益

9. 影响固定资产处置净损益的因素有（　　）。
   A. 固定资产的变价收入
   B. 累计折旧
   C. 发生的清理税费
   D. 固定资产的减值准备
   E. 固定资产原值

10. 固定资产折旧方法中，属于直线法的有（　　）。
    A. 年限平均法
    B. 工作量法
    C. 双倍余额递减法
    D. 年数总和法

三、判断题

1. 不属于企业生产经营主要设备的物品若作为固定资产,其单位价值应在1 000元以上。（　）

2. 一般纳税人企业购入一台需要安装的设备,取得的增值税专用发票上注明的设备价款50 000元,增值税额为6 500元,支付的运杂费为1 500元,设备安装时领用工程用材料成本1 000元,购进该批工程用材料的增值税为130元,设备安装时支付有关人员工资2 000元。该固定资产的成本为63 170元。（　）

3. 企业生产车间发生的固定资产修理费用应记入"制造费用"。（　）

4. 已达到预定可使用状态尚未办理竣工决算的固定资产,应当按照估计价值确定其成本,并计提折旧,待办理竣工决算后,再按实际成本调整原来的暂估价值,同时需要调整原已计提的折旧额。（　）

5. 当月增加的固定资产,当月计提折旧,当月减少的固定资产,当月不计提折旧。（　）

6. 属于企业生产经营主要设备的物品若作为固定资产,应满足单位价值的限定。（　）

7. 采用双倍余额递减法计提折旧,除了最后2年外,其他期间不考虑预计的净残值。（　）

8. 试车期间形成的产品或副产品对外销售或转为库存商品时,应冲减工程成本。（　）

9. 工程完工后,工程物资的盘盈、盘亏、报废、毁损,计入当期营业外收支。（　）

10. 接受捐赠的固定资产,记入"其他业务收入"账户。（　）

四、计算及账务处理题

1. 华夏公司为一般纳税人,2×19年2月3日,以银行存款购入一台不需安装的设备,增值税专用发票上注明设备价款100 000元,增值税13 000元,另以银行存款支付保险费及包装费等合计3 000元,收到普通发票。

要求:编制华夏公司账务处理的会计分录。

2. 东海公司为一般纳税人,2×19年4月7日,购入一台需要安装的设备,增值税专用发票上注明价款30 000元,增值税3 900元,以银行存款支付运杂费、保险费等合计1 200元收到普通发票。4月20日,支付安装费8 720元收到增值税专用发票。设备于5月6日达到预定可使用状态。

要求:编制东海公司账务处理的会计分录。

3. 甲公司于2×19年8月18日接受一台全新设备的捐赠,捐赠者提供的有关增值税专用发票上注明价款40 000元,增值税5 200元,另以银行支票支付运杂费等800元,收到普通发票。

要求:编制甲公司账务处理的会计分录。

4. 2×12年10月6日,华夏公司因生产经营管理的需要,将一台2×08年9月6日购买的设备出售(购买时未纳入扩大增值税抵扣范围试点的纳税人),出售的价款为130 000元,被出售设备的原值200 000元,已计提折旧76 000元,已计提减值准备10 000元。出售时发生清理费用3 000元。

要求:编制华夏公司账务处理的会计分录。

5. 丙公司现有一台设备,由于技术落后,企业决定提前报废。该设备的原价160 000元,已计提折旧91 200元,已计提减值准备8 000元。清理过程中发生清理费用3 500元,已用银行存款支付,残料作价4 000元,以原材料入库。

要求:编制丙公司账务处理的会计分录。

6. 乙公司因发生风灾而毁损一座办公楼,该办公楼原价1 200 000元,已计提折旧570 000元,已计提减值准备30 000元。清理过程发生清理费12 000元,以银行存款支付,残料作价9 000元,以原材料入库。经太平洋保险公司核定应赔偿200 000元,款项银行已收到,由责任人赔偿共计20 000元,以现金收讫。

要求:编制乙公司账务处理的会计分录。

7. 丁公司在进行固定资产盘点时,发现盘亏一台设备,固定资产账簿上记录其原价为36 000元,已计提折旧13 680元,已计提减值准备2 000元,收到保险公司赔偿10 000元。

要求:编制丁公司账务处理的会计分录。

8. 东晓公司在固定资产清查中,发现盘盈一台电脑,该电脑当前市场价格8 000元,其新旧程度估计为七成新。

要求:编制东晓公司账务处理的会计分录。

第七章 无形资产

 本章基本内容框架

```
               ┌ 无形资产概述 ┬ 无形资产的含义及特征
               │              ├ 无形资产的内容
               │              └ 无形资产的分类
               │
               ├ 无形资产的初始计量 ┬ 外购的无形资产
               │                    └ 投资者投入的无形资产
               │
               ├ 内部研究开发费用的确认与计量 ┬ 内部研究开发费用确认与计量的原则
               │                              └ 内部研究开发费用的会计处理
               │
               ├ 无形资产的后续计量 ┬ 无形资产使用寿命的确定
               │                    └ 无形资产摊销的会计处理
               │
               └ 无形资产的处置 ┬ 无形资产出售的会计处理
                                ├ 无形资产出租的会计处理
                                └ 无形资产报废的会计处理
```

 重点、难点讲解及典型例题

一、无形资产的含义及内容

无形资产是指企业拥有或者控制的没有实物形态的可辨认非货币性资产。无形资产通常包括专利权、非专利技术、商标权、著作权、特许权、土地使用权等。

由于商誉的存在无法与企业自身相分离而不具有可辨认性,因此,商誉不属于无形资产。

【例题 1·多项选择题】 以下各项中,属于企业无形资产的有( )。
A. 专利权   B. 非专利技术   C. 商标权   D. 商誉
E. 特许权   F. 土地使用权   G. 著作权
【答案】 ABCEFG
【解析】 商誉由于其存在无法与企业自身相分离而不具有可辨认性,因而不属于无形资产。

二、无形资产的初始计量

1. 外购的无形资产

外购的无形资产,其成本包括购买价款、相关税费以及直接归属于使该项资产达到预定用途所发生的其他支出。

企业应设置"无形资产"账户进行无形资产的总分类核算,并在"无形资产"总账账户下按其内容及无形资产的具体名称分设明细账户,如"无形资产——专利权——A专利""无形资产——商标权——甲商标"。

【例题2·单项选择题】 甲企业外购A专利权,购买价款180 000元(不含税价),另支付相关手续费等5 000元,A专利权的入账金额为(　　)元。

A. 180 000　　　　　　　　　B. 158 846
C. 185 000　　　　　　　　　D. 175 000

【答案】 C

【解析】 A专利权的入账金额＝180 000＋5 000＝185 000(元)。

2. 投资者投入的无形资产

投资者投入的无形资产的成本,应当按照投资合同或协议约定的价值确定,在投资合同或协议约定价值不公允的情况下,应按无形资产的公允价值入账。

无形资产的入账价值与折合资本额之间的差额,作为资本溢价,计入资本公积。

【例题3·单项选择题】 丙股份有限公司因业务发展的需要,接受丁公司以A专利权向企业进行投资。根据投资双方签订的投资合同,A专利权的价值为300 000元,折合为公司面值1元的股票260 000股。A专利的入账金额为(　　)元。

A. 300 000　　　　　　　　　B. 280 000
C. 260 000　　　　　　　　　D. 340 000

【答案】 A

【解析】 投资者投入的无形资产的成本,应当按照投资合同或协议约定的价值确定。分录为:

借:无形资产——专利权——A专利	【合同或协议,公允】	300 000
贷:股本——丁公司	【资本额】	260 000
资本公积——股本溢价	【差】	40 000

三、内部研究开发费用的确认和计量

1. 账户设置

1)"研发支出——费用化支出"

本明细账户核算研究阶段及开发阶段不符合资本化条件的支出,期末(月末)将"研发支出——费用化支出"的借方余额转入"管理费用",该明细账户结转后无余额。

2)"研发支出——资本化支出"

本明细账户核算开发阶段符合资本化条件的支出,发生时借记本明细账户,贷记"原材料""银行存款""应付职工薪酬"等账户,待研究开发项目达到预定用途形成无形资产时,应在达到预定用途的当期,将此明细账户的余额转入"无形资产"账户,即:借记"无形资产",贷记"研发支出——资本化支出"。

本明细账户期末(月末)借方余额,反映企业正在进行中的研究开发项目中符合资产化条件的支出。在资产负债表中,应填列在"开发支出"项目。

2. 内部研究开发费用账务处理流程图

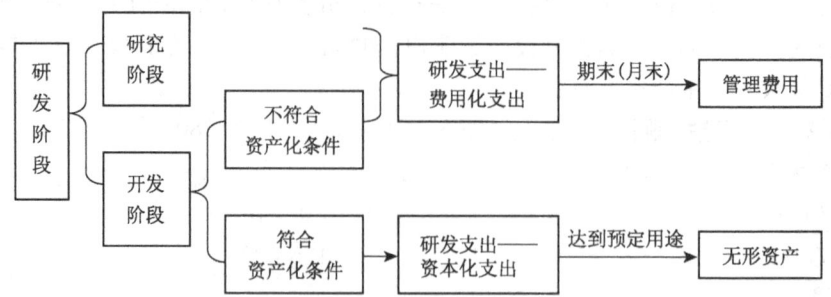

核算过程易错点为:月末容易忘记将"研发支出——费用化支出"账户余额转入"管理费用"。

【例题4·判断题】 期末"研发支出"总账账户的余额,实际上就是"研发支出——资本化支出"明细账户的余额。( )

【答案】 √

【解析】 "研发支出"总账账户共有两个明细账户:"研发支出——费用化支出"和"研发支出——资本化支出"。期末"研发支出——费用化支出"账户余额转入"管理费用"后无余额,因此,题中表述是正确的。

【例题5·单项选择题】 甲企业期末"研发支出——资本化支出"明细账户的余额为250 000元,在编制资产负债表时,应将250 000元填至( )项目的期末余额栏。

A. 无形资产　　　B. 固定资产　　　C. 开发支出　　　D. 在建工程

【答案】 C

【解析】 "研发支出——资本化支出"明细账户期末(月末)借方余额,反映企业正在进行中的研究开发项目中符合资产化条件的支出。在资产负债表中,应填列在"开发支出"项目。

四、无形资产的后续计量

1. 无形资产使用寿命的确定

具　体　情　况	使用寿命的确定
来源于合同性权利或其他法定权利的	(1) 不应超过合同性权利或其他法定权利的期限(如果续约不需付出大额成本,续约期计入使用寿命) (2) 如预期期限短于合同性权利或其他法定权利的期限,则以预期期限确定其使用寿命,即孰短的原则
合同或法律没有规定使用寿命的	应当综合各方面情况判断,以确定无形资产能为企业带来未来经济利益的期限,可参考历史经验、聘请相关专家进行论证、同行业的情况进行比较等
按照上述方法仍无法合理确定无形资产为企业带来经济利益期限的	该项无形资产应作为使用寿命不确定的无形资产,不进行摊销

2. 无形资产的摊销方法

国际上普遍采用的主要是直线法。

在一般情况下,使用寿命有限的无形资产,其残值应视为零。

应摊销金额＝无形资产入账成本－残值－已计提减值准备

每期应摊销的金额＝应摊销金额÷无形资产的摊销期限

3. 无形资产摊销的会计处理

1）账户设置

设置"累计摊销"账户。

2）账务处理原则

现行会计准则借鉴了国际会计准则的做法，规定无形资产的摊销金额作如下处理：

（1）一般应确认为当期损益，记入"管理费用"。

（2）如果某项无形资产包含的经济利益是通过所生产的产品或其他资产实现的，无形资产的摊销金额可以计入产品或其他资产的成本中，即记入"在建工程""研发支出——资产化支出""生产成本"等账户，再如以经营租赁方式出租的无形资产的摊销额记入"其他业务成本"账户。

（3）当月增加的无形资产，当月进行摊销；当月减少的无形资产，当月不再进行摊销。

分录为：

借：管理费用/在建工程等
　　贷：累计摊销

【例题6·单项选择题】　乙公司本月A专利权摊销金额5 000元，应借记（　　）账户。

A. "其他业务成本"　　　　　　　　B. "在建工程"

C. "管理费用"　　　　　　　　　　D. "制造费用"

【答案】　C

【解析】　无形资产的摊销额，一般应确认为当期损益，记入"管理费用"，本题未特指A专利的用途。

【例题7·单项选择题】　甲公司以经营租赁方式租出的B专利权本月摊销金额2 000元，应借记（　　）账户。

A. "其他业务成本"　　　　　　　　B. "在建工程"

C. "管理费用"　　　　　　　　　　D. "制造费用"

【答案】　A

【解析】　以经营租赁方式出租的无形资产的摊销额记入"其他业务成本"，租金收入记入"其他业务收入"。

五、无形资产的处置

无形资产的处置，主要是指无形资产出售、对外出租、对外捐赠，或者是无法为企业带来未来经济利益时，予以转销并终止确认。

1. 无形资产的出售：转让的是所有权

无形资产准则规定，企业出售无形资产时，应将所取得的价款与该无形资产账面价值的差额记入当期损益的"资产处置损益"账户。

出售除土地使用权之外的无形资产还应按实际转让收入的6％计算缴纳增值税。

分录为：

借：银行存款　　　　　　　　　　　【实收价款】
　　累计摊销
　　无形资产减值准备
　　贷：无形资产
　　　　应交税费——应交增值税(销项税额)　【售价×6%】
　　　　资产处置损益

2. 无形资产的出租：转让的是使用权
(1) 设置"其他业务收入"账户，本账户核算企业取得的租金收入。
(2) 设置"其他业务成本""其他业务成本"账户核算企业出租无形资产的摊销金额和发生的其他费用支出；

3. 无形资产的报废
无形资产报废的净损失转入"营业外支出——非流动资产报废"，分录为：

借：营业外支出——非流动资产报废　　【净损失】
　　累计摊销　　　　　　　　　　　　【累计摊销金额】
　　无形资产减值准备　　　　　　　　【已计提的减值准备】
　　贷：无形资产——××　　　　　　　【"无形资产"账面余额】

【例题 8·单项选择题】　以下业务中，不可能影响企业营业利润的有(　　)。
A. 无形资产研究阶段的支出　　　　B. 无形资产开发阶段的支出
C. 无形资产出售损益　　　　　　　D. 无形资产出租收入
E. 无形资产报废损益
【答案】　E
【解析】　不可能影响营业利润的因素，实际上是指记入"营业外收入"或"营业外支出"的业务。以上业务只有 E 选项。
A 选项中无形资产研究阶段的支出，期末转入"管理费用"；B 选项中无形资产开发阶段的支出分两种情况，符合资本化条件的支出最终计入无形资产的成本，不符合资本化条件的，即费用化支出，期末转入"管理费用"；C 选项记入"资产处置损益"；D 选项中无形资产出租收入记入"其他业务收入"，属营业收入的范围。

思考与练习

一、单项选择题

1. 下列项目中，不属于无形资产的是(　　)。
   A. 商标权　　　　　　　　　　　　B. 非专利技术
   C. 专利权　　　　　　　　　　　　D. 商誉
2. 下列关于无形资产的内容的说法中，不正确的是(　　)。
   A. 无形资产属于非货币性资产
   B. 无形资产的使用寿命一定是确定的
   C. 合并中产生的商誉不作为无形资产
   D. 无形资产具有可辨认性

3. 无形资产摊销时,贷记的账户是( )。
   A. "其他业务成本" B. "无形资产"
   C. "管理费用" D. "累计摊销"
4. 企业出租无形资产的摊销额,应记入( )。
   A. "管理费用" B. "营业外支出"
   C. "销售费用" D. "其他业务成本"
5. 接受投资者投入的无形资产,应按( )入账。
   A. 投资方无形资产的账面价值
   B. 该无形资产可能带来未来现金流量之和
   C. 同类无形资产的价格
   D. 投资各方合同或协议约定的价值
6. 某企业研制一项专利技术,研究阶段发生支出30 000元,开发阶段发生支出80 000元,其中符合资本化条件的50 000元,该专利权的入账价值为( )元。
   A. 110 000 B. 80 000
   C. 50 000 D. 20 000
7. 下列关于无形资产的摊销的说法中,不正确的是( )。
   A. 使用寿命有限的无形资产,其应摊销的金额应当在使用寿命内系统合理地摊销
   B. 使用寿命不确定的无形资产不需要摊销
   C. 使用寿命有限的无形资产一定无残值
   D. 当月增加的无形资产,当月进行摊销;当月减少的无形资产,当月不再进行摊销
8. 企业2×14年1月1日购入一项专利权,实际成本为300万元,摊销年限为10年,采用直线法摊销。2×18年12月31日,该无形资产预计可收回金额80万元。该无形资产原摊销年限和摊销方法不变。2×19年12月31日,该无形资产的账面价值为( )万元,账面余额为( )万元。
   A. 64 300 B. 120 300 C. 220 120 D. 50 50
9. 下列关于无形资产的表述中,正确的是( )。
   A. 企业自创商誉、自创品牌及报刊名等可以确认为无形资产
   B. 企业内部研究开发项目开发阶段的支出应该全部确认为无形资产
   C. 支付土地出让金获得的土地使用权应确认为无形资产
   D. 企业合并中形成的商誉应该确认为无形资产
10. 2×19年1月1日,A公司以一项专利权对B公司投资。该项专利权在A公司账上的账面价值为1 500万元。投资各方协议确认的价值为1 800万元,相关资产转让手续已办妥。此项专利是A公司在2×16年初研究成功申请获得的,法律有效年限为10年。B公司估计取得的该项专利权受益期限为6年,采用直线法摊销,预计净残值为零。则B公司2×19年度应确认的无形资产摊销金额为( )万元。
    A. 225 B. 157.50 C. 300 D. 210

二、多项选择题

1. 无形资产摊销时,借方可能记入的会计账户有( )。

A. "管理费用" B. "制造费用"
C. "其他业务成本" D. "在建工程"
E. "研发支出——资本化支出"

2. 下列各项中,具有可辨认性的是( )。
A. 专利权 B. 商标权
C. 非专利技术 D. 著作权
E. 商誉

3. 下列有关无形资产的业务中,可能影响企业营业利润的有( )。
A. 无形资产研究阶段的支出 B. 无形资产开发阶段的支出
C. 出租无形资产的摊销额 D. 无形资产出售损益
E. 无形资产报废损益

4. 下列关于无形资产的说法中,正确的有( )。
A. 无形资产的残值均为零
B. 无形资产的使用寿命一经确定不得随意变更
C. 使用寿命不确定的无形资产不需要计提减值准备
D. 使用寿命不确定的无形资产不需要计提摊销
E. 无形资产的摊销金额一般应记入"管理费用"

5. 下列有关无形资产摊销方法的表述中,正确的有( )。
A. 企业选择的无形资产摊销方法,应当反映与该项无形资产有关的经济利益的预期实现方式,无法可靠确定预期实现方式的,应当采用直线法摊销
B. 无形资产的使用寿命有限时,应当估计该使用寿命的年限或者构成使用寿命的产量等类似计量单位数量,其应摊销金额应当在使用寿命内系统合理摊销
C. 企业摊销无形资产,应当自无形资产可供使用时起,至不再作为无形资产确认时止
D. 无形资产的应摊销金额为其成本扣除预计净残值后的金额,已计提减值准备的无形资产,还应扣除已计提的无形资产减值准备累计金额
E. 无法预见无形资产为企业带来经济利益的期限时,应当将无形资产视为使用寿命不确定的无形资产,按照10年摊销

三、判断题

1. 无形资产有的有期限,有的没有期限。 ( )
2. 无形资产的摊销金额均记入"管理费用"。 ( )
3. 资产负债表中开发支出项目期末余额为"研发支出——资本化支出"账户的余额。 ( )
4. 研究与开发费用均应计入无形资产的价值。 ( )
5. "研发支出——费用化支出"在期末无余额。 ( )

四、计算及账务处理题

1. 甲公司于2×18年3月12日,购入一项C专利权,以银行存款支付买价和有关费用共计120万元,预计使用年限为10年,预计净残值为零,采用直线摊销法。2×19年12月

31日,C专利权的可收回金额为80万元。

要求：

(1) 2×18年3月12日,购入C专利权的会计分录(单位:元)。

(2) 2×18年3月份C专利权摊销的会计分录(单位:元)。

(3) 2×19年12月31日,C专利是否发生减值？如果发生,请编制确认减值损失的会计分录。

2. 2×19年1月1日,甲公司决定自主研发N专利权,在研发过程发生如下经济业务：

(1) 2×19年2月份发生研究阶段相关支出30 000元,其中人工工资20 000元、以银行存款支付其他费用10 000元。

(2) 2×19年5月份开发阶段支出300 000元,包括领用材料费200 000元、人工工资100 000元,其中符合资本化条件的支出为250 000元。

(3) 2×19年6月份开发阶段发生符合资本化的支出10 000元,为N专利权研发而投入的A专利权的摊销额。

(4) 2×19年7月31日,N专利权达到预定用途。

要求：根据以上内容,编制下列相关的会计分录(单位:元)。

(1) 2×19年2月份的会计分录。

(2) 2×19年5月份的会计分录。

(3) 2×19年6月份的会计分录。

(4) 2×19年7月份的会计分录。

3. 2×19年9月30日,甲公司接受乙公司以B土地使用权进行投资,根据双方签订的投资合同,B土地使用权的价值为500 000元,占甲公司所有者权益的20%,甲公司所有者权益合计2 000 000元。

要求：编制甲公司接受B土地使用权投资的会计分录(单位:元)。

4. 2×19年6月3日,东盛公司将一项D专利权出售,取得收入50 000元(含税价),出售时,D专利权的账面余额为80 000元,已计提累计摊销48 000元,已确认减值损失12 000元。

要求：编制东盛公司出售D专利权的会计分录(单位:元)。

5. 2×19年10月6日,金鑫公司将拥有的E专利权作报废处理,报废时,E专利权的账面余额为120 000元,已计提累计摊销72 000元,已确认减值损失30 000元。

要求：编制金鑫公司报废E专利权的会计分录(单位:元)。

第八章 投资性房地产

 本章基本内容框架

- 投资性房地产概述 { 投资性房地产的定义及特征 / 投资性房地产的范围 }
- 投资性房地产的初始计量 { 外购 / 自行建造 }
- 投资性房地产的后续计量 { 采用成本模式进行后续计量的投资性房地产 / 采用公允价值模式进行后续计量的投资性房地产 / 投资性房地产后续计量模式的变更 }
- 投资性房地产的后续支出 { 后续支出的原则 / 资本化后续支出 / 费用化后续支出 }
- 投资性房地产的转换 { 转换形式 / 转换的会计处理 }
- 投资性房地产的处置 { 采用成本模式计量的投资性房地产的处理 / 采用公允价值模式计量的投资性房地产的处理 }

 重点、难点讲解及典型例题

一、投资性房地产的定义及范围

1. 定义

投资性房地产是指为赚取租金或资本增值,或两者兼有而持有的房地产。

2. 范围

1) 属于投资性房地产

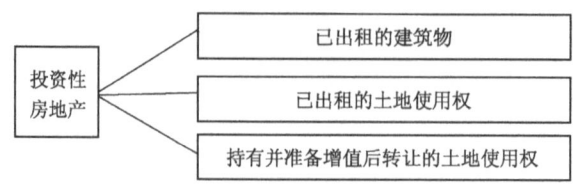

2) 不属于投资性房地产

(1) 自用房地产(生产经营用)。如：企业出租给本企业职工居住的宿舍，间接为企业自身的生产经营服务，具有自用的性质；自行经营的旅馆饭店，不属于投资性房地产。

房地产企业开发后出售的土地使用权，属企业的存货，不属于投资性房地产。

(2) 作为存货的房地产(房地产开发公司开发的商品房)，如：房地产开发企业持有以备增值后出售的房屋、用于开发后出售的土地使用权。

(3) 持有并准备增值后转让的建筑物。

(4) 企业以经营租赁方式租入再转租给其他单位或个人的建筑物或土地使用权。

(5) 按国家规定认定的闲置土地。

3) 需根据具体情况判断的项目

(1) 部分用于赚取租金或资本增值、部分自用的房地产：能单独计量和出售的，确认为投资性房地产；不能单独计量和出售的，不确认为投资性房地产。

(2) 出租且提供辅助服务的建筑物。提供服务在整个协议中是不重大的，按投资性房地产核算(如提供保安、维护的办公楼)；提供服务在整个协议中是重大的，应视为企业的经营场所，确认为自有房地产(如自行经营的酒店客房等)。

【例题1·多项选择题】 下列各项中，属于投资性房地产的有(   )。

A. 已出租的建筑物
B. 已出租的土地使用权
C. 持有并准备增值后转让的土地使用权
D. 持有并准备增值后转让的建筑物
E. 自用的房地产
F. 作为存货的房地产

【答案】 ABC

【解析】 自用房地产是指为生产商品、提供劳务或者经营管理而持有的房地产。企业自用的厂房和办公楼属于固定资产；作为存货的房地产是指房地产开发企业销售的或为销售而正在开发的商品房和土地，这部分房地产属于房地产开发企业的存货；由于房地产市场变幻莫测，其价格波动受多方面的影响，因此，持有并准备增值的建筑物最终是否能达到增值的预期无法确定，所以D选项不属于投资性房地产。

二、投资性房地产的初始计量

以外购、自行建造等方式取得的投资性房地产，其计量方法与固定资产的计量方法基本相同。

外购投资性房地产的成本，包括购买价款、相关税费和可直接归属于该资产的其他支出(达到预定可使用状态的合理支出)。

企业自行建造的投资性房地产，其成本由建造该项资产达到预定可使用状态前发生的必要支出构成。

后续计量的模式不同，明细账户不同。

(1) 若采用成本模式进行后续计量：

借：投资性房地产——××
　　贷：银行存款

（2）若采用公允价值模式进行后续计量：

借：投资性房地产——××（成本）
　　贷：银行存款

三、投资性房地产的后续计量

1. 后续计量模式

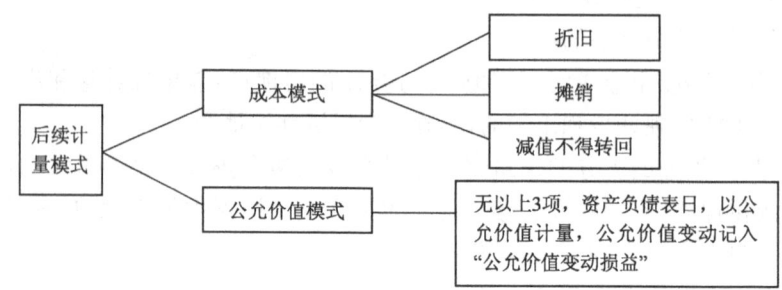

2. 不同后续计量模式下涉及的会计账户

采用成本模式进行后续计量	采用公允价值模式进行后续计量
投资性房地产 投资性房地产累计折旧 投资性房地产累计摊销 投资性房地产减值准备	投资性房地产——××（成本） 　　　　　　　　——××（公允价值变动）

3. 不同模式下后续计量的会计处理

采用成本模式进行后续计量	采用公允价值模式进行后续计量
会计处理 1. 按期（月）对投资性房地产计提折旧或进行摊销 借：其他业务成本 　　贷：投资性房地产累计折旧 　　　　投资性房地产累计摊销 2. 投资性房地产存在减值迹象的，应当适用资产减值的有关规定。经减值测试后确定发生减值的，应当计提减值准备 借：资产减值损失 　　贷：投资性房地产减值准备	会计处理 　　投资性房地产采用公允价值模式计量的，不计提折旧或摊销，应当以资产负债表日的公允价值计量。 1. 投资性房地产的公允价值高于其账面余额的差额 借：投资性房地产——公允价值变动 　　贷：公允价值变动损益 2. 公允价值低于其账面余额的差额编制与上述分录相反的会计分录

四、投资性房地产计量模式的变更

变更原则	1. 企业对投资性房地产的计量模式一经确定，不得随意变更 2. 只有在房地产市场比较成熟、能够满足采用公允价值模式条件的情况下，才允许企业将投资性房地产从成本模式计量变更为公允价值模式计量 3. 已采用公允价值模式计量的投资性房地产，不得从公允价值模式转为成本模式

(续表)

变更方式		
成本模式↓ 公允价值模式	作为会计政策变更处理，按计量模式变更时公允价值与账面价值的差额，调整期初留存收益 借：投资性房地产——成本　　　　　　【变更日公允价值】 　　投资性房地产减值准备　　　　　　【已计提的减值准备】 　　投资性房地产累计折旧　　　　　　【已计提的折旧】 　　投资性房地产累计摊销　　　　　　【已计提的摊销】 　　贷：投资性房地产　　　　　　　　【账面余额】 　　　　盈余公积　　　　　　　　　　【差额，或借】 　　　　利润分配——未分配利润　　　【差额，或借】		

五、投资性房地产的后续支出

投资性房地产的后续支出是指已确认为投资性房地产的项目在持有期间发生的与投资性房地产使用效能直接相关的各项支出，如改扩建支出、装修装潢支出、日常维修支出等。

1. 资本化的后续支出

采用成本模式进行后续计量	采用公允价值模式进行后续计量
企业对某项投资性房地产进行改扩建等再开发且将来仍作为投资性房地产的，再开发期间应继续将其作为投资性房地产（通过"投资性房地产——在建"账户核算），再开发期间不计提折旧或摊销	企业对某项投资性房地产进行改扩建等再开发且将来仍作为投资性房地产的，再开发期间应继续将其作为投资性房地产（通过"投资性房地产——在建"账户核算）
1. 投资性房地产转入改扩建工程 借：投资性房地产——在建 　　投资性房地产累计折旧 　　贷：投资性房地产	1. 投资性房地产转入改扩建工程 借：投资性房地产——在建 　　贷：投资性房地产——成本 　　　　　　　　　　——公允价值变动
2. 发生改扩建或装修支出 借：投资性房地产——在建 　　贷：银行存款等	2. 发生改扩建或装修支出 借：投资性房地产——在建 　　贷：银行存款等
3. 改扩建工程或装修完工 借：投资性房地产 　　贷：投资性房地产——在建	3. 改扩建工程或装修完工 借：投资性房地产——成本 　　贷：投资性房地产——在建

2. 费用化的后续支出

采用成本模式进行后续计量	采用公允价值模式进行后续计量
借：其他业务成本 　　贷：银行存款	借：其他业务成本 　　贷：银行存款

六、投资性房地产的转换

房地产的转换是指因房地产用途发生改变而对房地产进行的重新分类。

1. 转换形式

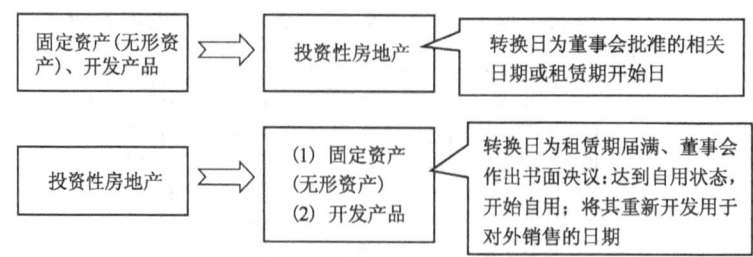

2. 非房地产企业投资性房地产的转换

成本模式下的转换	公允价值模式下的转换
1. 自用房地产转换为投资性房地产 借：投资性房地产　　　　　　【原值】 　　累计折旧（累计摊销） 　　固定资产减值准备（无形资产减值准备） 　贷：固定资产（无形资产）　　【原值】 　　投资性房地产累计折旧（投资性房地产累计摊销） 　　投资性房地产减值准备	1. 自用房地产转换为投资性房地产 借：投资性房地产——成本　　　【公允价值】 　　累计折旧（累计摊销） 　　固定资产减值准备（无形资产减值准备） 　　公允价值变动损益　　　　　【借差】 　贷：固定资产（无形资产）　　【原值】 　　其他综合收益　　　　　　　【贷差】
2. 投资性房地产转换为自用房地产 借：固定资产（无形资产）　　【原值】 　　投资性房地产累计折旧（投资性房地产累计摊销） 　　投资性房地产减值准备 　贷：投资性房地产　　　　　　【原值】 　　累计折旧（累计摊销） 　　固定资产减值准备（无形资产减值准备）	2. 投资性房地产转换为自用房地产 借：固定资产（无形资产）　　【公允价值】 　　公允价值变动损益　　　　　【借差】 　贷：投资性房地产——成本 　　　　　　——公允价值变动 　　公允价值变动损益　　　　　【贷差】

3. 房地产企业投资性房地产的转换

成本模式下的转换	公允价值模式下的转换
1. 作为存货的房地产转换为投资性房地产 借：投资性房地产　　【账面价值】 　　存货跌价准备　　【已计提存货跌价准备】 　贷：开发产品　　　　【账面余额】	1. 作为存货的房地产转换为投资性房地产 借：投资性房地产——成本　　　【公允价值】 　　存货跌价准备　　　　　　　【已计提存货跌价准备】 　　公允价值变动损益　　　　　【借差】 　贷：开发产品　　　　　　　　【账面余额】 　　其他综合收益　　　　　　　【贷差】
2. 投资性房地产转换为存货 借：开发产品　　　　【账面价值】 　　投资性房地产累计折旧 　　投资性房地产减值准备 　贷：投资性房地产　　【账面金额】	2. 投资性房地产转换为存货 借：开发产品　　　　　　　　　【公允价值】 　　公允价值变动损益　　　　　【借差】 　贷：投资性房地产——成本 　　　　　　——公允价值变动 　　公允价值变动损益　　　　　【贷差】

【例题 2·单项选择题】 2×19 年 9 月 1 日，甲公司将作为存货的一栋办公楼出租，并于当日与乙公司签订租赁合同，租期 3 年，该写字楼 2×12 年 9 月 1 日公允价值 2 000 万元，

原存货账面余额 1 400 万元,甲公司对投资性房地产采用公允价值模式计量,则甲公司将存货转换为投资性房地产时,初始入账金额为( )万元,记入"资本公积"的金额为( )万元。

A. 2 000　600
B. 2 000　0
C. 1 400　600
D. 1 400　0

【答案】　A

【解析】　甲公司将办公楼转换为投资性房地产时的分录为:

借:投资性房地产——写字楼(成本)　　　　　　　　　　　　　20 000 000
　　贷:开发产品　　　　　　　　　　　　　　　　　　　　　　14 000 000
　　　　资本公积——其他资本公积　　　　　　　　　　　　　　 6 000 000

七、投资性房地产的处置

当投资性房地产被处置,或者永久退出使用且预计不能从其处置中取得经济利益时,应当终止该项投资性房地产。

成本模式计量的投资性房地产	公允价值模式计量的投资性房地产
确认收入 借:银行存款　【实际收到的价款】 　　贷:其他业务收入	确认收入 借:银行存款　【实际收到的价款】 　　贷:其他业务收入
结转成本 借:其他业务成本　【差额】 　　投资性房地产累计折旧 　　投资性房地产累计摊销 　　投资性房地产减值准备 　　贷:投资性房地产	结转成本 ① 借:其他业务成本 　　贷:投资性房地产——××(成本) 　　　　　　　　　　——××(公允价值变动)【或借记】 ② 借:公允价值变动损益 　　贷:其他业务成本【或相反分录】 ③ 借:其他综合收益 　　贷:其他业务成本

思考与练习

一、单项选择题

1. 下列关于投资性房地产核算的表述中,正确的是( )。
   A. 采用成本模式计量的投资性房地产不需要确认减值损失
   B. 采用公允价值模式计量的投资性房地产可转换为成本模式计量
   C. 采用公允价值模式计量的投资性房地产,公允价值的变动金额应计入资本公积
   D. 采用成本模式计量的投资性房地产,符合条件时可转换为公允价值模式计量

2. 下列各项中,不属于企业投资性房地产的是( )。
   A. 企业出租的土地使用权

B. 持有并准备增值后转让的土地使用权
C. 自用的房地产
D. 出租的房地产

3. 企业对于以公允价值模式进行后续计量的投资性房地产取得的租金收入,应该贷记( )账户。
   A. "其他业务收入"　　　　　　　　B. "投资收益"
   C. "管理费用"　　　　　　　　　　D. "营业外收入"

4. 若采用成本模式对投资性房地产进行后续计量,下列说法中,正确的是( )。
   A. 企业应对已出租的建筑物计提折旧,发生减值时也应计提减值准备
   B. 企业不应对已出租的建筑物计提折旧,期末应按公允价值计量
   C. 企业不应对已出租的土地使用权进行摊销
   D. 企业不应对投资性房地产计提减值准备

5. 关于企业采用公允价值模式对投资性房地产进行后续计量,下列说法中,错误的是( )。
   A. 企业不应对已出租的建筑物计提折旧
   B. 企业应对已出租的建筑物计提折旧
   C. 企业不应对已出租的土地使用权进行摊销
   D. 企业应当以资产负债表日投资性房地产的公允价值为基础调整其账面价值,公允价值与原账面价值之间的差额计入当期损益

二、多项选择题

1. 下列项目中,属于投资性房地产的有( )。
   A. 已出租的建筑物
   B. 已出租的土地使用权
   C. 持有并准备增值后转让的土地使用权
   D. 作为存货的房地产
   E. 为生产产品、提供劳务或者经营管理而持有的房地产

2. 下列关于投资性房地产的说法中,正确的有( )。
   A. 投资性房地产是指为赚取租金或资本增值,或者两者兼有而持有的房产、地产和机器设备等
   B. 已出租的建筑物是指从租赁期开始日以经营租赁方式出租的建筑物,包括自行建造完成后用于出租的房地产
   C. 用于出租的建筑物是指企业拥有产权的建筑物
   D. 一项房地产,部分用于赚取租金或资本增值,部分用于生产商品、提供劳务或经营管理,即使用于赚取租金或资本增值的部分能够单独计量和出售的,也不可能确认为投资性房地产
   E. 外购投资性房地产的成本包括购买价款、相关税费和直接可以归属于该资产的其他支出

3. 下列有关投资性房地产后续计量会计处理的表述中,正确的有( )。

A. 不同企业可以分别采用成本模式或公允价值模式
B. 满足特定条件时可以采用公允价值模式
C. 同一企业可以分别采用成本模式和公允价值模式
D. 同一企业不得同时采用成本模式和公允价值模式
E. 成本模式和公允价值模式之间可以相互转换

4. 下列关于投资性房地产转换日确定的说法中,正确的有( )。
A. 作为存货的房地产改为出租,或者自用建筑物、土地使用权停止自用改为出租,其转换日为承租人支付的第一笔租金的日期
B. 作为存货的房地产改为出租,或者自用建筑物、土地使用权停止自用改为出租,其转换日为租赁开始日
C. 投资性房地产转为自用房地产,其转换日为房地产达到自用状态,企业开始将房地产用于生产商品、提供劳务或者经营管理的日期
D. 自用土地使用权停止自用,改用于资本增值,其转换日为自用土地使用权停止自用后确定用于资本增值的日期
E. 作为存货的房地产改为出租,或者自用建筑物、土地使用权停止自用改为出租,其转换日为签订租赁合同的日期

5. 企业采用公允价值模式对投资性房地产进行后续计量,下列说法中,正确的有( )。
A. 企业不应对已出租的建筑物计提折旧
B. 企业不应对已出租的土地使用权进行摊销
C. 企业应对已出租的建筑物计提折旧
D. 企业应对已出租的土地使用权进行摊销
E. 企业应当以资产负债表日投资性房地产的公允价值为基础调整期账面价值,公允价值与原账面价值之间的差额计入当期损益

三、判断题

1. 采用公允价值模式进行后续计量的投资性房地产,应根据其预计使用寿命计提折旧或进行摊销。( )
2. 投资性房地产是指为赚取租金或资本增值,或两者兼有而持有的房地产。( )
3. 企业通过经营租赁方式租入的建筑物再出租的,也是属于投资性房地产的范围。( )
4. 自行建造投资性房地产的成本,由建造该项资产达到预定可使用状态前所发生的必要支出构成。( )
5. 企业对投资性房地产可以根据情况,在成本模式与公允价值模式之间转换。( )
6. 与投资性房地产有关的后续支出,应当在发生时计入投资性房地产成本。( )
7. 已采用成本模式计量的投资性房地产,不得从成本模式转为公允价值模式。( )

8. 已采用公允价值模式计量的投资性房地产,不得从公允价值模式转为成本模式。
（　　）

9. 自用房地产或存货转换为采用公允价值模式计量的投资性房地产时,投资性房地产按照转换当日的公允价值计价,转换当日的公允价值小于原账面价值的,其差额计入当期损益;转换当日的公允价值大于原账面价值的,其差额计入所有者权益。（　　）

10. 采用公允价值模式计量的投资性房地产转换为自用房地产时,应当以其转换当日的账面价值作为自用房地产的账面价值,公允价值与原账面价值的差额计入当期损益。
（　　）

四、计算及账务处理题

1. 华夏公司于 2×09 年 1 月 1 日将一幢作为存货的商品房对外出租并采用公允价值模式计量,租期为 3 年,每年 12 月 31 日收取租金 200 万元,出租时,该幢商品房的成本为 6 000 万元,公允价值 6 500 万元,2×09 年 12 月 31 日,该幢商品房的公允价值为 6 800 万元,2×10 年 12 月 31 日,该幢商品房的公允价值为 6 900 万元,2×11 年 12 月 31 日,该幢商品房的公允价值为 7 000 万元,2×12 年 1 月 12 日,将该幢商品房对外出售,收到 7 100 万元存入银行。

要求:编制华夏公司上述经济业务的会计分录(假定按年确认公允价值变动损益和确认租金收入)。

2. 华夏公司 2×12 年 1 月 31 日将采用公允价值模式计量的投资性房地产转为行政管理部门使用,该建筑物 2×11 年 12 月 31 日的公允价值为 2 000 万元(成本 1 800 万元,公允价值变动 200 万元,) 2×12 年 1 月 31 日的公允价值为 2 050 万元,转换日该建筑物的尚可使用年限为 10 年,采用年限平均法计提折旧,无残值。

要求:
(1) 编制华夏公司 2×12 年 1 月 31 日将投资性房地产转为自用的会计分录。
(2) 计算华夏公司 2×12 年投资性房地产计提的折旧并编制会计分录。

五、案例分析题

华夏公司属于房地产开发企业,其拥有的下列资产中,哪些应该在"投资性房地产"账户中核算?

A. 企业拥有并自行经营的旅馆或饭店
B. 企业自用的办公楼
C. 企业正在开发的商品房
D. 企业开发的已出租的房屋
E. 企业持有的准备建造商品房的土地使用权
F. 以经营租赁方式租入的建筑物
G. 持有并准备增值后出售的商品房
H. 持有并准备增值后转让的土地使用权
I. 出租给本企业职工居住的宿舍
J. 已出租的房屋租赁期届满,收回后继续用于出租但暂时空置

第九章 资产减值

本章基本内容框架

```
         ┌ 资产减值概述 ┬ 资产减值的含义
         │              └ 资产减值的确认
         │
         │ 资产可收回金额的计量 ┬ 资产的公允价值减去处置费用后净额的估计
         │                      └ 资产预计未来现金流量现值的估计
         │
         │ 资产减值损失的确认和计量 ┬ 资产减值损失确认和计量的一般原则
         │                          └ 资产减值损失的主要会计处理
         │
         └ 资产组的认定及减值处理 ┬ 资产组的认定
                                   ├ 资产组减值测试
                                   └ 总部资产的减值测试
```

重点、难点讲解及典型例题

一、资产减值的含义及范围

1. 定义

资产减值是指因外部因素、内部使用方式或使用范围发生变化而对资产造成不利影响,导致资产使用价值降低,致使资产未来可流入企业的全部经济利益低于其现有的账面价值。

2. 范围

本章涉及的主要是《企业会计准则第8号——资产减值》规范的企业的非流动资产,具体包括以下资产:

(1) 对子公司、联营企业和合营企业的长期股权投资。

(2) 采用成本模式进行后续计量的投资性房地产。

(3) 固定资产。

(4) 生产性生物资产。

(5) 无形资产。

(6) 商誉。

(7) 探明石油天然气矿区权益及相关设施。

【例题1·多项选择题】 下列资产中,其减值的会计处理通过《企业会计准则第8号——资产减值》规范的有( )。

A. 商誉　　　　B. 无形资产　　　　C. 在建工程　　　　D. 固定资产

E. 存货

【答案】 ABCD

【解析】《企业会计准则第8号——资产减值》所规范的主要是企业的非流动资产,无存货。

【例题2·单项选择题】 下列资产中,其资产减值损失确认后可以转回的是( )。

A. 商誉　　　　　　B. 无形资产　　　　　C. 存货　　　　　　D. 固定资产

【答案】 C

【解析】《企业会计准则第8号——资产减值》规范的企业的非流动资产的减值损失确认后不得转回。

3. 资产减值损失确认的思路

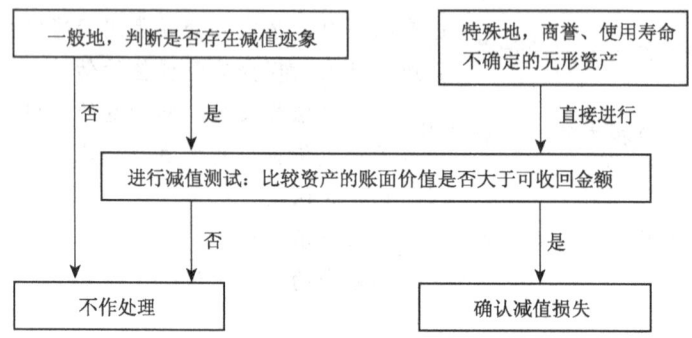

二、估计资产可收回金额的基本方法

资产的可收回金额,应当根据资产的公允价值减去处置费用后的净额与资产预计未来现金流量的现值两者之间较高者确定。

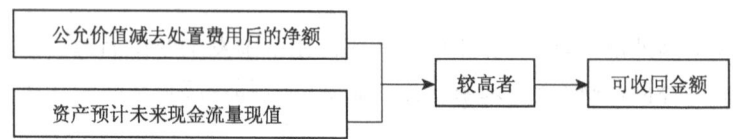

【例题3·多项选择题】 企业计算确定资产可收回金额的步骤有( )。

A. 计算确定资产的公允价值减去处置费用后的净额
B. 计算确定资产预计未来现金流量的现值
C. 计算确定资产预计未来现金流量
D. 比较资产的公允价值减去处置费用后的净额与预计未来现金流量的现值,取其较高者
E. 比较资产的公允价值减去处置费用后的净额与预计未来现金流量,取其较高者

【答案】 ABD

【解析】 资产可收回金额的估计,应当根据其公允价值减去处置费用后的净额与资产预计未来现金流量的现值两者之间较高者确定。

三、资产减值损失的确认与计量

1. 资产减值损失确认与计量的一般原则

企业在对资产进行减值测试并计算了资产可收回金额后,如果资产的可收回金额低于

其账面价值,应当将资产的账面价值减记至可收回金额,减记的金额确认为"资产减值损失",计入当期损益,同时计提相应的资产减值准备。

资产的账面价值是指资产成本扣减累计折旧(或累计摊销)和累计减值准备后的金额。

2. 资产减值损失的主要核算账户

核算账户	账户性质	核算内容
资产减值损失	损益类	核算企业计提各项资产减值准备所形成的损失
固定资产减值准备	资产备抵账户	核算固定资产的减值准备
在建工程减值准备	资产备抵账户	核算在建工程的减值准备
投资性房地产减值准备	资产备抵账户	核算采用成本模式计量的投资性房地产的减值准备
无形资产减值准备	资产备抵账户	核算无形资产的减值准备
商誉减值准备	资产备抵账户	核算商誉的减值准备
长期股权投资减值准备	资产备抵账户	核算长期股权投资的减值准备

3. 资产减值损失的主要会计处理

(1) 发生减值:

借:资产减值损失
　　贷:在建工程减值准备
　　　　固定资产减值准备
　　　　无形资产减值准备
　　　　商誉减值准备
　　　　长期股权投资减值准备等

(2) 期末,将损益类账户"资产减值损失"转入"本年利润":

借:本年利润
　　贷:资产减值损失

【例题4·单项选择题】 资产发生减值,应借记的账户是(　　)。
A. "管理费用"　　　　　　　　　　B. "资产减值损失"
C. "其他业务成本"　　　　　　　　D. "营业外支出"
【答案】 B
【解析】 资产发生减值,应借记损益类账户"资产减值损失"账户。

【例题5·单项选择题】 2×19年12月31日,甲企业对其拥有的一台机器设备进行减值测试时发现,该资产如果立即出售可以获得920万元的价款,发生的处置费用预计为20万元;如果继续使用,在该资产使用寿命终结时的现金流量现值为888万元。该资产目前的账面价值是910万元,甲企业在2×19年12月31日应该计提的固定资产减值准备为(　　)万元。
A. 12　　　　　B. 10　　　　　C. 20　　　　　D. 2
【答案】 B
【解析】 该设备的公允价值减去处置费用后的净额=920-20=900(万元)

现金流量的现值＝888(万元)

可收回金额为两者较高者,即 900 万元　发生了减值,减值额＝910－900

账面价值为 910 万元　　　　　　　　　　　　　　　　　　＝10(万元)

4. 固定资产及无形资产减值后的折旧及摊销的计算

按照我国资产减值准则的规定,已计提减值准备的资产,应当按照资产新的账面价值以及尚可使用寿命重新确定折旧额及摊销额。

【例题 6·单项选择题】 甲企业 2×16 年 1 月 1 日,外购一项专利权,初始入账价值 120 万元,预计使用年限 10 年,采用直线法摊销。2×18 年年末,企业对该项无形资产计提减值准备 35 万元,计提减值准备之后摊销方法、使用年限不变。甲企业 2×19 年该专利权应计提的摊销额为(　　)万元。

A. 10　　　　　　B. 12　　　　　　C. 7　　　　　　D. 8

【答案】 C

【解析】 思路:2×19 年应计提摊销额＝2×19 年初新的账面价值÷剩余年限

2×16—2×18 年累计摊销＝120÷10×3＝36(万元)

2×19 年初新的账面价值＝(120－36－35)＝49(万元)

2×19 年摊销额＝49÷(10－3)＝49÷7＝7(万元)

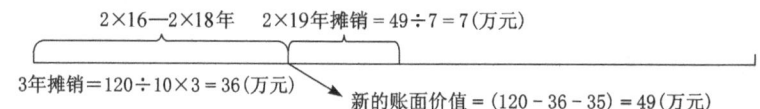

思考与练习

一、单项选择题

1. 2018 年 1 月 1 日,A 公司以银行存款 400 万元购入一项无形资产,预计使用年限为 10 年,采用直线法摊销。2018 年年末该项无形资产出现减值迹象,其可收回金额为 270 万元,2019 年年末该项无形资产又出现减值迹象,其可收回金额为 255 万元。假定该项无形资产计提减值准备后,原预计使用年限、摊销方法不变。假定不考虑其他因素,2019 年年末 A 公司该项无形资产的账面价值为(　　)万元。

A. 255　　　　　　B. 270　　　　　　C. 240　　　　　　D. 15

2. 下列资产中,无论是否存在减值迹象,每年都应进行减值测试的是(　　)。

A. 固定资产　　　　　　　　　　　　B. 长期股权投资

C. 使用寿命有限的无形资产　　　　　D. 使用寿命不确定的无形资产

3. 下列资产中,确认的减值损失在以后的会计期间可以转回的是(　　)。

A. 固定资产　　　　　　　　　　　　B. 无形资产

C. 在建工程　　　　　　　　　　　　D. 存货

4. 下列资产中,确认的减值损失在以后的会计期间不可以转回的是(　　)。

A. 应收账款　　　　　　　　　　　　B. 无形资产

C. 其他应收款　　　　　　　　　　　D. 存货

5. 对发生减值的资产确认资产减值损失并计提资产减值准备时,对企业的影响是( )。
   A. 只影响财务状况,不影响经营成果
   B. 不影响财务状况,只影响经营成果
   C. 既影响财务状况,又影响经营成果
   D. 既不影响财务状况,又不影响经营成果

6. 在判断下列资产是否存在可能发生减值的迹象时,不能单独进行减值测试的是( )。
   A. 长期股权投资 B. 专利技术
   C. 商誉 D. 金融资产

7. 假定某资产因受市场行情等因素的影响,在行情好、一般和差的情况下,预计未来第3年可能实现的现金流量和发生的概率分别是 100 万元(70%)、85 万元(20%)、60 万元(10%),则第 3 年的预计现金流量是( )万元。
   A. 100 B. 93 C. 85 D. 70

8. 当有迹象表明公司已经计提了减值准备的固定资产减值因素消失时,其计提的减值准备应该( )。
   A. 按照账面价值超过可收回金额的差额全部予以转回
   B. 按照账面价值超过可收回金额的差额补提资产减值预备
   C. 不进行账务处理
   D. 按照账面价值超过可收回金额的差额在原来计提的减值预备范围内予以转回

9. 计提资产减值准备应借记的会计账户是( )。
   A. "投资收益" B. "其他业务成本"
   C. "管理费用" D. "资产减值损失"

10. 某企业 2×19 年 12 月 31 日购入一台设备,入账价值为 200 万元,预计使用寿命为 10 年,预计净残值为 20 万元,采用年限平均法计提折旧。2×20 年 12 月 31 日该设备存在减值迹象,经测试预计可收回金额为 120 万元。2×20 年 12 月 31 日该设备账面价值为( )万元。
    A. 120 B. 160 C. 180 D. 182

二、多项选择题

1. 下列各项中,影响资产预计未来现金流量现值的有( )。
   A. 资产预计未来现金流量 B. 资产的使用寿命
   C. 折现率 D. 资产未来持有期间的公允价值变动

2. 下列资产中,无论是否存在减值迹象均需于年末进行减值测试的有( )。
   A. 自创商誉 B. 企业合并形成的商誉
   C. 对联营公司的长期股权投资 D. 使用寿命不确定的无形资产

3. 下列关于资产减值的论断,正确的有( )。
   A. 资产减值损失一经确认,在以后会计期间不得转回
   B. 企业当期确认的资产减值损失应当反映在利润表中

C. 资产减值是资产的可收回金额低于其账面价值

D. 资产减值损失确认后,减值资产的折旧或摊销费用在未来期间需要作出调整

4. 关于资产可收回金额的计量,下列说法中,正确的有( )。

A. 可收回金额应当根据资产的销售净价减去处置费用后的净额与资产预计未来现金流量的现值两者之间较高者确定

B. 可收回金额应当根据资产的销售净价减去处置费用后的净额与资产预计未来现金流量的现值两者之间较低者确定

C. 可收回金额应当根据资产的公允价值减去处置费用后的净额与资产预计未来现金流量的现值两者之间较高者确定

D. 资产的公允价值减去处置费用后的净额与资产预计未来现金流量的现值,只要有一项超过了资产的账面价值,就表明资产没有发生减值,不需再估计另一项金额

E. 资产的公允价值减去处置费用后的净额无法可靠估计的,应当以该资产预计未来现金流量的现值作为其可收回金额

5. 下列各项资产减值准备中,在相应资产的持有期间内不可以转回的有( )。

A. 固定资产减值准备 B. 持有至到期投资减值准备
C. 商誉减值准备 D. 长期股权投资减值准备

三、判断题

1. 由于有关资产的特征不同,其减值会计处理也有所差别,因而适用的具体准则和会计处理也不尽相同。( )

2. 资产的公允价值减去处置费用后的净额与资产预计未来现金流量的现值,均大于资产的账面价值时,才表明资产没有发生减值,不需要计提减值准备。( )

3. 根据资产减值准则,对于企业持有待售的资产,通常以资产公允价值减去处置费用后的净额作为其可收回金额。( )

4. 资产可收回金额的估计,应当以其公允价值与资产预计未来现金流量现值两者孰高确定。( )

5. 企业在计量资产可收回金额时,未来年度为改良资产发生的现金流出不属于资产预计未来现金流量。( )

四、计算及财务处理题

甲公司有关无形资产的业务如下:

(1) 甲公司2×19年初开始自行研究开发一项专利权,在研究开发过程中发生材料费200万元、应付工资100万元,以及其他费用50万元(以银行存款支付),共计350万元,其中,符合资本化条件的支出为200万元;2×20年1月专利技术获得成功,达到预定用途。

对于该项专利权,相关法律规定该专利权的有效年限为10年,甲公司估计该专利权的预计使用年限为12年,假定无法可靠确定该专利权预期经济利益的实现方式。

(2) 2×21年12月31日,由于市场发生不利变化,致使该专利权发生减值,甲公司预计其可收回的金额为120万元。计提减值后原预计年限不变。

(3) 2×22年12月31日甲公司出售该专利权,收到价款100万元,存入银行。假设不

考虑相关税费。

要求：(答案中的金额单位以万元表示)

(1) 编制2×19年该专利权发生的有关支出的会计处理的分录。

(2) 编制2×19年年底对费用化支出的会计处理的分录。

(3) 编制2×20年1月无形资产达到预定可使用状态时的会计处理的分录。

(4) 计算2×20年和2×21年对该无形资产每年的摊销额，并编制相应的会计处理的分录。

(5) 判断2×21年该无形资产是否发生减值。若发生减值，计算减值金额，并编制相应的会计处理的分录。

(6) 编制该无形资产处置时的会计处理的分录。

第十章 负 债

 本章基本内容框架

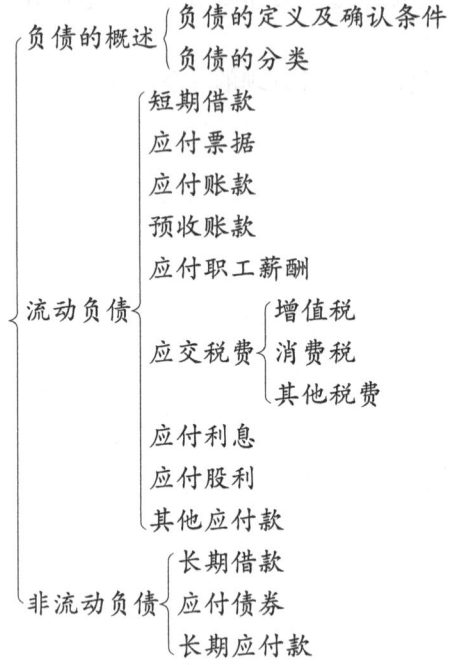

 重点、难点讲解及典型例题

一、负债概述

1. 定义

负债是指企业过去的交易或者事项形成的、预期会导致经济利益流出企业的现时义务。

2. 分类

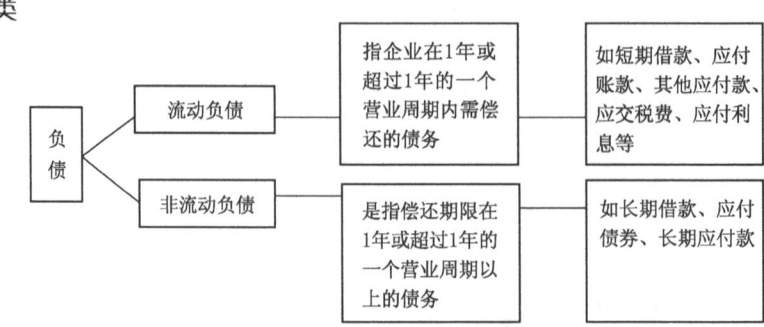

二、流动负债

(一) 短期借款

1. 短期借款借入时的会计核算

企业取得短期借款时,一方面增加"短期借款"的金额,另一方面增加"银行存款"的实有数,其核算分录为:

借:银行存款
  贷:短期借款   【借入短期借款的本金】

2. 短期借款利息的会计核算

企业因短期借款而产生的利息费用,应作为财务费用,计入当期损益。

按季付息的会计处理:

(1) 每月月末计提利息时的分录:

借:财务费用
  贷:应付利息   【本期应付未付的利息费用】

(2) 每季度末,支付本季度应付借款利息的分录:

借:财务费用   【本期应负担的利息费用】
  应付利息   【本期已计提的利息费用】
  贷:银行存款

3. 短期借款到期偿还的会计核算

企业应于到期日偿还短期借款的本金以及尚未支付的利息。

借:短期借款
  应付利息   【本期已计提的利息费用】
  财务费用   【本期应负担的利息费用】
  贷:银行存款

【例题1·单项选择题】 季付利息的短期借款,当季第一个月计提利息时,贷记的账户是( )。

A. "财务费用" B. "应付利息" C. "银行存款" D. "应计利息"

【答案】 B

【解析】 分录为:

借:财务费用
  贷:应付利息

【例题2·单项选择题】 企业借入短期借款,应贷记的账户是( )。

A. "短期借款" B. "长期借款" C. "银行存款" D. "应付利息"

【答案】 A

【解析】 分录为:

借:银行存款
  贷:短期借款

(二)应付票据的会计处理

应付票据是指企业因购买材料、商品或接受劳务等而开出、承兑的商业汇票。

商业汇票按承兑人不同分为:银行承兑汇票和商业承兑汇票。

如果在到期日,企业无力偿付应付票据,则应当按照不同的承兑人进行相应的账务处理。

(1) 商业承兑汇票,到期不能支付的,转入"应付账款"账户:

借:应付票据
  贷:应付账款

(2) 银行承兑汇票,到期不能支付的,转入"短期借款"账户:

借:应付票据
  贷:短期借款

【例题3·单项选择题】 到期无力偿付的商业承兑汇票,应将"应付票据"转入( )账户。

A. "短期借款"   B. "长期借款"   C. "银行存款"   D. "应付账款"

【答案】 D

【解析】 分录为:

借:应付票据
  贷:应付账款

(三)应付账款的会计处理

应付账款的会计处理在第三章存货的赊购业务中有所介绍。

特殊情况下应付账款入账金额确认如下:

特 殊 情 况	会 计 处 理
月末存货已经入库但发票账单尚未到达的情况	1. 按照暂估金额或计划成本确定应付账款的入账价值 2. 下月初将暂估值冲销 3. 待收到发票账单时重新入账
如果销货方在赊销商品时为了尽快回笼资金而给购货方开出现金折扣条件	1. 发生赊账时,按不考虑现金折扣的价款总额入账(总价法) 2. 实际在折扣期内付款时再将享有的折扣冲减当期财务费用
付款人确实无法支付应付款项	将应付账款的账面价值结转出来,同时将其确认为当期的营业外收入

(四)预收账款的会计处理

企业采用预收款方式销售时,将启用"预收账款"账户,如果企业预收账款业务不多,金额不大,可以不用"预收账款",而使用"应收账款"账户。

无论采用哪一个账户,核算的原则是自始至终都要采用此账户。

【例题4·单项选择题】 企业预收款项不多,采用"应收账款"账户,在企业预收款项时,应( )。

A. 贷记"应收账款"   B. 贷记"应付账款"
C. 贷记"银行存款"   D. 借记"应收账款"

【答案】 A

【解析】 分录为：

借：银行存款
  贷：应收账款

（五）应付职工薪酬的会计处理

1. 职工薪酬的范围

序号	职工薪酬的范围	具 体 内 容
1	短期薪酬	职工工资、资金、津贴和补贴
		职工福利费
		医疗保险费、工伤保险费、生育保险费
		住房公积金
		工会经费和职工教育经费
		短期带薪缺勤
		短期利润分享计划
		非货币性福利
		其他短期薪酬
2	离职后福利	养老保险费
		失业保险费等
3	辞退福利	按支付期限将辞退福利分为短期薪酬和其他长期职工福利
4	其他长期职工福利	长期带薪缺勤
		长期残疾福利
		长期利润分享计划等

2. 月末计提工资的分录

借：生产成本
  制造费用
  管理费用
  销售费用
  在建工程
  贷：应付职工薪酬——工资
      ——社会保险费
      ——住房公积金
      ——工会经费
      ——职工教育经费

3. 次月，支付工资的分录

借：应付职工薪酬——工资
  贷：银行存款
    应交税费——应交个人所得税
    其他应付款——个人承担的社会保险费
         ——个人承担的住房公积金

4. 非货币性职工薪酬的会计核算

1) 以自产产品发放给职工作为福利

企业以其生产的产品作为非货币性福利提供给职工的,应当按照该产品的公允价值和相关税费,计量应计入成本费用的职工薪酬金额,相关收入的确认、销售成本的结转和相关税费的处理,与正常商品销售相同(视同销售)。并应当先通过"应付职工薪酬"账户归集当期应计入成本费用的非货币性薪酬金额。

分录为:

(1) 核算非货币性职工薪酬:

借:生产成本
　　制造费用
　　管理费用
　　销售费用等
　　贷:应付职工薪酬——非货币性福利

(2) 实际发放自产产品作为非货币性职工薪酬时:

① 视同销售,确认收入。

借:应付职工薪酬——非货币性福利
　　贷:主营业务收入
　　　　应交税费——应交增值税(销项税额)

② 同时结转产品成本。

借:主营业务成本
　　贷:库存商品

(六) 应交税费的会计处理

1. 应交增值税

1) 一般纳税人应交增值税的核算

$$应纳税额 = 当期销项税额 - 当期进项税额 + 进项税额转出$$

$$销项税额 = 销售额 \times 适用税率$$

$$不含税销售额 = 含税销售额 \div (1 + 增值税税率)$$

(1) 缴纳增值税时。

① 缴纳本期增值税:

借:应交税费——应交增值税(已交税金)
　　贷:银行存款

② 缴纳上期增值税:

借:应交税费——未交增值税
　　贷:银行存款

【例题 5·单项选择题】 企业支付上月未交增值税,应借记(　　)账户。

A. "应交税费——未交增值税"

B. "应交税费——应交增值税(转出多交增值税)"

C. "应交税费——应交增值税(已交税金)"

D. "应交税费——应交增值税(转出未交增值税)"

【答案】 A

【解析】 分录为：

借：应交税费——未交增值税
　　贷：银行存款

(2) 期末结转：应将本期欠交或多交的增值税转入"应交税费——未交增值税"账户。

① 对于企业期末应交未交的增值税：

借：应交税费——应交增值税(转出未交增值税)
　　贷：应交税费——未交增值税

② 对于企业期末多交的增值税：

借：应交税费——未交增值税
　　贷：应交税费——应交增值税(转出多交增值税)

【例题6·单项选择题】 甲公司为增值税一般纳税人，月末，将尚未抵扣的增值税进项税转入(　　)账户的(　　)方。

A. 应交税费——未交增值税　贷方

B. 应交税费——应交增值税(转出多交增值税)　借方

C. 应交税费——未交增值税　借方

D. 应交税费——应交增值税(转出未交增值税)　借方

【答案】 C

【解析】 分录为：

借：应交税费——未交增值税
　　贷：应交税费——应交增值税(转出多交增值税)

2) 小规模纳税人增值税的会计核算

(1) 小规模纳税人的特点：

① 只能开具普通发票，不能开具增值税专用发票。

② 按照销售额的3%计算应纳税额。

③ 应先根据增值税征收率将其还原为不含税的销售价格，再据以计算本月应交增值税。

④ 购买货物或接受劳务时，所应支付的全部价款计入货物或劳务的入账价值。

⑤ 其支付的增值税税额不确认为增值税进项税额，即不得抵扣。

$$应纳税额 = 不含税销售额 \times 征收率$$

$$不含税销售额 = 含税销售额 \div (1+3\%)$$

(2) 账户设置。

"应交税费——应交增值税"。

【例题7·单项选择题】 丁公司为小规模纳税人，赊销商品一批，价款8 240元，应交增值税为(　　)元。

A. 1 400.80 B. 240
C. 1 197.26 D. 247.20

【答案】 B

【解析】 应交增值税＝8 240÷(1＋3％)×3％＝240(元)

分录为：

借：应收账款　　　　　　　　　　　　　　　　　　　　　　　　8 240
　　贷：主营业务收入　　　　　　　　　　　　　　　　　　　　　8 000
　　　　应交税费——应交增值税　　　　　　　　　　　　　　　　 240

2. 应交消费税

消费税是指在我国境内生产、委托加工和进口应税消费品的单位和个人、按其流转额交纳的一种税。

1) 消费税的计税方法

(1) 从价定率计征方法。

$$应纳税额＝销售额×比例税率$$

(2) 从量定额计征方法。

$$应纳税额＝销售数量×定额税率$$

(3) 从价定率与从量定额相结合的复合计征法。

$$应纳税额＝应税销售数量×定额税率＋应税销售额×比例税率$$

2) 账户设置

"应交税费——应交消费税"。

委托加工应税消费品的会计核算在第三章存货中已有所介绍。

3. 其他应交税费

1) 通过"税金及附加"账户核算

(1) 房产税。

(2) 城镇土地使用税。

(3) 车船税。

(4) 印花税。

【例题8·多项选择题】 以下税费中,应通过"税金及附加"核算的有(　　)。

A. 增值税 B. 企业所得税
C. 房产税 D. 城镇土地使用税
E. 车船税 F. 印花税

【答案】 CDEF

【解析】 企业所得税通过"所得税费用"核算。

2) 不通过"应交税费"账户核算

(1) 印花税。

(2) 车辆购置税。

(3) 耕地占用税。

（七）应付利息的会计处理

应付利息已在"短期借款"内容中介绍。

（八）应付股利的会计处理

应付股利是指企业根据股东大会或类似机构审议批准的利润分配方案确定分派给投资者的现金股利或利润。

分派现金股利时：

借：利润分配——应付现金股利
　　贷：应付股利

与现金股利不同，企业分派股票股利，不会引起所有者权益的变动。

借：利润分配——转作股本的股利
　　贷：股本

【例题9·单项选择题】 以下各项中，不会引起所有者权益变动的是（　　）。
A. 分配现金股利　　　　　　　　　　B. 接受投资
C. 分配股票股利　　　　　　　　　　D. 可供出售金融资产公允价值变动
【答案】 C
【解析】 D选项中可供出售金融资产公允价值变动记入其他综合收益。

（九）其他应付款的会计处理

1. 具体内容

（1）企业应付租入包装物的租金。
（2）企业发生的存入保证金，如收取的包装物的押金等。
（3）企业采用售后回购方式融入的资金。
（4）企业代职工缴纳的由个人承担的社会保险费和住房公积金。

2. 账户设置

"其他应付款——××"。

三、非流动负债

长期借款的会计处理

1. 账户设置

长期借款——本金
　　　　——利息调整
　　　　——应计利息

2. 长期借款利息费用的核算原则

（1）属于筹建期间的长期借款的利息费用记入"管理费用"。
（2）属于生产经营期间的长期借款的利息费用记入"财务费用"。
（3）如果长期借款用于购建固定资产的，在固定资产尚未达到预定可使用状态前，所发生的应当资本化的利息支出，记入"在建工程"；固定资产达到预定可使用状态后发生的利息支出，以及按规定不予资本化的利息支出，记入"财务费用"。
（4）无形资产开发阶段，符合资本化条件的长期借款利息费用，记入"研发支出——资本化支出"。

【例题 10·多项选择题】 长期借款的利息可能记入的账户有(   )。

A."财务费用" B."在建工程"
C."管理费用" D."生产成本"
E."研发支出——资本化支出"

【答案】 ABCDE

【解析】 D选项中的生产成本,如造船厂为造船从银行借入长期借款的利息,应计入存货(船舶)的成本中;筹建期间长期借款的利息费用记入"管理费用"。

思考与练习

一、单项选择题

1. 在下列有关应付账款的叙述中,不正确的是(   )。
   A. 是用来核算购买材料、商品或接受劳务而发生债务的账户
   B. 属于负债类的账户
   C. 若有余额一定在贷方
   D. 应按债权单位设置明细账

2. 在企业预收账款不多的情况下,可利用(   )账户核算预收账款。
   A. 预付账款 B. 应收账款
   C. 其他应收款 D. 应付账款

3. 在建工程人员按应付工资额提取的福利费,应借记的账户是(   )。
   A."在建工程" B."管理费用"
   C."营业外支出" D."其他业务支出"

4. 在以下各项目中,不通过"应交税费"账户核算的是(   )。
   A. 增值税 B. 房产税 C. 印花税 D. 消费税

5. 某企业发行分期付息、到期一次还本的债券,按其票面利率计算确定的应付未付利息,应该记入(   )账户。
   A."应付债券——应计利息" B."应付利息"
   C."应付债券——利息调整" D."应付债券——面值"

6. 在企业发生长期借款利息的情况下,借方不可能涉及的账户是(   )。
   A."管理费用" B."应付利息"
   C."财务费用" D."在建工程"

7. 下列各项中,应通过"其他应付款"账户核算的是(   )。
   A. 应付现金股利 B. 应交教育费附加
   C. 应付租入包装物租金 D. 应付管理人员工资

8. 企业开出的商业汇票为银行承兑汇票,其无力支付票款时,应将应付票据的票面金额转作(   )。
   A. 应付账款 B. 短期借款 C. 营业外收入 D. 其他应付款

9. 企业在转销已经确认的无法支付的应付账款时,应贷记的会计账户是(   )。

A. "其他业务收入" B. "盈余公积"
C. "营业外收入" D. "资本公积"

10. 企业股东大会决议决定并宣告发放现金股利时,应进行的会计处理是(　　)。
    A. 借记"应付股利"账户,贷记"银行存款"账户
    B. 借记"利润分配——应付现金股利"账户,贷记"应付股利"账户
    C. 借记"实收资本"账户,贷记"应付股利"账户
    D. 不作任何账务处理

11. 企业从应付职工工资中代扣的职工房租,应借记的会计账户是(　　)。
    A. "应付职工薪酬" B. "银行存款"
    C. "其他应收款" D. "其他应付款"

12. 下列属于长期负债的项目是(　　)。
    A. 应付债券　　B. 应付票据　　C. 应付利润　　D. 应付账款

13. 某企业发行债券所筹资金专门用于建造固定资产,至2018年12月31日工程尚未完工。计提本年应付债券利息时应计入(　　)账户。
    A. "固定资产" B. "在建工程" C. "管理费用" D. "财务费用"

14. 某企业适用的城市维护建设税税率为7%,2018年8月该企业应交纳增值税300 000元、土地增值税30 000元、消费税50 000元、资源税20 000元,8月该企业应记入"应交税费——应交城市维护建设税"账户的金额为(　　)元。
    A. 16 100　　B. 24 500　　C. 26 600　　D. 28 000

15. 某企业7月1日向银行借入资金60万元,期限为6个月,年利率为6%,到期还本,按月计提利息,按季付息。该企业7月31日应计提的利息为(　　)万元。
    A. 0.3　　B. 0.6　　C. 0.98　　D. 3.6

二、多项选择题

1. 企业发行长期债券,应在"应付债券"总账账户下设置(　　)明细账户进行核算。
   A. 面值　　B. 债券溢价　　C. 应计利息　　D. 利息调整

2. 企业向供货方预付的货款可以在(　　)账户核算。
   A. 预付账款　　B. 应收账款　　C. 预收账款　　D. 应付账款

3. 下列有关应付票据处理的表述中,不正确的有(　　)。
   A. 企业开出并承兑商业汇票时,应按票据的到期值贷记"应付票据"
   B. 企业支付的银行承兑手续费,记入当期"财务费用"
   C. 应付票据到期支付时,按账面余额结转
   D. 企业到期无力支付的商业承兑汇票,应按票面金额转入"应付账款"

4. 下列对长期借款利息费用的会计处理中,正确的有(　　)。
   A. 筹建期间不符合资本化条件的借款利息计入管理费用
   B. 筹建期间不符合资本化条件的借款利息计入长期待摊费用
   C. 日常生产经营活动不符合资本化条件的借款利息计入财务费用
   D. 符合资本化条件的借款利息计入相关资产成本

5. 下列经济业务中,需要计算增值税销项税额的有(　　)。

A. 将自产产品用于集体福利设施建设
B. 以库存商品对外投资
C. 将自产产品对外捐赠
D. 原材料由于管理不善被盗

三、判断题

1. 企业向银行或其他金融机构借入的各种款项所发生的利息均应计入财务费用。（ ）
2. 以商业保险形式提供给职工的各种保险待遇也属于企业提供的职工薪酬。（ ）
3. 对于带息应付票据，偿付时所支付的利息应作为管理费用入账。（ ）
4. 债券溢、折价是发行债券企业在债券存续期内对利息费用的调整。（ ）
5. 委托加工的应税消费品，收回后直接销售的，不再征收消费税。（ ）

四、计算及账务处理题

1. 云海工贸公司2×19年有关短期借款经济业务如下：

（1）1月1日向银行取得了期限3个月的短期借款100 000元，借款年利率为6％，每月计提并按季支付利息，借入款项已转入存款账户。

（2）根据规定利率计算每月份应计提借款利息500元。

（3）借款到期，用银行存款归还借款本金及3个月的利息。

要求：根据上述资料，编制会计分录。

2. 云海工贸公司于2×19年发生部分结算事项如下：

（1）购买某钢厂冶炼的钢材10吨，每吨价格3 600元，现已收到对方开具转来的增值税专用发票，除载明货款及13％的税款外，还注明对方代垫运杂费计3 400元。款项尚未付出，钢材已验收入库。

（2）企业与某单位达成协议，以商业承兑汇票的方式向对方购入价款为30 000元的一批货物。面值30 000元的票据现已开出交与对方。对方也将价值30 000元的货物连同增值税专用发票同时发至本企业。该发票载明该批材料价款30 000元，增值税款3 900元，运费垫付款200元。企业开出4 100元的支票，将税款、运费垫款付给对方。

（3）企业开出一张面值44 080元，期限1个月，票面利率6％的银行承兑汇票，结算业务（1）的款项，票据现已开出交与对方。用银行存款支付承兑手续费500元。票据到期用银行存款支付票据的面值和利息。

（4）收到某厂预付货款6 500元，要求购买甲产品100件。

（5）甲产品生产完工，现向该厂如数发出货物，用银行存款代垫运费1 840元。甲产品的售价为每件1 000元。向对方出具运费账单和增值税专用发票，发票上载明货款、13％的增值税款。

（6）收到对方购买甲产品的补付款，存入银行。

要求：编制以上各项经济业务的会计分录。

3. 【目的】练习赊购材料采用现金折扣的账务处理。

【资料】云海工贸公司2×19发生如下经济业务：

(1) 4月2日,购入A材料,价款为40 000元,增值税额为5 200元,付款条件为:2/10,n/30。

(2) 4月27日,购入B材料,价款为10 000元,增值税额为1 300元,付款条件为:1/10,n/30。

(3) 5月3日,用银行存款支付购入A材料的款项。

(4) 5月5日,用银行存款支付购入B材料的款项。

【要求】假设现金折扣不考虑增值税,采用总价法编制有关会计分录。

五、案例分析题

(1) 广华公司是一家空调生产企业,有职工1 100名,其中生产工人为1 000名,管理人员为100名。2×19年2月,广华公司决定以其生产的空调作为福利发放给职工。该空调单位成本为1 500元,单位计税价格(公允价值)为2 000元,适用的增值税税率为13%。

广华公司的账务处理如下:

① 决定发放非货币性福利:

借:生产成本　　　　　　　　　　　　　　　　　　　　　　　2 000 000
　　管理费用　　　　　　　　　　　　　　　　　　　　　　　　 200 000
　　贷:应付职工薪酬　　　　　　　　　　　　　　　　　　　　2 200 000

计入生产成本的金额为:1 000×2 000＝2 000 000(元)

计入管理费用的金额为:100×2 000＝200 000(元)

② 实际发放非货币性福利:

借:应付职工薪酬　　　　　　　　　　　　　　　　　　　　　2 200 000
　　贷:主营业务收入　　　　　　　　　　　　　　　　　　　　2 200 000
借:主营业务成本　　　　　　　　　　　　　　　　　　　　　1 650 000
　　贷:库存商品　　　　　　　　　　　　　　　　　　　　　　1 650 000

(2) 广华公司决定为每位部门经理提供轿车供其免费使用,同时为每位副总裁租赁一套住房供其免费使用。广华公司部门经理共有10名,副总裁共有3名。假定每辆轿车月折旧额为1 000元,每套住房月租金为8 000元。广华公司的账务处理如下:

① 计提轿车折旧:

借:管理费用　　　　　　　　　　　　　　　　　　　　　　　　10 000
　　贷:累计折旧　　　　　　　　　　　　　　　　　　　　　　　10 000

② 确认住房租金费用:

借:管理费用　　　　　　　　　　　　　　　　　　　　　　　　24 000
　　贷:银行存款　　　　　　　　　　　　　　　　　　　　　　　24 000

要求:运用所学知识分析判断广华公司的账务处理是否恰当。

第十一章 所有者权益

本章基本内容框架

$$\text{所有者权益}\begin{cases}\text{所有者权益概述}\begin{cases}\text{所有者权益的含义}\\\text{所有者权益的构成}\end{cases}\\\text{投入资本}\begin{cases}\text{实收资本的会计处理}\\\text{资本公积的会计处理}\end{cases}\\\text{留存收益}\begin{cases}\text{盈余公积}\\\text{未分配利润}\end{cases}\end{cases}$$

重点、难点讲解及典型例题

一、所有者权益的含义及构成

1. 定义

所有者权益是指企业资产扣除负债后由所有者享有的剩余权益。公司的所有者权益又称为股东权益。

所有者权益是所有者对企业资产的剩余索取权,反映的是企业资产扣除债权人权益之后应由所有者享有的部分。所有者权益既反映了所有者投入资本的保值增值情况,又体现了保护债权人权益的理念。

2. 构成

所有者权益按其形成来源,可分为投入资本、直接计入所有者权益的利得和损失以及留存收益等,通常由实收资本(或股本)、资本公积、盈余公积和未分配利润构成,其中,盈余公积和未分配利润统称为留存收益。

【例题1·多项选择题】 所有者权益包括( )。

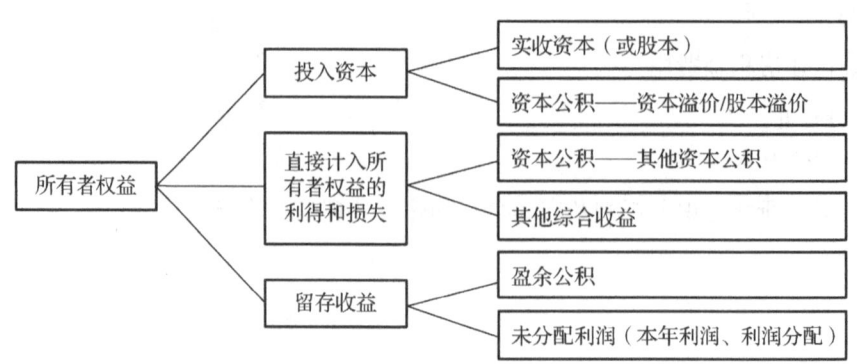

A. 实收资本 B. 资本公积
C. 盈余公积 D. 未分配利润

【答案】 ABCD

【解析】 所有者权益通常由实收资本(或股本)、资本公积、盈余公积和未分配利润构成。

二、投入资本

投入资本是投资人提供给公司的资本,由实收资本(或股本)和资本公积两部分构成。

1. 实收资本的会计处理

(1) 账户设置:

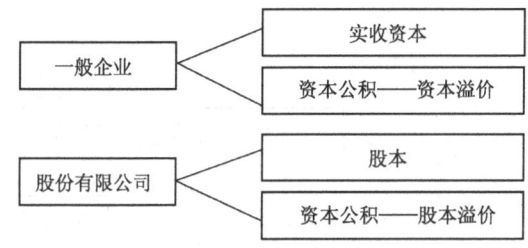

(2) 会计处理:

借:固定资产/原材料等
　　应交税费——应交增值税(进项税额)　　【可抵扣的进项税额】
　贷:实收资本/股本——××　　【份额】
　　　资本公积——资本溢价/股本溢价　　【差】

【例题2·多项选择题】 A、B、C三方各出资100万元组建甲有限责任公司,甲公司注册资本300万元。两年后,甲公司增加注册资本至400万元,D投资者计划加入,经协商,D投资者需投入现金180万元,占甲公司注册资本的1/4,下列描述正确的有(　　)。

A. 甲公司应确认实收资本180万元
B. 甲公司应确认实收资本100万元
C. 甲公司应确认资本溢价80万元
D. 甲公司应确认资本溢价100万元

【答案】 BC

【解析】 实收资本=400×1/4=100(万元),资本溢价=180-100=80(万元)。

借:银行存款　　　　　　　　　　　　　　　　　　　　　　1 800 000
　贷:实收资本——D投资者　　　　　　　　　　　　　　　　1 000 000
　　　资本公积——资本溢价　　　　　　　　　　　　　　　　　800 000

2. 资本公积的会计处理

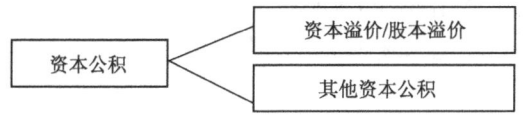

其中,其他资本公积是指除净损益,其他综合收益和利润分配以外所有者权益的其他变动。

例如,企业的长期股权投资采用权益法核算时,因被投资单位除净损益、其他综合收益和利润分配以外所有者权益的其他变动,投资企业按应享有份额而增加或减少的资本公积。

借:长期股权投资——其他权益变动
　　贷:资本公积——其他资本公积

三、留存收益

留存收益是指企业从历年实现的利润中提取或形成的留存于企业的内部积累。
留存收益的构成:

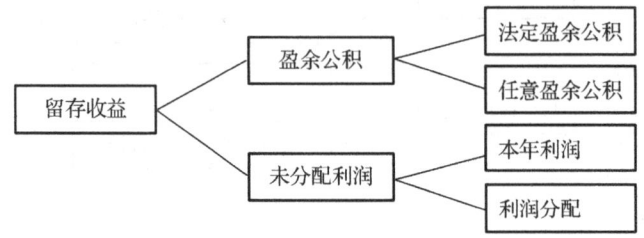

四、企业的利润分配

根据《中华人民共和国公司法》等有关法规的规定,企业当年实现的净利润,一般应当按照如下顺序进行分配。

(1) 提取法定公积金:按照税后利润的10%的比例提取,累计额为公司注册资本的50%以上时,可以不再提取法定公积金。

(2) 提取任意公积金:根据企业的实际情况提取,无法律限制。

(3) 向投资者分配利润或股利。

五、盈余公积的会计处理

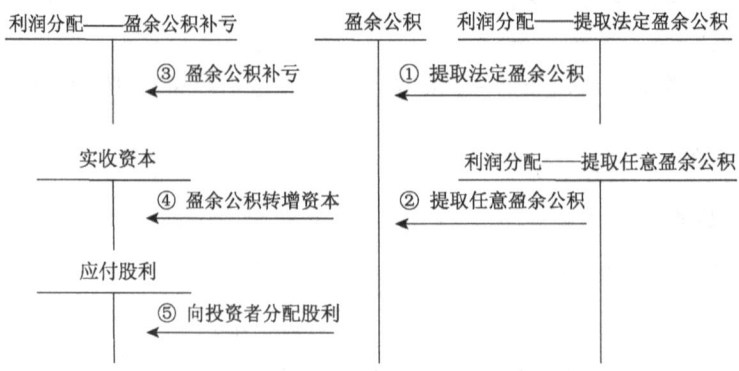

借：利润分配——提取法定盈余公积
　　　　　——提取任意盈余公积
　　贷：盈余公积——法定盈余公积
　　　　　　　　——任意盈余公积

【例题 3·多项选择题】 下列各项中，不会引起所有者权益变动的有（　　）。

A. 提取法定盈余公积　　　　　　　B. 提取任意盈余公积
C. 盈余公积弥补亏损　　　　　　　D. 盈余公积转增资本
E. 分配现金股利　　　　　　　　　F. 分配股票股利

【答案】　ABCDF

【解析】　分配现金股利的分录为：

借：利润分配——应付现金股利　　【所有者权益类】
　　贷：应付股利　　　　　　　　【负债类】

六、弥补亏损

（1）不需专门进行账户处理，以后年度实现利润弥补亏损时，将"本年利润"账户转入"利润分配——未分配利润"的贷方，其贷方发生额与"利润分配——未分配利润"的借方余额自然抵补。

（2）税前弥补和税后弥补只是在计算所得税时处理方法不同。

规定：发生亏损以后的 5 年内可以以税前利润弥补亏损。①以税前利润弥补亏损时其弥补的数额可以抵减当期企业应纳税所得额。②以税后利润弥补亏损时，弥补数额应先计算所得税，并在"本年利润"账户扣除后转入"利润分配——未分配利润"账户，不能抵减当期应纳税所得额。

【例题 4·判断题】 企业弥补亏损时，需专门编制相应的会计分录。（　　）

【答案】　×

【解析】　期末，将"本年利润"账户转入"利润分配——未分配利润"，自然弥补，无需专门编制分录。

七、利润分配的会计处理

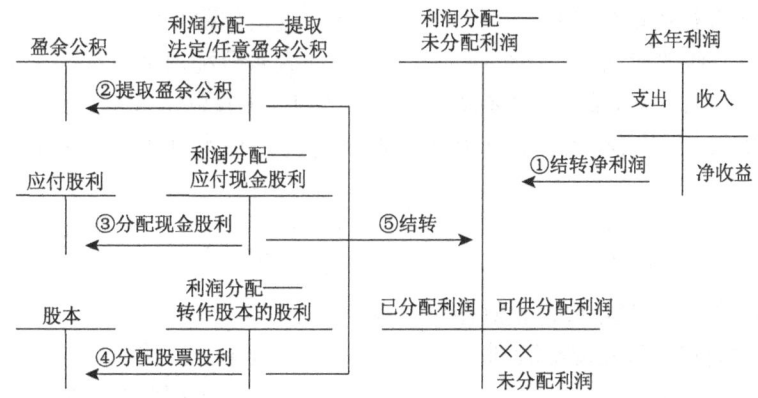

【例题 5·单项选择题】 甲企业 2×19 年年初所有者权益为 200 万元,当年以其中的资本公积转增资本 40 万元。当年实现净利润 150 万元,提取盈余公积共 25 万元,向投资者分配利润 18 万元。甲企业 2×19 年年末所有者权益总额为( )万元。

A. 292
B. 310
C. 267
D. 332

【答案】 B

【解析】 甲企业 2×19 年年末所有者权益总额＝200＋150－18＝332(万元)

【例题 6·多项选择题】 下列各项中,属于所有者权益类账户的有( )。

A. 资产减值损失
B. 坏账准备
C. 资本公积——资本溢价
D. 盈余公积——法定盈余公积
E. 利润分配——未分配利润
F. 股本

【答案】 CDEF

【解析】 选项 A"资产减值损失"属于损益类账户;选项 B"坏账准备"属于资产类账户的备抵账户。

思考与练习

一、单项选择题

1. 企业增资扩股时,投资者实际缴纳的出资额大于按约定比例计算的其在注册资本中所占的份额部分,应作为( )。

   A. 资本溢价
   B. 实收资本
   C. 盈余公积
   D. 营业外收入

2. 下列各项中,不属于所有者权益的是( )。

   A. 递延收益
   B. 盈余公积
   C. 未分配利润
   D. 资本公积

3. 下列项目中,不属于资本公积核算内容的是( )。

   A. 资本溢价
   B. 直接计入所有者权益的利得
   C. 直接计入所有者权益的损失
   D. 企业收到投资者的出资额

4. 下列各项中,能影响所有者权益总额发生增减变动的是( )。

   A. 支付已宣告的现金股利
   B. 盈余公积补亏
   C. 实际发放股票股利
   D. 宣告分配现金股利

5. 2019 年 1 月 1 日,某企业所有者权益情况如下:实收资本 200 万元,资本公积 26 万元,盈余公积 28 万元,未分配利润 59 万元。则该企业 2019 年 1 月 1 日留存收益为( )万元。

   A. 32
   B. 38
   C. 70
   D. 87

6. 下列各项中,能够导致企业留存收益减少的是( )。

   A. 股东大会宣告派发现金股利
   B. 以资本公积转增资本
   C. 提取盈余公积
   D. 以盈余公积弥补亏损

7. 某股份制公司委托证券公司代理发行普通股 100 000 股,每股面值 1 元,每股按 1.2 元的价格出售。按协议,证券公司从发行收入中收取 3% 的手续费,从发行收入中扣除,则该公司计入资本公积的数额为(　　)元。
   A. 16 400　　　　　　　　　　　B. 100 000
   C. 116 400　　　　　　　　　　　D. 0

8. 下列各项中,不属于企业留存收益的是(　　)。
   A. 股本溢价　　　　　　　　　　B. 企业发展基金
   C. 任意盈余公积　　　　　　　　D. 法定盈余公积

9. 下列交易或事项,不可以记入"其他综合收益"的是(　　)。
   A. 采用权益法核算的长期股权投资在被投资单位除净损益以外的所有者权益发生增减变动时,投资企业按持股比例计算应享有的份额
   B. 企业将作为存货的房地产转为采用公允价值模式计量的投资性房地产,其公允价值大于账面价值的差额
   C. 可供出售金融资产公允价值变动,资产负债表日,可供出售金融资产公允价值变动形成的利得(减值损失和外币货币性金融资产的汇兑差额除外)
   D. 接受受控股东的捐赠

10. 企业用当年实现的利润弥补亏损时,应作的会计处理是(　　)。
    A. 借记"本年利润"账户,贷记"利润分配——未分配利润"账户
    B. 借记"利润分配——未分配利润"账户,贷记"本年利润"账户
    C. 借记"利润分配——未分配利润"账户,贷记"利润分配——未分配利润"账户
    D. 无需专门作会计处理

11. 将"本年利润"账户和"利润分配"账户下的其他有关明细科目的余额转入"未分配利润"明细账户后,"未分配利润"明细账户的贷方余额,就是(　　)。
    A. 当年实现的净利润　　　　　　B. 累计留存收益
    C. 累计实现的净利润　　　　　　D. 累计未分配的利润数额

12. 经股东大会或类似机构决议,用资本公积转增资本时,应冲减(　　)。
    A. 资本公积(资本溢价或股本溢价)　　B. 资本公积(其他资本公积)
    C. 留存收益　　　　　　　　　　　D. 未分配利润

13. 企业可供分配的利润,正确的分配次序是(　　)。
    A. 提取法定盈余公积——提取任意盈余公积——向投资者分配利润
    B. 向投资者分配利润——提取法定盈余公积——提取任意盈余公积
    C. 提取任意盈余公积——提取法定盈余公积——向投资者分配利润
    D. 以上选项均正确

14. 企业用盈余公积补亏时,应该在贷方记录的会计账户是(　　)。
    A. "盈余公积"　　　　　　　　　B. "资本公积"
    C. "利润分配——未分配利润"　　D. "利润分配——盈余公积补亏"

15. 某企业经营第一年亏损 100 万元,第二年实现税前利润 300 万元,所得税率 25%,法定盈余公积提取比例 10%,则该企业当年应提取的法定盈余公积为(　　)万元。
    A. 30　　　　B. 15　　　　C. 22.5　　　　D. 17

二、多项选择题

1. 企业实收资本或股本增加的途径有（　　）。
   A. 发放股票股利　　　　　　　　B. 经批准用盈余公积转增资本
   C. 接受投资者实物投资　　　　　D. 经批准用资本公积转增资本
2. 下列各项中，不能够引起所有者权益总额发生变动的是（　　）。
   A. 用盈余公积转增资本　　　　　B. 股东大会宣告分派现金股利
   C. 用银行存款购买固定资产　　　D. 提取任意盈余公积
3. 关于所有者权益，下列说法中正确的有（　　）。
   A. 资本公积可以弥补企业亏损　　B. 盈余公积可以按照规定转增资本
   C. 未分配利润可以弥补亏损　　　D. 资本公积可以按照规定转增资本
4. 企业吸收投资者投资时，可能发生变化的会计账户有（　　）。
   A. "实收资本"　　　　　　　　　B. "资本公积"
   C. "盈余公积"　　　　　　　　　D. "利润分配"
5. 股份有限公司发行股票发生的交易费用，可能借记（　　）账户。
   A. "资本公积"　　　　　　　　　B. "财务费用"
   C. "盈余公积"　　　　　　　　　D. "利润分配"

三、判断题

1. 用法定盈余公积转增资本或弥补亏损时，会导致所有者权益总额的变化。　（　　）
2. 年末，"利润分配"账户下的明细账户除"未分配利润"明细账户外应当无余额。
   （　　）
3. 企业以盈余公积向投资者分配现金股利，不会引起留存收益总额的变动。（　　）
4. 支付已宣告的现金股利时所有者权益减少。　　　　　　　　　　　　　（　　）
5. 资本公积经批准后可用于派发现金股利。　　　　　　　　　　　　　　（　　）

四、计算及账务处理题

1. 2×19年12月15日，A、B、C共同投资设立甲股份有限公司，注册资本为4 000 000元，A、B、C持股比例分别为60%、25%和15%。甲股份有限公司已如期收到各投资者一次缴足的款项。2×20年2月12日，甲股份有限公司发行普通股20 000 000股，每股面值1元，每股发行价格5元，股款100 000 000元已全部收到，不考虑发行过程中的税费等因素。

   要求：进行甲股份有限公司的相关账务处理。

2. A有限责任公司2×19年发生的有关经济业务如下：

   （1）按照规定办理增资手续后，将资本公积90 000元转增注册资本。该公司原有注册资本2 910 000元，其中甲、乙、丙三家公司各占1/3。

   （2）用盈余公积50 000弥补以前年度亏损。

   （3）从税后利润中提取法定盈余公积153 000元。

   （4）接受B公司投资，经投资各方协议，B公司实际出资额中1 000 000元作为新增注册资本，使投资各方在注册资本总额中均占1/4。B公司以银行存款1 200 000元缴付出资额。

要求:进行 A 有限公司的相关账务处理。

3. 东方公司 2×19 年发生的有关经济业务如下：

(1) 年初未分配利润 300 000 元,任意盈余公积 200 000 元,当年实现税后利润为 1 800 000 元,公司董事会决定按 10%提取法定盈余公积,25%提取任意盈余公积,分派现金股利 500 000 元。

(2) 东方公司现有股东情况如下:A 公司占 25%,B 公司占 30%,C 公司占 10%,D 公司占 5%,其他占 30%。2×19 年 5 月,经公司股东大会决议,以任意盈余公积 500 000 元转增资本,并已办妥转增手续。

(3) 2×20 年度东方公司亏损 350 000 元。

要求：

(1) 根据以上资料,编制 2×19 年有关利润分配的会计分录。

(2) 编制东方公司盈余公积转增资本的会计分录。

(3) 编制 2×20 年末结转亏损的会计分录,并计算未分配利润的年末金额。

(盈余公积和利润分配的核算写明明细账户)

第十二章 费 用

本章基本内容框架

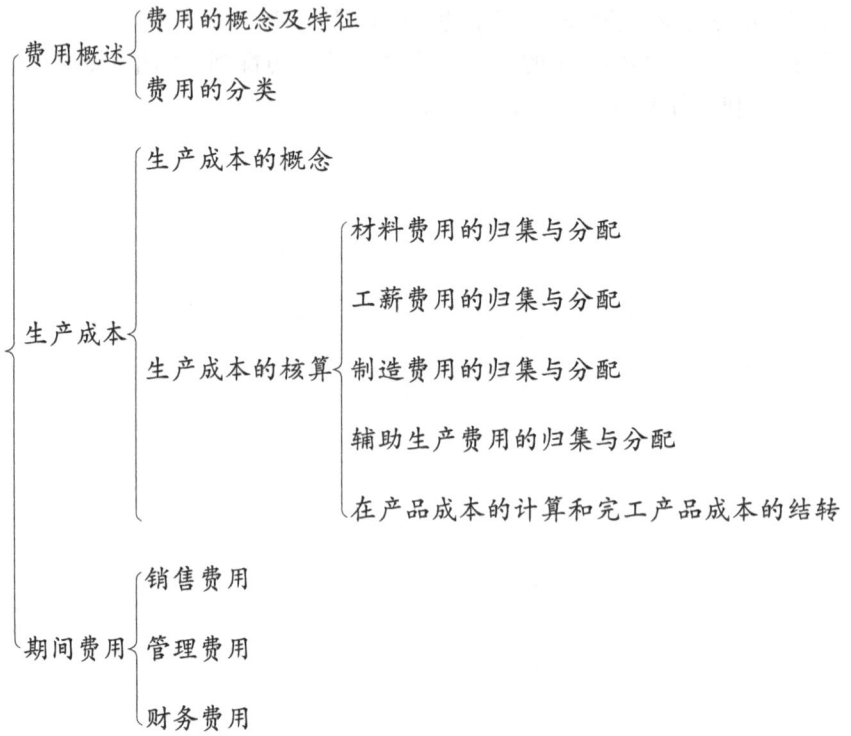

重点、难点讲解及典型例题

一、费用概述

1. 定义

费用是企业日常经营活动中发生的、会导致所有者权益减少的、与向所有者分配利润无关的经济利益的总流出。

2. 分类

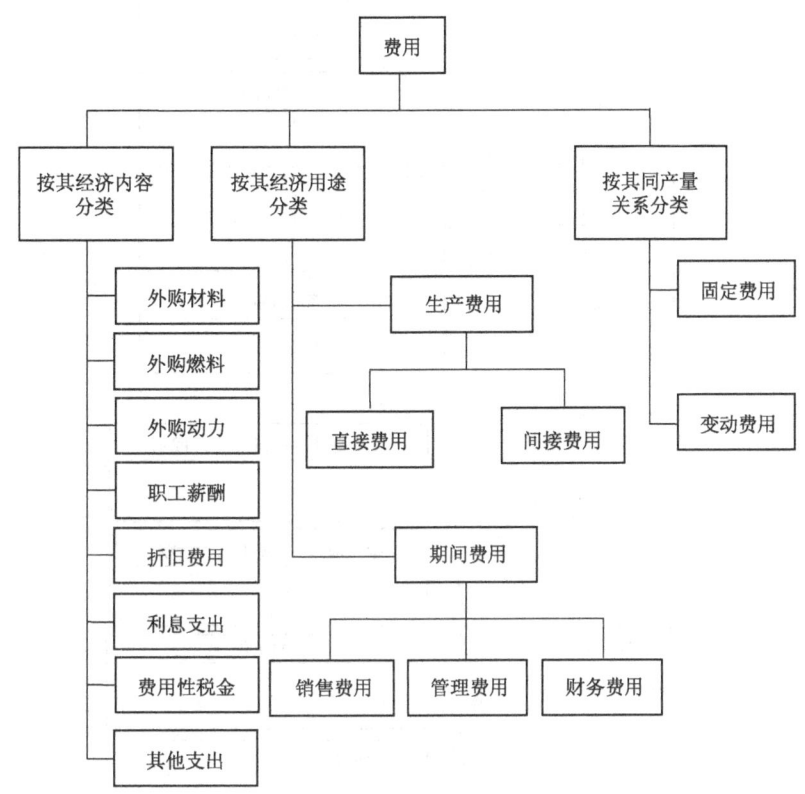

二、生产成本

生产成本是指一定期间生产产品所发生的直接费用和间接费用的总和。分为直接费用和间接费用。一般分为直接材料、燃料及动力、直接人工和制造费用。

1. 账户设置

(1) "生产成本"：将"生产成本"账户设置"基本生产成本"和"辅助生产成本"两个明细账户。为了具体反映每一种产品的生产费用和实际生产成本，该两个明细账户可按产品种类及费用项目进行进一步的明细核算，如"生产成本——基本生产成本——甲产品——直接材料"。

(2) "制造费用"：该账户应按不同车间、部门设置明细分类账户，并按费用的经济用途和经济性质设置专栏，如"制造费用——二车间——折旧费"。

实务中，①手工账：多栏式账簿；②财务软件：按明细账户设三栏式明细账户。

2. 生产成本的归集与分配

1) 材料费用的归集与分配

2) 工资费用的归集和分配

在第十章负债中的"应付职工薪酬"时已详细介绍。

3) 制造费用的归集和分配

期末，"制造费用"分配后，一般无余额。季节性停产时，由于没有产成品，因此，会出现余额。

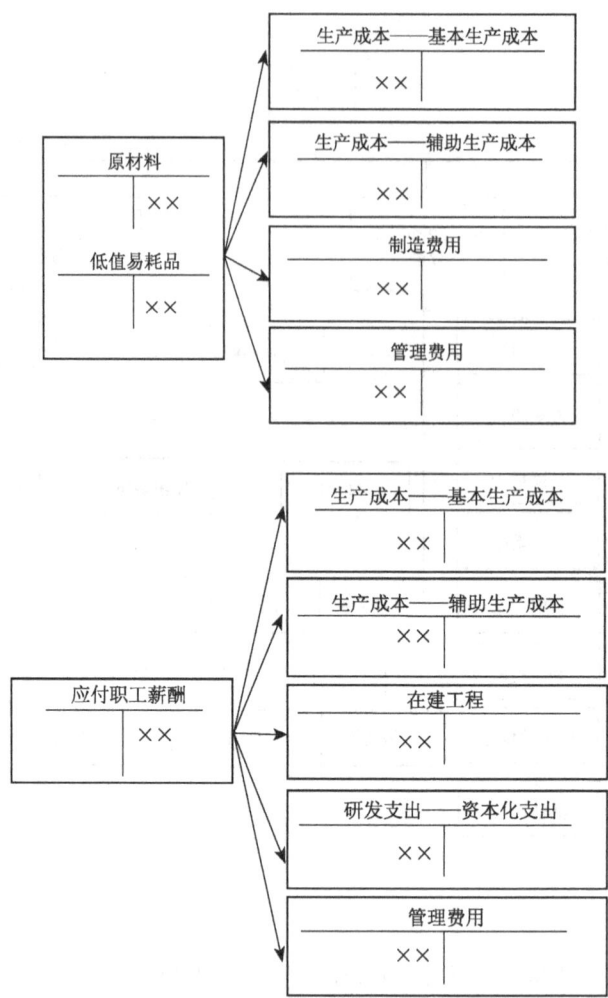

【例题1·判断题】 期末"制造费用"一定无余额。（　　）

【答案】 ×

【解析】 季节性停产时,"制造费用"有余额。

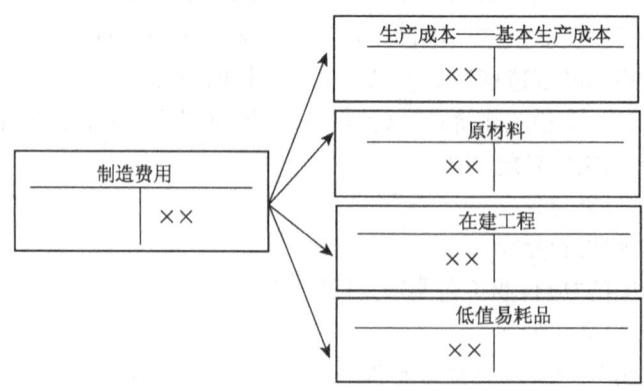

4）辅助生产费用的归集和分配

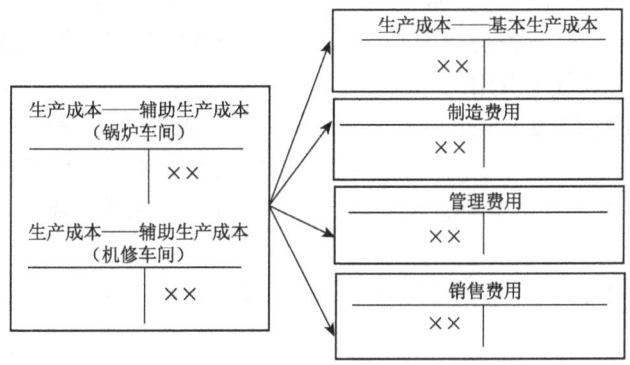

5）生产费用在月末在产品和完工产品之间的分配
（1）完工产品成本计算：

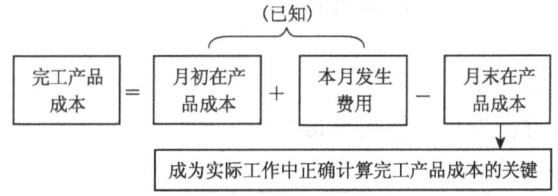

（2）在产品成本计算方法：

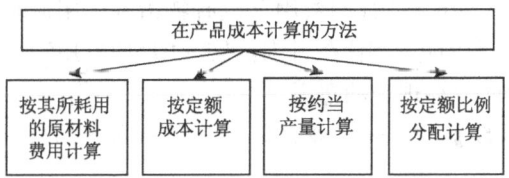

（3）完工产品成本结转：

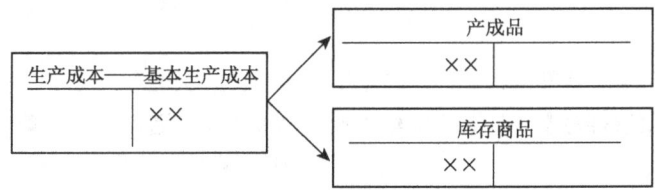

三、期间费用

期间费用是指企业当期发生的、不能直接归属于某个特定产品成本的费用。期间费用包括三种费用。

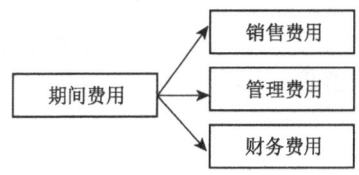

1. 销售费用

核算时需注意：销售部门的费用，一般是指专设销售机构（如销售网点、售后服务网点等）的职工工资及福利费、业务费用等经营费用。但企业内部销售部门所发生的费用，不属于销售费用，而应列入"管理费用"。

【例题2·单项选择题】 以下费用中，不应记入"销售费用"的是(　　)。

A. 广告费　　　　　　　　　　　　B. 内部销售部门的职工薪酬
C. 专设销售机构办公楼的折旧费　　D. 委托代销手续费

【答案】 B

【解析】 企业内部销售部门所发生的费用，不属于销售费用，而应记入"管理费用"。

2. 管理费用

管理费用是指企业为组织和管理生产经营活动而发生的各种管理费用。

另外以下费用也需记入"管理费用"：

(1) 内部销售部门所发生的费用。

(2) 生产车间（部门）固定资产的修理费。

(3) 辞退福利。

(4) 筹建期间的利息费用。

(5) 为进行企业合并而发生的各项直接费用。

(6) 未使用固定资产的折旧费。

(7) 存货的盘盈，经批准冲减"管理费用"，即贷记"管理费用"。

(8) 业务招待费。

(9) 无形资产摊销，一般记入"管理费用"（没有特指专门用途时）。

(10) "研发支出——费用化支出"在月末需转入"管理费用"。

(11) 无法查明原因的库存现金的盘亏。

【例题3·单项选择题】 生产车间的车间主任招待客人发生的业务招待费，应记入(　　)账户。

A. "制造费用"　　　　B. "管理费用"
C. "生产成本"　　　　D. "销售费用"

【答案】 B

【解析】 业务招待费需记入"管理费用"。

【例题4·单项选择题】 未使用新建车间的折旧费，应记入(　　)账户。

A. "制造费用"　　　　B. "管理费用"
C. "生产成本"　　　　D. "销售费用"

【答案】 B

【解析】 未使用固定资产的折旧费记入"管理费用"。

【例题5·多项选择题】 以下各项中，应记入"管理费用"的是(　　)。

A. 辞退福利　　　　　　　　B. 生产车间设备的修理费
C. 筹建期间的利息费用　　　D. 未使用房屋的折旧费
E. 售后服务网点电脑的折旧费

【答案】 ABCD

【解析】 选项E售后服务网点电脑的折旧应记入"销售费用"。

3. 财务费用

财务费用是指企业为筹集生产经营所需资金而发生的各项费用。

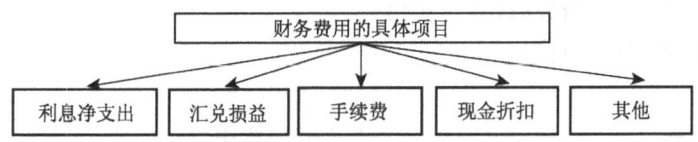

【例题6·多项选择题】 以下各项中,属于期间费用的是( )。

A. 销售费用　　　　B. 管理费用　　　　C. 财务费用　　　　D. 制造费用

E. 生产成本

【答案】 ABC

【解析】 期间费用包括：销售费用、管理费用、财务费用。

【例题7·单项选择题】 企业发生的现金折扣,应记入( )账户。

A."销售费用"　　　　　　　　　　B."管理费用"

C."财务费用"　　　　　　　　　　D."制造费用"

【答案】 C

【解析】 企业发生的现金折扣或享受的现金折扣应记入"财务费用"。

【例题8·单项选择题】 销货方发生的现金折扣,应记入( )。

A."财务费用"的借方　　　　　　　B."管理费用"的借方

C."财务费用"的贷方　　　　　　　D."管理费用"的贷方

【答案】 A

【解析】 思路：少收款,即借方"银行存款"账户金额少,根据借贷必平衡原则,差在借方,因此,"财务费用"在借方。

4. 期间费用的期末结转

期间费用属于损益类账户,在期末需结转至"本年利润"。分录为：

借：本年利润
　　贷：销售费用
　　　　管理费用
　　　　财务费用

思考与练习

一、单项选择题

1. 应计入产品成本,但不用专门设置成本项目的各种费用,应( )。

A. 直接计入当期损益

B. 作为管理费用处理

C. 作为制造费用处理,期末再通过分配计入产品成本

D. 直接计入生产成本

2. 下列各项中,属于辅助生产费用分配方法的是( )。
   A. 计划成本分配法
   B. 在产品按定额成本计价法
   C. 在产品按所耗直接材料成本计价法
   D. 在产品按固定成本计算法

3. 印花税,应记入( )。
   A. "管理费用"   B. "销售费用"
   C. "营业外支出"   D. "其他业务成本"

4. 下列费用中,不属于管理费用列支范围的是( )。
   A. 研究费用   B. 矿产资源补偿费
   C. 无形资产摊销费   D. 业务招待费

5. 企业对随同商品出售且单独计价的包装物进行会计处理时,该包装物的实际成本应结转到的会计账户是( )。
   A. "制造费用"   B. "管理费用"
   C. "销售费用"   D. "其他业务成本"

6. 下列各项中,应记入"制造费用"账户核算的是( )。
   A. 生产车间固定资产的修理费   B. 车间工人的劳保用品费用
   C. 自然灾害造成的停工损失   D. 非正常消耗的直接材料

7. 某企业某月销售商品发生商业折扣40万元、现金折扣30万元、销售折让50万元。该企业上述经济业务中,计入当月财务费用的金额为( )万元。
   A. 30   B. 40   C. 70   D. 90

8. 企业内部销售机构的固定资产折旧费应记入( )。
   A. "管理费用"   B. "销售费用"
   C. "主营业务成本"   D. "其他业务成本"

9. 下列各项中,在进行会计处理时不应计入管理费用的是( )。
   A. 辞退福利   B. 筹建期间的开办费
   C. 房产税   D. 车间固定资产修理费

10. 企业为购买原材料所发生的银行承兑汇票手续费,应当记入( )。
    A. "管理费用"   B. "财务费用"
    C. "销售费用"   D. "其他业务成本"

二、多项选择题

1. 下列各项中,最终会归集到生产成本中的有( )。
   A. 生产工人的待业保险费   B. 车间管理人员的工资
   C. 生产工人的劳动保护费   D. 车间经营租赁租入设备的租金

2. 制造费用的分配,通常采用的方法有( )。
   A. 生产工人工时比例法   B. 生产工人工资比例法
   C. 机器工时比例法   D. 交互分配法

3. 下列各项中,应计入财务费用的有( )。

A. 企业发行股票支付的手续费　　B. 企业支付的银行承兑汇票手续费
C. 企业购买商品时取得的现金折扣　D. 企业销售商品时发生的现金折扣

4. 下列各项中,关于期间费用的处理正确的有(　　)。

A. 董事会会费应计入管理费用
B. 管理部门的劳动保险费属于销售费用核算的内容
C. 销售人员的工资计入销售费用
D. 季节性停工损失应计入管理费用

5. 下列费用中,不应计入产品成本的有(　　)。

A. 车间机器设备的修理费　　　B. 广告费用
C. 劳动保护费　　　　　　　　D. 研究费用

6. 下列各项中,应在发生时直接确认为期间费用的有(　　)。

A. 专设销售机构固定资产的折旧费　B. 业务招待费
C. 管理人员差旅费　　　　　　　　D. 车间修理期间的停工损失

7. 下列各项费用,应计入销售费用的有(　　)。

A. 销售过程中领用的,随同产品出售但不单独计价的包装物的成本
B. 销售过程中领用的,随同产品出售需要单独计价的包装物的成本
C. 用于出租的包装物的成本
D. 用于出借的包装物的成本

8. 下列各项中,不应记入"管理费用"的有(　　)。

A. 总部办公楼折旧　　　　　　　B. 生产设备改良支出
C. 经营租出专用设备的修理费　　D. 专设销售机构房屋的修理费

9. 下列业务中,会影响管理费用的有(　　)。

A. 企业盘点现金,发生现金的盘亏　B. 由管理不善造成的存货盘亏
C. 固定资产盘亏的净损失　　　　　D. 现金盘点的净收益

10. 某企业2019年12月发生的费用有:外设销售机构办公费用40万元,销售人员工资30万元,计提车间用固定资产折旧20万元,发生车间管理人员工资60万元,支付广告费用60万元,计提短期借款利息40万元,支付业务招待费20万元,行政管理人员工资10万元。则下列说法中,正确的有(　　)。

A. 该企业12月发生财务费用100万元
B. 该企业12月发生销售费用130万元
C. 该企业12月发生制造费用20万元
D. 该企业12月发生管理费用30万元

三、判断题

1. 企业本期发生的构成产品成本的费用,包括直接人工、直接材料、制造费用,均为直接费用。(　　)
2. 企业经营性出租固定资产计提的折旧费属于企业的费用。(　　)
3. "制造费用"账户一定无余额。(　　)
4. 企业为客户提供的现金折扣应在实际发生时冲减当期收入。(　　)

5. 企业生产经营期间的长期借款利息支出应该全部计入财务费用中。　　　　　（　）

6. "生产成本"账户期末余额一般在借方,表示期末尚未加工完成的在产品成本。
　　　　　　　　　　　　　　　　　　　　　　　　　　　　　　　　　　（　）

7. 企业发生的车船税、土地增值税、印花税等均应计入管理费用。　　　　　（　）

8. 销售费用和制造费用不同,本期发生的销售费用直接影响本期损益,但本期发生的制造费用则不影响当期损益。　　　　　　　　　　　　　　　　　　　（　）

9. 出借包装物摊销费用应计入销售费用。　　　　　　　　　　　　　　　　（　）

10. 企业为组织生产经营活动而发生的一切管理活动的费用,都应作为期间费用处理。
　　　　　　　　　　　　　　　　　　　　　　　　　　　　　　　　　　（　）

四、计算及账务处理题

华夏公司为生产企业,只有一个生产车间——A车间,生产甲、乙两种产品。该企业本月发生的相关经济业务如下:

(1) 领用材料40 000元,其中甲产品领用16 000元;乙产品领用20 000元;车间一般耗用领用2 000元,企业管理部门领用2 000元。

(2) 本月应付职工薪酬30 000元,其中生产甲产品工人工资9 000元;生产乙产品工人工资5 000元;车间管理人员工资4 000元;企业管理部门人员工资7 000元,销售部门人员工资5 000元。

(3) 以银行存款支付本企业转让技术费2 000元以及咨询费1 200元。

(4) 以银行存款支付车间水电费800元。

(5) 计提本月固定资产折旧费6 000元,其中A车间折旧费4 500元、企业管理部门折旧费800元、销售部门折旧费700元。

(6) 以银行存款支付本月银行承兑汇票手续费100元,销售产品运输费450元。

(7) A车间的制造费用按机器生产工时进行分配,其中甲产品的生产工时为200小时、乙产品的生产工时为300小时。

(8) 结转本月发生的相关费用。

要求:编制上述经济业务的相关会计分录。

五、案例分析题

华夏公司总经理刘宏出差回来后,到财会部门报销差旅费。出差前,他曾预借差旅费20 000元,报销时他持有的差旅费单据金额为19 800元,他同时交回未用现金200元给出纳员宋品育。出纳员宋品育收回现金200元后,将原预借差旅费的借款单交回刘宏,表示解除了刘宏与公司之间的债权债务关系。会计员张田园立即根据刘宏报销时所交来的有关单据填制记账凭证,记账凭证上标明的会计分录为"借:管理费用19 800,贷:库存现金19 800",随后又立即根据该记账凭证登记账簿。后来,注册会计师审计时,发现该张记账凭证及其所附的原始凭证均无审核人员签章,同时,有一张金额为10 500元的飞机票与刘宏出差地点不符且飞机票上的名字为樊小莉。

分析华夏公司财务人员上述做法是否正确?为什么?正确的处理方法是什么?

第十三章　收入和利润

  本章基本内容框架

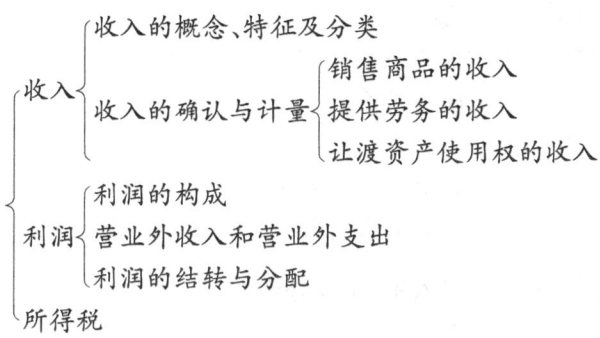

  重点、难点讲解及典型例题

一、收入的概念及分类

1. 收入的概念

收入是指企业在销售商品、提供劳务、让渡资产使用权等日常活动中所形成的营业收入,会计上通常所指的收入是狭义的收入,即主营业务收入和其他业务收入。

收入是会导致所有者权益增加并与所有者投入资本无关的经济利益的总流入。

【例题1·多项选择题】　通常会计上的收入包括(　　)。

A. 主营业务收入　　　B. 其他业务收入　　　C. 营业外收入　　　D. 投资收益

【答案】　AB

【解析】　会计上通常所指的收入是狭义的收入,即主营业务收入和其他业务收入。

2. 收入的分类

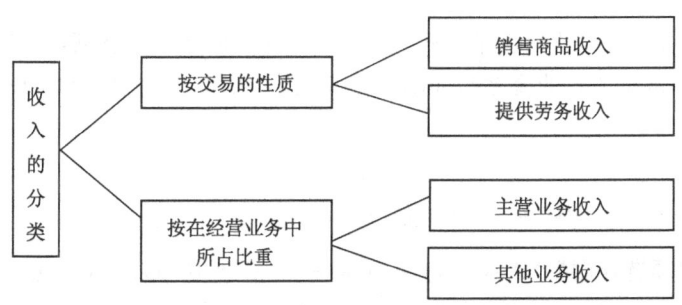

二、销售商品收入的确认与计量

(一) 收入确认的原则

企业应当在履行了合同中的履约义务,即在客户取得相关商品控制权时确认收入。

三要素:

一是能力,即客户有现时权利主导该商品的使用并从中获得几乎全部经济利益;

二是主导该商品的使用;

三是能够获得几乎全部经济利益。

(二) 收入确认和计量的步骤

第一步,识别与客户订立的合同。

第二步,识别合同中的单项履约义务。

第三步,确定交易价格。

第四步,将交易价格分摊至各单项履约义务。

第五步,履行各单项履约义务时确认收入。

三、履行履约义务确认收入的账务处理

(一) 某一时点履行履约义务确认收入

1. 销售商品收入的一般会计处理

收入的确认、成本的结转:

借:银行存款/应收账款等
　　贷:主营业务收入
　　　　应交税费——应交增值税(销项税额)
借:主营业务成本
　　贷:库存商品

2. 销售商品涉及商业折扣、现金折扣、销售折让与退回

(1) 商业折扣、现金折扣已在第四章金融资产中的应收款项中介绍

【例题 2·单项选择题】 甲企业为增值税一般纳税人,销售运动服装,每套 200 元(不含税价),乙公司一次购入 5 000 套,甲公司给予 10% 的商业折扣。货款已收到,则甲公司确认的"主营业务收入"的金额为(　　)元。

A. 1 000 000　　　B. 1 053 000　　　C. 900 000　　　D. 1 170 000

【答案】 C

【解析】 有商业折扣的情况下,商品标价扣除商业折扣后的金额,为双方的实际交易价格,即发票价格。确认收入的金额 = 200 × (1 − 10%) × 5 000 = 180 × 5 000 = 900 000(元)。

借:银行存款　　　　　　　　　　　　　　　　　　　　　　　　1 044 000
　　贷:主营业务收入　　　　　　　　　　　　　　　　　　　　　900 000
　　　　应交税费——应交增值税(销项税额)　　　　　　　　　　144 000

【例题 3·单项选择题】 A 企业赊销商品一批,价款 10 000 元(不含税价),现金折扣条件为 2/10,1/20,n/30。如果购货方于 20 天内付款,采用总价法核算则 A 公司实收货

款( )元。

A. 10 000　　　　　B. 1 1600　　　　　C. 11 200　　　　　D. 11 700

【答案】 C

【解析】 通常情况下,现金折扣以不含税价为计算基数,如有特别指定,则按实际要求计算。

现金折扣＝10 000×1％＝100(元)

实收金额＝10 000×(1＋13％)－100＝1 1300－100＝11 200(元),分录为：

赊销时：

借：应收账款　　　　　　　　　　　　　　　　　　　　　　　　　　　11 300
　　贷：主营业务收入　　　　　　　　　　　　　　　　　　　　　　　　10 000
　　　　应交税费——应交增值税(销项税额)　　　　　　　　　　　　　　1 300

收款时：

借：银行存款　　　　　　　　　　　　　　　　　　　　　　　　　　　11 200
　　主营业务收入　　　　　　　　　　　　　　　　　　　　　　　　　　100
　　贷：应收账款　　　　　　　　　　　　　　　　　　　　　　　　　　11 300

(2)销售折让

销售折让是指企业因所售商品的质量不合格、品种与要求不一致等原因而在售价上给予的减让。对于销售折让,企业应分别不同情况进行处理：

① 企业在确认收入之前发生折让的,销售方应直接从原定的销售价格中扣除给予购货方的销售折让作为实际销售价格,并据以确认销售收入。

② 已确认收入的售出商品发生销售折让的,通常应当在发生时冲减当期销售商品收入。

③ 已确认收入的销售折让属于资产负债表日后事项的,应当按照《企业会计准则第 29 号——资产负债表日后事项》的相关规定进行处理。

(3)销售退回

销售退回是指企业售出的商品由于质量、品种不符合要求等原因而发生的退货。

分　类		确认标准	会计处理
销售退回	未确认收入的已发出商品的退回	无	将"发出商品"转回"库存商品"
	已确认收入的销售商品退回		直接冲减退回当月的收入和成本(如果成本已结转)
	属于资产负债表日后事项的销售退回(详见资产负债表日后事项)	销售退回发生在资产负债表日后期间,所退的货是资产负债表日及以前所售出的	按资产负债表日后事项来处理

总结：销售折让与销售退回的区别：

(1)相同点：发生在收入确认之后,都需冲减发生当期的收入及销项税额。

(2)不同点：发生在收入确认之后时,销售退回如果已经结转了销售成本,还应同时冲减退回当月的销售成本；而销售折让不需要。因为销售退回收到了库存商品(存货),而折让只是价格的减让。

3. 特殊销售业务的会计处理

(1)委托代销

① 非包销、视同买断,风险未转移的账务处理:

业务	会计处理	
	委托方	受托方
交付商品	借:委托代销商品 　　贷:库存商品	借:受托代销商品 　　贷:受托代销商品款
受托方实际销售商品,委托方收到代销清单	① 借:应收账款——受托方 　　贷:主营业务收入　　【协议价】 　　　　应交税费——应交增值税(销项税额) ② 借:主营业务成本 　　贷:委托代销商品	① 借:银行存款 　　贷:主营业务收入　　【自定价】 　　　　应交税费——应交增值税(销项税额) ② 借:主营业务成本 　　贷:受托代销商品 ③ 借:受托代销商品款 　　　应交税费——应交增值税(进项税额) 　　贷:应付账款——委托方
结算货款	借:银行存款 　　贷:应收账款——受托方	借:应付账款——委托方 　　贷:银行存款

② 支付手续费方式的账务处理:

业务	会计处理	
	委托方	受托方
交付商品	借:委托代销商品 　　贷:库存商品	借:受托代销商品 　　贷:受托代销商品款
受托方实际销售商品,委托方收到代销清单	① 借:应收账款——受托方 　　贷:主营业务收入　　【协议价】 　　　　应交税费——应交增值税(销项税额) ② 借:主营业务成本 　　贷:委托代销商品	① 借:银行存款 　　贷:应付账款——委托方　　【协议价】 　　　　应交税费——应交增值税(销项税额) ② 借:应交税费——应交增值税(进项税额) 　　贷:应付账款 ③ 借:受托代销商品款 　　贷:受托代销商品
结算货款和手续费	① 借:销售费用 　　　应交税费——应交增值税(进项税额) 　　贷:应收账款——受托方 ② 借:银行存款 　　贷:应收账款	借:应付账款 　　贷:银行存款 　　　其他业务收入/主营业务收入 　　　应交税费——应交增值税(销项税额)

③ 视同买断方式与支付手续费方式的区别:

方式	委托方确认收入的时间	受托方有无定价权	受托方确认收入的时间	受托方的收入方式
非包销形式的视同买断	都是在收到代销清单时确认收入	有	在卖出商品时即可确认收入	视为自有商品的销售,以价差方式赚取收益
支付手续费		无	在有权收取手续费时确认收入	以手续费方式认定收入
包销形式的视同买断	委托方与受托方完全按正常商品购销行为进行处理			

(2) 分期预收款

分期预收款是指购货方在商品尚未收到前按合同或协议约定分期付款,销货方在收到最后一次付款时才交货的销售方式。

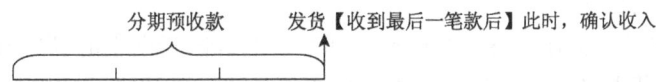

设置"预收账款"账户,如果企业预收款项不多,也可不设"预收账款",而只设置"应收账款"账户,在预收款项时:

借:银行存款
　　贷:应收账款

3. 分期收款

分期收款是指商品已经交付,但货款分期收回的一种销售方式。

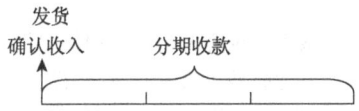

【例题4·单项选择题】 企业采用分期预收款方式销售商品,其收入确认的时点是( )。

A. 发货时　　　　　　　　　　B. 收到第一笔款项时
C. 预收款的各期　　　　　　　D. 以上都不对

【答案】 A

【解析】 采用分期预收款方式销售货物,在收到最后一笔货款发货时确认收入。

4. 附有销货退回条件的商品销售

(1) 在能预计退货概率的情况下,对不会退货的部分在商品发出时确认收入,而可能退货部分则需等待退货期满时方可确认收入。

(2) 在无法预计退货概率的情况下,应等到退货期满时或顾客正式接受商品时再确认收入。

(二)在某一时点履行履约义务确认收入

1. 一般业务的会计处理

对于在某时段内履行的履约义务,企业应当在该段时间内按照履约进度确认收履约进度不能合理确定的除外。满足下列条件之一的,属于在某一时段内履行的履约义务:①客户在企业履约的同时即取得并消耗企业履约所带来的经济利益。②客户能够控制企业履约过程中在建的商品。③企业履约过程中所产出的商品具有不可替代用途,且该企业在整个合同期间内有权就累计至今已完成的履约部分收取款项。

四、合同成本

企业在与客户之间建立合同关系过程中发生的成本主要有合同取得成本和合同履约成本。

(一) 合同取得成本

企业为取得合同发生的增量成本预期能够收回的,应作为合同取得成本确认为一项资产。增量成本是指企业不取得合同就不会发生的成本,也就是企业发生的与合同直接相关,但又不是所签订合同的对象或内容(如建造商品或提供服务)本身所直接发生的费用,例如销售佣金等,如果销售佣金等预期可通过未来的相关服务收入予以补偿,该销售佣金(即增量成本)应在发生时确认为一项资产,即合同取得成本。

(二)合同履约成本

合同履约成本是指企业为履行当前或预期取得的合同所发生的、属于《企业会计准则第14号收入》(2018)规范范围并且按照该准则应当确认为一项资产的成本。

五、利润

利润是指企业在一定会计期间的经营成果。利润包括收入减去费用后的净额、直接计入当期利润的利得和损失等。

(一)利润的构成

1. 营业利润

营业利润,是指企业一定期间的日常活动取得的利润。

营业利润＝营业收入－营业成本－税金及附加－销售费用－管理费用－财务费用－资产减值损失＋其他收益＋投资收益(－投资损失)＋公允价值变动收益(－公允价值变动损失)＋资产处置收益(－资产处置损失)

2. 利润总额

利润总额是指企业一定期间的营业利润,加上营业外收入减去营业外支出后的所得税前利润总额。

利润总额＝营业利润＋营业外收入－营业外支出

3. 净利润

净利润是指企业一定期间的利润总额减去所得税费用后的净额。

净利润＝利润总额－所得税费用

【例题6·多项选择题】 下列各项中,能够影响企业利润总额的项目有(   )。

A. 主营业务收入　　　　　　　　B. 营业外收入
C. 公允价值变动损益　　　　　　D. 其他业务收入
E. 财务费用　　　　　　　　　　F. 资产减值损失

【答案】 ABCDEF

【解析】 选项中除"所得税费用"之外的均会影响企业的利润总额。

营业利润、利润总额、净利润的具体数据关系,详见下面利润表中的项目。

利 润 表

会企02表

编制单位：　　　　　　　　　___年___月　　　　　　　　　单位:元

项目	本期金额	上期金额
一、营业收入		
减:营业成本		

(续表)

项目	本期金额	上期金额
税金及附加		
销售费用		
管理费用		
研发费用		
财务费用		
其中:利息费用		
利息收入		
加:其他收益		
投资收益(损失以"—"填列)		
其中:对联营企业和合营企业的投资收益		
以摊余成本计量的金融资产终止确认收益(损失以"—"填列)		
净敞口套期收益(损失以"—"填列)		
公允价值变动收益(损失以"—"填列)		
信用减值损失(损失以"—"填列)		
资产减值损失(损失以"—"填列)		
资产处置收益(损失以"—"填列)		
二、营业利润(亏损以"—"填列)		
加:营业外收入		
减:营业外支出		
三、利润总额(亏损总额以"—"填列)		
减:所得税费用		
四、净利润(净亏损以"—"填列)		
(一)持续经营净利润(净亏损以"—"号填列)		
(二)终止经营净利润(净亏损以"—"号填列)		
五、其他综合收益的税后净额		
(一)不能重分类进损益的其他综合收益		
1. 重新计量设定受益计划变动额		
2. 权益法下不能转损益的其他综合收益		
3. 其他权益工具投资公允价值变动		
4. 企业自身信用风险公允价值变动		
……		
(二)将重分类进损益的其他综合收益		
1. 权益法下可转损益的其他综合收益		

(续表)

项目	本期金额	上期金额
2. 其他债权投资公允价值变动		
3. 金融资产重分类计入其他综合收益的金额		
4. 其他债权投资信用减值准备		
5. 现金流量套期		
6. 外币财务报表折算差额		
……		
六、综合收益总额		
七、每股收益		
（一）基本每股收益		
（二）稀释每股收益		

（二）营业外收入和营业外支出

1. 营业外收入

《财政部关于修订印发一般企业财务报表格式的通知》（财会〔2017〕30号）规定："营业外收入"项目，反映企业发生的营业利润以外的收益。

主要包括如下几项。

（1）债务重组利得，注意不包括债务重组中因处置非流动资产产生的利得。

（2）与企业日常活动无关的政府补助。

（3）盘盈利得，指库存现金的盘盈利得。

（4）捐赠利得等。

2. 营业外支出

《财政部关于修订印发一般企业财务报表格式的通知》（财会〔2017〕30号）规定："营业外支出"项目，反映企业发生的营业利润以外的支出。

主要包括如下几项。

（1）债务重组损失，注意不包括债务重组中因处置非流动资产产生的损失。

（2）公益性捐赠支出。

（3）非常损失。

（4）盘亏损失，指固定资产的盘亏损失。

（5）非流动资产毁损报废损失等。

【例题7·多项选择题】 企业发生的与日常活动无直接关系的得利和损失，应记入（　　）账户。

A."营业外支出" B."营业外收入"
C."其他业务支出" D."其他业务收入"

【答案】 AB

【解析】 企业发生的与其日常活动无直接关系的各项利得和损失应记入"营业外收入"和"营业外支出"账户。

"营业外收入"及"营业外支出"的核算内容如下表,注意对应,便于记忆。

账户	核算内容	备注	账户	核算内容	备注
营业外收入	债务重组利得	不包括债务重组中因处置非流动资产产生的利得	营业外支出	债务重组损失	不包括债务重组中因处置非流动资产产生的损失
	罚没利得			罚款支出	
	捐赠利得			捐赠支出	
	盘盈利得	库存现金的盘盈		盘亏损失	固定资产盘亏
	无法支付的应付款项			非常损失	自然灾害等
	政府补助利得	与企业日常活动无关的政府补助		非流动资产毁损报废损失	

【例题8·多项选择题】 企业发生的下列业务中,应记入"营业外支出"的有(　　)。
A. 固定资产毁损净损失　　　　　　　B. 无形资产报废损失
C. 对外捐赠一台电脑　　　　　　　　D. 罚款支出
E. 无法查明原因的库存现金盘亏　　　F. 地震造成的净损失
【答案】 ABCDF
【解析】 选项E无法查明原因的库存现金盘亏应记入"管理费用"。

【例题9·多项选择题】 企业发生的下列业务中,应记入"营业外收入"的有(　　)。
A. 与日常活动无关的政府补助　　　　B. 债务重组利得
C. 接受一台设备的捐赠　　　　　　　D. 罚款利得
E. 存货的盘盈　　　　　　　　　　　F. 无法支付的应付账款
【答案】 ABCDF
【解析】 选项E存货的盘盈,经批准应冲减管理费用,即贷记"管理费用"。

(三)利润的结转与分配

1. 利润的结转

账结法下,每月月末:
(1)结转损益类账户:
① 借:主营业务收入
　　　其他业务收入
　　　公允价值变动损益　　　　　　　【或贷】
　　　投资收益　　　　　　　　　　　【或贷】
　　　营业外收入
　　贷:本年利润
② 借:本年利润
　　贷:主营业务成本
　　　其他业务成本
　　　税金及附加
　　　销售费用
　　　管理费用
　　　财务费用

资产减值损失
　　　营业外支出
　　　所得税费用

(2) 年末,将"本年利润"账户余额转入"利润分配——未分配利润"账户,即结转净利润。

借:本年利润
　　贷:利润分配——未分配利润　　　　　　　　【或相反分录】

2. 利润的分配

1) 利润分配

① 提取盈余公积:

借:利润分配——提取法定盈余公积
　　　　　　——提取任意盈余公积
　　贷:盈余公积——法定盈余公积
　　　　　　　——任意盈余公积

② 分配现金股利:

借:利润分配——应付现金股利
　　贷:应付股利

③ 分配股票股利:

借:利润分配——转作股本的股利
　　贷:股本

2) 结转"利润分配"账户所属的其他明细账户余额

借:利润分配——未分配利润
　　贷:利润分配——提取法定盈余公积
　　　　　　　——提取任意盈余公积
　　　　　　　——应付现金股利
　　　　　　　——转作股本的股利

年末,"利润分配"总账账户的余额实际上就是"利润分配——未分配利润"账户的余额。

【例题 10·判断题】　期末损益类账户结转至"本年利润"后,无余额。(　　)

【答案】　√

【解析】　期末,损益类账户结转后无余额。

思考与练习

一、单项选择题

1. 甲公司本年度委托乙商店代销一批零配件,代销价款 300 万元(不含增值税)。本年度收到乙商店交来的代销清单,代销清单列明已销售代销零配件的 70%,甲公司收到代销清单时向乙商店开具增值税发票。乙商店按代销价款的 5% 收取手续费。该批零配件的实际成本为 180 万元。则甲公司本年度因此项业务应确认的销售收入为(　　)万元。

A. 300　　　　　　B. 180　　　　　　C. 210　　　　　　D. 120

2. 委托方采用支付手续费的方式委托代销商品,委托方在收到代销清单后应按(　　)确认收入。

A. 销售价款和增值税之和　　　　　　B. 商品的进价
C. 销售价款和手续费之和　　　　　　D. 商品售价

3. 企业取得与收益相关的政府补助,用于补偿已发生相关费用的,直接计入补偿当期的(　　)。

A. 资本公积　　　　　　　　　　　　B. 其他收益
C. 其他业务收入　　　　　　　　　　D. 主营业务收入

4. 对于企业已经发出商品但尚未确认销售收入的商品成本,应编制的会计分录为(　　)。

A. 借记"应收账款",贷记"库存商品"
B. 借记"应收账款",贷记"主营业务收入"(不考虑增值税)
C. 借记"主营业务成本",贷记"库存商品"
D. 借记"发出商品",贷记"库存商品"

5. A公司销售一批商品给B公司,开出的增值税专用发票上注明的售价为10 000万元。增值税额为1 300万元。该批商品的成本为8 000万元。货到后B公司发现商品质量不合格,要求在价格上给予3%的折让。B公司提出的销售折让要求符合原合同的约定,A公司同意并办妥了相关手续,假定销售商品后还未确认收入,则A公司应确认销售商品收入的金额为(　　)万元。

A. 351　　　　　　B. 9 700　　　　　　C. 11 349　　　　　　D. 11 700

6. 某企业销售商品7 000件,每件售价50元(不含增值税),增值税税率为13%,企业为购货方提供的商业折扣为15%,提供的现金折扣条件为2/10,1/20,n/30(计算现金折扣时不考虑增值税)。该企业在这项交易中应确认的收入金额为(　　)元。

A. 320 000　　　　　B. 308 200　　　　　C. 297 500　　　　　D. 320 200

7. 下列各项中,已确认销售成本的售出商品被退回,应借记的会计科目是(　　)。

A. 发出商品　　　B. 主营业务成本　　　C. 销售费用　　　D. 库存商品

8. 按照会计准则的规定,下列项目中,不应确认为收入的是(　　)。

A. 出售原材料取得的收入　　　　　　B. 设备出租收入
C. 违约金收入　　　　　　　　　　　D. 销售商品收取的不含税价款

9. 2×20年5月1日,甲公司与客户签订合同,向其销售A、B两项商品,合同价款为5 000元。假定A商品和B商品分别构成单项履约义务,A商品的单独售价为1 500元,B商品的单独售价为6 000元。假定不考虑相关税费影响。A商品和B商品应分摊的交易价格分别是(　　)。

A. 2 500元和2 500元　　　　　　　　B. 1 000元和4 000元
C. 2 000元和3 000元　　　　　　　　D. 1 500元和6 000元

10. 甲公司为其客户建造一栋办公楼,合同约定的价款为1 000万元,但是,如果甲公司不能在合同签订之日起的100天内竣工,则须支付50万元罚款,该罚款从合同价款中扣除。甲公司对合同结果的估计如下:工程按时完工的概率为90%,工程延期的概率为10%。假定上述金额不含增值税。则该合同的交易价格为( )。

A. 1 000 B. 950 C. 1 050 D. 50

11. 某企业是一家工业企业,适用的增值税税率为13%。销售产品每件100元,若客户购买200件以上(含200件)产品可给予客户10%折扣。有一客户2×19年3月8日购买该企业产品350件,按规定现金折扣条件为:2/10,1/20,n/30。假设购销双方约定计算现金折扣时考虑增值税,该企业于2×19年3月25日收到该笔款项时,应给予客户的现金折扣为( )元。

A. 0 B. 737.1 C. 355.95 D. 409.5

12. 某企业2×19年8月1日赊销一批商品,售价为120 000元(不含增值税),适用的增值税税率为13%。规定的现金折扣条件为:2/10,1/20,n/30,计算现金折扣时考虑增值税。客户于2×19年8月15日付清货款,该企业收款金额为( )元。

A. 118 800 B. 137 592 C. 134 244 D. 140 400

13. 甲公司销售商品一批,商品的销售价款为2 000元,商业折扣10%,增值税税率为13%,现金折扣条件为:2/10,1/20,n/30。甲公司销售商品时为对方代垫运费150元(不考虑运费的增值税抵扣问题),则采用总价法应收账款的入账金额为( )元。

A. 2 490 B. 2 184 C. 2 106 D. 2 340

14. A公司于2×19年1月9日向B公司销售一批商品,开出的增值税专用发票上注明售价为20万元,增值税额为2.6万元;该批商品成本为12万元。A公司在销售该批商品时已得知B公司资金流转发生暂时困难,但为了减少存货积压,同时为了维持与B公司长期以来建立的商业关系,A公司仍将商品发出。假定A公司销售该批商品的纳税义务已经发生。不考虑其他因素,则下列说法中正确的是( )。

A. 甲公司应在发出商品当日确认主营业务收入20万元
B. 甲公司应在发出商品当日确认主营业务成本12万元
C. 甲公司在发出商品当日不需确认增值税销项税
D. 甲公司应在发出商品时,借记"发出商品"12万元

15. 甲企业2×19年取得了国库券投资的利息60 000元,其他公司债券投资利息140 000元,全年税前利润为1 380 000元,所得税税率为25%。无其他纳税调整项目,则2×19年该企业的净利润为( )元。

A. 1 070 000 B. 1 035 000 C. 1 050 000 D. 1 085 000

16. 下列各项中,影响企业当期营业利润的是( )。

A. 公益性捐赠支出
B. 经营出租设备的折旧费
C. 向灾区捐赠商品的成本
D. 台风导致原材料毁损的净损失

17. 企业发生的下列交易或事项不会影响当期利润总额的是( )。

A. 出售存货结转的成本
B. 捐赠利得
C. 固定资产盘盈
D. 计提无形资产减值准备

18. 下列各项中,应在"营业外收入"账户核算的是( )。
    A. 出租非专利技术使用费收入   B. 债务重组利得
    C. 固定资产盘盈   D. 存货盘盈(无法查明原因)
19. 下列各项中不应记入"营业外支出"账户的是( )。
    A. 固定资产盘亏损失   B. 行政罚款损失
    C. 现金盘亏损失   D. 债务重组损失
20. 企业发生超支的广告费应计入( )。
    A. 管理费用   B. 销售费用
    C. 营业外支出   D. 所得税费用

二、多项选择题

1. 甲企业2×19年12月10日收到乙公司因质量问题而退回的商品5件,每件商品成本为200元。该批商品系甲公司2×19年12月3日出售给乙公司,每件商品售价为400元,适用的增值税税率为13%,货款尚未收到,甲公司已于2×19年12月3日确认销售商品收入,并开出增值税专用发票。因乙公司提出的退货要求符合销售合同约定,甲公司同意退货。甲公司应在验收退货入库时作的会计处理为( )。
    A. 借记"库存商品"1 000元,贷记"主营业务成本"1 000元
    B. 借记"主营业务收入"2 000元,借记"应交税费——应交增值税(销项税额)"260元,贷记"应收账款"2 260元
    C. 借记"库存商品"1 000元,贷记"发出商品"1 000元
    D. 借记"应收账款"320元,贷记"应交税费——应交增值税(销项税额)"320元
2. 下列各项中,应计入当期损益的是( )。
    A. 为取得合同而发生的由客户承担的差旅费
    B. 为准备投标资料发生的相关费用
    C. 为取得合同发生的尽职调查的支出
    D. 取得合同时支付的销售佣金
3. 支出应当计入当期损益的是( )。
    A. 管理费用
    B. 非正常消耗的直接材料
    C. 与企业过去的履约合同相关的支出
    D. 无法在未履行与已履行的履约义务之间区分的相关支出
4. 甲公司向A客户销售一台生产的设备并负责安装服务,合同约定设备价款100万元,安装服务10万元,设备销售与设备安装服务均可以单独进行(单独售卖)。甲公司向B客户销售一台生产的设备并负责安装服务,合同约定设备价款100万元(含安装服务),设备销售与设备安装服务不可单独进行。下列对甲公司的履约义务判断正确的有( )。
    A. 向A客户销售生产的设备并负责安装服务,不具有高度关联性,表明两者在合同中彼此之间可明确区分
    B. 向A客户销售生产的设备并负责安装服务,属于两项履约义务
    C. 向B客户销售生产的设备并负责安装服务,具有高度关联性,表明两者在合同中彼

此之间不可明确区分

D. 向 B 客户销售生产的设备并负责安装服务,属于一项履约义务

5. 采用现金折扣方式销售产品,购货方在折扣期内付款,则下列处理中正确的有（　　）。

A. 按照扣除折扣后的净价确认销售收入

B. 按照商品总价确认销售收入

C. 给予购货方的折扣冲减主营业务收入

D. 给予购货方的折扣确认为销售费用

6. 下列各项中,既影响营业利润又影响利润总额的有（　　）。

A. 计提坏账准备　　　　　　　　B. 转让无形资产所有权的净收益

C. 计提所得税费用　　　　　　　D. 转让股票所得收益

7. 下列各项中,需调整增加企业应纳税所得额的项目有（　　）。

A. 已计入投资收益的国库券利息收入

B. 已超过税法规定扣除标准,但已计入当期费用的业务招待费

C. 支付并已计入当期损失的各种税收滞纳金

D. 未超标的业务招待费支出

8. 下列各项中,应计入营业外收入的有（　　）。

A. 出售固定资产取得的净收益　　B. 转让长期股权投资的净收益

C. 罚没收入　　　　　　　　　　D. 盘盈存货取得的净收益

9. 下列各项中,影响企业利润总额的有（　　）。

A. 管理费用　　　　　　　　　　B. 财务费用

C. 所得税费用　　　　　　　　　D. 商品的销售成本

10. 下列账户中,期末余额应转入本年利润的有（　　）。

A. 财务费用　　　　　　　　　　B. 主营业务收入

C. 营业外收入　　　　　　　　　D. 递延收益

11. 下列各项中,按规定应计入营业外支出的有（　　）。

A. 固定资产出售净损益　　　　　B. 非常损失

C. 固定资产盘亏净损失　　　　　D. 计提的存货跌价准备

12. 企业发生的下列交易或事项不会直接影响营业利润的有（　　）。

A. 诉讼费　　　　　　　　　　　B. 计提的坏账准备

C. 进口环节缴纳的关税　　　　　D. 固定资产盘亏

13. 下列各项中,不应确认为营业外收入的有（　　）。

A. 存货盘盈　　　　　　　　　　B. 固定资产出租收入

C. 固定资产盘盈　　　　　　　　D. 无法查明原因的现金溢余

14. 下列各项中,影响当期利润表中利润总额的有（　　）。

A. 固定资产盘盈　　　　　　　　B. 所得税费用

C. 对外捐赠固定资产　　　　　　D. 无形资产处置利得

15. 企业下列会计科目中,期末余额应结转到"本年利润"账户的有（　　）。

A. 所得税费用　　　　　　　　　B. 资产减值损失

C. 投资收益　　　　　　　　　　D. 公允价值变动损溢

三、判断题

1. 如果商品售出后,企业仍可以对售出商品实施有效控制,说明此项商品销售不成立,不应该确认销售商品收入。( )
2. 预收款销售方式下应该在发出商品时确认销售收入。( )
3. 企业销售商品一批,并已收到款项,即使商品的成本不能够可靠地计量,也要确认相关的收入。( )
4. 如果合同或协议规定一次性收取使用费,且提供后续服务的,应在合同或协议规定的有效期内分期确认收入。( )
5. 企业的收入包括主营业务收入、其他业务收入和营业外收入。( )
6. 企业2×19年5月售出的产品在2×20年6月被退回时,企业应冲减2×19年度的主营业务收入和主营业务成本。( )
7. 企业已确认销售收入的售出商品发生销售折让,一般应在发生时冲减销售收入,同时冲减当期销售成本。( )
8. 企业提供劳务时,如资产负债表日能对交易的结果作出可靠估计,应按已经发生并预计能够得到补偿的劳务成本确认收入,并按相同金额结转成本。( )
9. 企业发生毁损的固定资产的净损失,应计入营业外支出,最终影响净利润的计算。( )
10. 所得税是企业根据应纳税所得额的一定比例上缴的一种税金。应纳税所得额是在企业税前会计利润(即利润总额)的基础上调整确定的。( )
11. 对于在某一时段内履行的履约义务,企业在该段时间内应按照已经发生的成本金额确认收入。( )
12. 企业发生的商业折扣和现金折扣均属于销售产品付出的代价,在发生时计入当期销售费用中。( )
13. 在账结法下,各损益类账户每月月末只需统计出本月发生额和月末累计数额,不结转到"本年利润"账户。( )
14. 企业需在每月月末将本年利润的余额结转至利润分配。( )
15. "本年利润"账户借方余额代表企业亏损,贷方余额代表企业盈利。( )

四、计算及账务处理题

1. 甲公司为增值税一般纳税人,适用的增值税税率为13%。2×19年8月1日,向乙公司销售某商品1 000件,每件标价2 000元,实际售价180万元(售价中不含增值税额),已开出增值税专用发票,商品已交付给乙公司。为了及早收回货款,甲公司在合同中规定的现金折扣条件为:2/10,1/20,n/30。假定计算现金折扣不考虑增值税。甲公司判断乙公司在折扣期内不是极可能取得现金折扣,应采用总价法核算。

要求:根据以下假定,分别编制甲公司收到款项时的会计分录(不考虑成本的结转)。

(1) 乙公司在8月8日按合同规定付款,甲公司收到款项并存入银行。
(2) 乙公司在8月19日按合同规定付款,甲公司收到款项并存入银行。
(3) 乙公司在8月29日按合同规定付款,甲公司收到款项并存入银行。

2. 华夏公司系工业企业,为增值税一般纳税人,适用的增值税税率为13%,适用的所得税税率为25%。销售单价除标明为含税价格外,均为不含增值税价格。

华夏公司2×19年12月发生如下经济业务:

(1) 12月5日,向甲企业销售材料一批,价款为350 000元,该材料发出成本为250 000元。当日收取面值为406 000元的票据一张。

(2) 12月10日,收到外单位租用本公司办公用房下一年度租金300 000元,款项已收存银行。

(3) 12月13日,向乙企业赊销A产品50件,单价为10 000元,单位销售成本为5 000元。

(4) 12月18日,丙企业要求退回本年11月25日购买的20件A产品。该产品销售单价为10 000元,单位销售成本为5 000元,其销售收入200 000元已确认入账,价款尚未收取。经查明,退货原因系发货错误,华夏公司同意丙企业退货,并办理退货手续和开具红字增值税专用发票。

(5) 12月21日,乙企业来函提出12月13日赊购的A产品质量不完全合格。经协商,按销售价款的10%给予折让,并办理相关手续和开具红字增值税专用发票。款项尚未收取。

(6) 12月31日,计算本月应缴纳的城市维护建设税4 188.8元;教育费附加1 795.2元。

要求:根据上述经济业务(1)~(6),编制相关的会计分录。

("应交税费"账户要求写出明细账户及专栏名称,答案中的金额以元为单位,本题要求逐笔编制结转销售成本的会计分录)。

3. 甲公司为增值税一般纳税人,增值税税率为13%。商品销售价格不含增值税,在确认销售收入时逐笔结转销售成本。假定不考虑其他相关税费。2×19年9月份甲公司发生如下经济业务:

(1) 9月2日,向乙公司销售A商品1 600件,标价总额为800万元(不含增值税),商品实际成本为480万元。为了促销,甲公司给予乙公司15%的商业折扣并开具了增值税专用发票。甲公司已发出商品,并向银行办理了托收手续。

(2) 9月10日,因部分A商品的规格与合同不符,乙公司退回A商品800件。当日,甲公司按规定向乙公司开具增值税专用发票(红字),销售退回允许扣减当期增值税销项税额,退回商品已验收入库。

(3) 9月15日,甲公司将部分退回的A商品作为福利发放给本公司职工,其中生产工人500件,行政管理人员40件,专设销售机构人员60件,该商品每件市场价格为0.4万元(与计税价格一致),实际成本0.3万元。

(4) 9月25日,甲公司收到丙公司来函。来函提出,2×19年5月10日从甲公司所购B商品不符合合同规定的质量标准,要求甲公司在价格上给予10%的销售折让。该商品售价为600万元,增值税额为96万元,货款已结清。经甲公司认定,同意给予折让并以银行存款退还折让款,同时开具了增值税专用发票(红字)。

除上述资料外,不考虑其他因素。

要求:

(1) 逐笔编制甲公司上述经济业务的会计分录。

(2) 计算甲公司9月份主营业务收入总额。

("应交税费"账户要求写出明细账户及专栏名称;答案中的金额单位用万元表示)

4. 2×19年11月25日,华夏公司签订了一项设备安装合同。根据合同约定,设备安装费总额为200 000元,接受时劳务方预付50%,其余50%待设备安装完成、验收合格时支付。

(1) 2×19年12月1日,华夏公司开始进行设备安装,并受到接受劳务方预付的安装费。

(2) 至2×19年12月31日,实际发生安装成本60 000元,其中:支付安装人员薪酬36 000元,领用库存原材料5 000元,以银行存款支付其他费用19 000元。

(3) 2×19年12月31日,根据合理预计,至安装完成,还会发生安装成本90 000元。华夏公司按实际发生的劳务成本占估计总成本的比例确认劳务的履约进度。

(4) 2×20年2月10日,设备安装完成,本年实际发生安装成本92 000元,其中:支付安装人员薪酬65 000元,领用库存原材料2 000元,以银行存款支付其他费用25 000元。

(5) 确认2×20年劳务收入,结转劳务成本。

(6) 设备经验收合格后,接受劳务方如约支付的剩余安装费。

要求:作出相应的账务处理。

五、案例分析题

甲、乙两企业均为增值税一般纳税人,增值税税率均为13%。2×19年3月6日,甲企业与乙企业签订代销协议,甲企业委托乙企业销售A商品500件,A商品的单位成本为每件350元。代销协议规定,乙企业应按每件A商品565元(含增值税)的价格售给顾客,甲企业按不含增值税售价的10%向乙企业支付手续费。4月1日,甲企业收到乙企业交来的代销清单,代销清单中注明:实际销售A商品400件,商品售价为200 000元,增值税额为26 000元。当日甲企业向乙企业开具金额相等的增值税专用发票。4月6日,甲企业收到乙企业支付的已扣除手续费的商品代销款。

(1) 甲企业应在何时确认收入?

(2) 根据上述资料,编制甲企业如下相关的会计分录:

① 发出商品的会计分录。

② 收到代销清单时确认销售收入、增值税、手续费支出,以及结转销售成本的会计分录。

③ 收到商品代销款的会计分录。

("应交税费"账户要求写出明细账户及专栏名称,答案中的金额单位用元表示)

第十四章 财务报告

 本章基本内容框架

```
            ┌ 财务报告的意义
财务报告概述 ┤ 财务报告的分类
            └ 财务报告列报的要求

          ┌ 资产负债表的概念及作用
资产负债表 ┤ 资产负债表的结构
          └ 资产负债表的编制

利润表 ┬ 利润表的内容及结构
      └ 利润表的编制

现金流量表 ┬ 现金流量表的内容及格式
          └ 现金流量表的编制

所有者权益变动表 ┬ 所有者权益变动表的内容及格式
                └ 所有者权益变动表的填列方法

财务报表附注 ┬ 财务报表附注概述
            └ 财务报表附注的内容
```

 重点、难点讲解及典型例题

一、财务报告概述

1. 定义

财务报告是反映企业某一特定日期财务状况和一定时期经营成果现金流量等会计信息的总结性文件,包括财务报表和其他应当在财务报告中披露的相关信息和资料。

财务报表是对企业财务状况、经营成果和现金流量的结构性表述。财务报表包括资产负债表、利润表、现金流量表、所有者权益变动表和附注。

其他财务报告:不受会计准则约束,灵活多样。主要包括:管理当局的分析与讨论预测报告、物价变动影响报告和社会责任报告等。

2. 一般意义上,财务报告包括

财务报告 ⎰ (1) 财务报表:至少应包括 ⎰ 资产负债表 / 利润表 / 现金流量表 / 所有者权益变动表 ⎱ → 基本财务报表 / 附注
　　　　 ⎱ (2) 其他财务报告

3. 在我国,严格意义上的财务报告应包括

财务报告 ⎰ 财务报表 / 附注 / 审计报告 / 公司披露的信息

4. 财务报表按编报期间不同的分类

财务报表 ⎰ (1) 中期财务报表:如月报、季报、半年报等(短于一个会计年度)。
　　　　　⎱ (2) 年度财务报表

【例题1·多项选择题】 以下各项中,属于中期财务报表的有(　　)。
A. 月报　　　　B. 季报　　　　C. 年报　　　　D. 半年报
【答案】 ABD
【解析】 选项C属于年报。

【例题2·多项选择题】 基本财务报表包括(　　)。
A. 资产负债表　　　　　　　　　B. 利润表
C. 现金流量表　　　　　　　　　D. 所有者权益变动表
【答案】 ABCD
【解析】 基本财务报表包括选项ABCD所述的四个财务报表。

二、资产负债表的编制

资产负债表是指反映企业在某一特定日期财务状况的静态报表。

资产负债表主要反映资产、负债和所有者权益三方面的内容,它是一张揭示企业在一定时点上财务状况的静态报表。

1. "年初余额"栏的填列方法

"年初余额"栏通常根据上年年末有关项目的期末余额填列,且与上年年末资产负债表"期末余额"栏一致。

2. "期末余额"栏的填列方法

"期末余额"栏主要有以下几种填列方法:"期末余额"栏内各项数字,一般应根据资产、负债和所有者权益类账户的期末余额填列。

1) 根据总账账户余额填列

例如,"短期借款""应付票据""应付职工薪酬"等项目。

2) 根据有关明细账户的余额计算填列

例如,"应付账款"项目,需要根据"应付账款"和"预付账款"两个账户所属的相关明细账

户的期末贷方余额计算填列;"应收账款"项目,需要根据"应收账款"和"预收账款"两个账户所属的相关明细账户的期末借方余额计算填列。

3) 根据总账账户和明细账户的余额分析计算填列

例如,"长期借款"项目,应当根据"长期借款"总账账户余额扣除"长期借款"账户所属明细账户中将于一年内到期的部分填列。

4) 根据有关账户余额减去其备抵账户余额后的净额填列

例如,"应收票据""应收账款""长期股权投资""在建工程"等项目,应当根据"应收票据""应收账款""长期股权投资""在建工程"等账户的期末余额减去"坏账准备""长期股权投资减值准备""在建工程减值准备"等账户余额后的净额填列。

5) 综合运用上述填列方法分析填列

例如,存货项目应根据"原材料""委托加工物资""周转材料""材料采购""在途物资""发出商品""材料成本差异"等总账账户期末余额的分析汇总数,再减去"存货跌价准备"账户余额后的金额填列。

3. 资产负债表中应付账款、预付款项、应收账款、预收款项四个项目的填列方法

(1) "应收账款"项目,反映资产负债表日以摊余成本计量的、企业因销售商品、提供服务等经营活动应收取的款项,本项目应根据"应收账款"和"预收账款"所属各明细账户的期末借方余额合计数,减去"坏账准备"账户中相关坏账准备期末余额后的金额填列。如"应收账款"账户所属明细账户期末有贷方余额的,应在资产负债表"预收款项"项目内填列。

(2) "预付款项"项目,反映企业按照购货合同规定预付给供应单位的款项等。本项目应根据"预付账款"和"应付账款"账户所属各明细账户的期末借方余额合计数,减去"坏账准备"账户中有关预付款项计提的坏账准备期末余额后的金额填列。如"预付账款"账户所属各明细账户期末有贷方余额的,应在资产负债表"应付账款"项目内填列。

(3) "应付账款"行项目,反映资产负债表日企业因购买材料、商品和接受服务等经营活动应支付的款项,该项目应根据"应付账款"和"预付账款"账户所属的相关明细账户的期末贷方余额合计数填列。如"应付账款"账户所属明细账户期末有借方余额的,应在资产负债表"预付款项"项目内填列。

(4) "预收款项"项目,反映企业按照销货合同规定预收购货单位的款项。本项目应根据"预收账款"和"应收账款"账户所属各明细账户的期末贷方余额合计数填列。如"预收账款"账户所属各明细账户期末有借方余额,应在资产负债表"应收账款"项目内填列。

以上涉及的"应收账款""预收账款""应付账款""预付账款"四个账户的借方或贷方数据却容易混淆,以下针对这四个账户的选择总结出相关技巧,便于掌握。

填列需分两个步骤:

(1) 判断项目性质: { 资产类 → 借方合计(各明细账户)
负债类 → 贷方合计(各明细账户)

(2) 找账户:技巧是"收对应收,付对应付",即:

带"收"的项目,找带"收"的账户;

带"付"的项目,找带"付"的账户;

项目应付账款及预付款项:找 → "应付账款""预付账款";

项目应收账款及预收款项:找──→"应收账款""预收账款"。

(暂不考虑"坏账准备"等其他因素)

【例题3·单项选择题】 根据下面资料,在不考虑坏账准备的情况下,资产负债表中预付款项项目期末余额应填列( )万元,应付账款项目期末余额应填列( )万元。

应付账款——A 借方 8万
　　　　——B 贷方 5万
　　　　——C 借方 3万
预付账款——甲 借方 10万
　　　　——乙 贷方 6万
　　　　——丙 借方 4万

A. 25　11　　　　　　　　　　　B. 8　－6
C. 8　11　　　　　　　　　　　D. 25　－6

【答案】 A

【解析】 预付款项项目期末余额＝8＋3＋10＋4＝25(万元)
　　　　　应付账款项目期末余额＝5＋6＝11(万元)

【例题4·单项选择题】 根据以下资料,在不考虑坏账准备的情况下,资产负债表中应收账款项目期末余额应填列( )万元,预收款项项目期末余额应填列( )万元。

应收账款——A 借方 50万
　　　　——B 借方 30万
　　　　——C 贷方 10万
　　　　——D 贷方 5万
预收账款——甲 借方 24万
　　　　——乙 借方 32万
　　　　——丙 贷方 6万
　　　　——丁 贷方 7万

A. 65　－43　　　　　　　　　　B. 136　28
C. 65　43　　　　　　　　　　　D. 136　43

【答案】 B

【解析】 应收账款项目期末余额＝50＋30＋24＋32＝136(万元)
　　　　　预收款项项目期末余额＝10＋5＋6＋7＝28(万元)

【例题5·单项选择题】 "应付账款"账户明细账中若有借方余额,应将其记入资产负债表中的( )项目。

A. 预付款项　　　　　　　　　　B. 预付账款
C. 应付账款　　　　　　　　　　D. 应收账款

【答案】 A

【解析】 选项B是账户,不是项目,项目名称为"预付款项"。"付"对应"付"的原则,"应付账款"为负债类账户,如果明细账户是借方余额,则记入预付款项项目,如果为贷方余额则记入应付账款项目。

【例题6·单项选择题】 "预付账款"账户明细账中若有贷方余额,应将其记入资产负债表中的( )项目。

A. 预付款项 B. 预付账款
C. 应付账款 D. 应收账款

【答案】 C

【解析】 "付"对应"付"的原则,"预付账款"属于资产类账户,如果明细账户为贷方余额,则计入应付账款项目。如果明细账户为借方余额,则计入预付款项项目。

【例题 7·多项选择题】 资产负债表中应付账款项目应根据( )填列。

A. 预付账款所属明细账户借方余额合计
B. 应付账款所属明细账户借方余额合计
C. 预付账款所属明细账户贷方余额合计
D. 应付账款所属明细账户贷方余额合计
E. 应付账款总账余额
F. 应收账款所属明细账户贷方余额合计

【答案】 CD

【解析】 应付账款项目属负债类项目,应此找带"付"的账户,即"应付账款"和"预付账款"各明细账户贷方合计,所以选 C、D。

【例题 8·多项选择题】 资产负债表中预收款项项目应根据( )填列。

A. 预收账款所属明细账户借方余额合计
B. 应收账款所属明细账户借方余额合计
C. 预收账款所属明细账户贷方余额合计
D. 应收账款所属明细账户贷方余额合计
E. 预收账款总账余额
F. 应付账款所属明细账户贷方余额合计

【答案】 CD

【解析】 预收款项项目属负债类项目,因此应找带"收"的账户,即"应收账款"和"预收账款"各明细账户贷方合计,所以选 C、D。

【例题 9·多项选择题】 资产负债表中应收账款项目应根据( )填列。

A. 预收账款所属明细账户借方余额合计
B. 应收账款所属明细账户借方余额合计
C. 预收账款所属明细账户贷方余额合计
D. 应收账款所属明细账户贷方余额合计
E. 应收账款总账余额
F. 应付账款所属明细账户贷方余额合计

【答案】 AB

【解析】 应收账款项目属于资产类项目,应此找带"收"的账户,即"应收账款"和"预收账款"各明细账户借方合计,所以选 A、B。

【例题 10·单项选择题】 资产负债表中只需根据一个总账账户余额直接填列的项目是( )。

A. 货币资金 B. 短期借款 C. 应收账款 D. 预付款项

【答案】 B

【解析】 A货币资金需通过"库存现金""银行存款""其他货币资金"三个总账账户的余额合计填列。

【例题11·单项选择题】 甲公司期末"固定资产"账户余额为200 000元,"累计折旧"余额120 000元,"固定资产减值准备"余额20 000元,"固定资产清理"借方10 000元,资产负债表中固定资产项目期末余额应填列（　　）元。

A. 80 000　　　　　　　　　　B. 200 000
C. 180 000　　　　　　　　　　D. 70 000

【答案】 D

【解析】 固定资产项目期末余额（账面价值）＝200 000－120 000－20 000＋10 000＝70 000（元）

【例题12·多项选择题】 资产负债表中存货项目,应根据（　　）分析填列。

A. 原材料　　　　　　　　　　B. 在途物资
C. 周转材料　　　　　　　　　D. 库存商品
E. 材料成本差异　　　　　　　F. 存货跌价准备
G. 生产成本　　　　　　　　　H. 工程物资

【答案】 ABCDEFG

【解析】 H工程物资为建造固定资产外购的物资,应填列在资产负债表中工程物资项目。

【例题13·多项选择题】 下列资产中,属于非流动资产的有（　　）。

A. 交易性金融资产　　　　　　B. 开发支出
C. 商誉　　　　　　　　　　　D. 无形资产
E. 货币资金　　　　　　　　　F. 一年内到期的非流动资产

【答案】 BCD

【解析】 AEF属于流动资产。

【例题14·单项选择题】 甲企业长期借款320万元,资产负债表日,有50万元将于一年内到期,那么资产负债表中长期借款项目的期末余额填列（　　）万元。

A. 320　　　　　　　　　　　B. 50
C. 270　　　　　　　　　　　D. 以上都不正确

【答案】 C

【解析】 长期借款期末余额应填列金额＝320－50＝270（万元）。

【例题15·单项选择题】 承【例题14】将于一年内到期的50万元应填列在资产负债表的（　　）项目。

A. 一年内到期的非流动负债　　B. 短期借款
C. 其他应付款　　　　　　　　D. 长期借款

【答案】 A

【解析】 长期借款中属于一年内到期的部分应填列在资产负债表中"一年内到期的非流动负债"项目中。

三、利润表的编制

1. 定义

利润表是指反映企业在一定会计期间的经营成果的财务报表。

通过提供利润表,可以反映企业在一定会计期间的收入、费用、利润(或亏损)的数额、构成情况,帮助财务报表使用者全面了解企业的经营成果,分析企业的获利能力及盈利增长趋势,从而为其作出经济决策提供依据。

2. 我国企业的利润表采用多步式格式

利 润 表

会企02表

编制单位：　　　　　　　　　　　　___年___月　　　　　　　　　　　　单位:元

项目	本期金额	上期金额
一、营业收入		
减:营业成本		
税金及附加		
销售费用		
管理费用		
研发费用		
财务费用		
其中:利息费用		
利息收入		
加:其他收益		
投资收益(损失以"—"填列)		
其中:对联营企业和合营企业的投资收益		
以摊余成本计量的金融资产终止确认收益(损失以"—"填列)		
净敞口套期收益(损失以"—"填列)		
公允价值变动收益(损失以"—"填列)		
信用减值损失(损失以"—"填列)		
资产减值损失(损失以"—"填列)		
资产处置收益(损失以"—"填列)		
二、营业利润(亏损以"—"填列)		
加:营业外收入		
减:营业外支出		
三、利润总额(亏损总额以"—"填列)		
减:所得税费用		
四、净利润(净亏损以"—"填列)		
(一)持续经营净利润(净亏损以"—"号填列)		

(续表)

项目	本期金额	上期金额
（二）终止经营净利润（净亏损以"—"号填列）		
五、其他综合收益的税后净额		
（一）不能重分类进损益的其他综合收益		
1. 重新计量设定受益计划变动额		
2. 权益法下不能转损益的其他综合收益		
3. 其他权益工具投资公允价值变动		
4. 企业自身信用风险公允价值变动		
……		
（二）将重分类进损益的其他综合收益		
1. 权益法下可转损益的其他综合收益		
2. 其他债权投资公允价值变动		
3. 金融资产重分类计入其他综合收益的金额		
4. 其他债权投资信用减值准备		
5. 现金流量套期		
6. 外币财务报表折算差额		
……		
六、综合收益总额		
七、每股收益		
（一）基本每股收益		
（二）稀释每股收益		

3. "上期金额"栏的列报方法

"上期金额"栏内各项数字，应根据上年利润表的"本期金额"栏内所列数字填列。

4. "本期金额"栏的列报方法

"本期金额"栏内各期数字，除"基本每股收益"和"稀释每股收益"项目外，应当按照相关账户的发生额分析填列。

特别注意以下项目：

(1) "营业收入"项目，反映企业主要经营业务和其他业务所确认的收入总额。该项目应根据"主营业务收入"和"其他业务收入"账户的发生额分析填列。

(2) "营业成本"项目，反映企业主要经营业务和其他业务所发生的成本总额。该项目应根据"主营业务成本"和"其他业务成本"账户的发生额分析填列。

(3) "公允价值变动收益"项目，反映企业应当计入当期损益的资产或负债公允价值变动收益。该项目应根据"公允价值变动损益"账户的发生额分析填列，如为净损失，该项目以"—"号填列。

(4) "投资收益"项目，反映企业以各种方式对外投资所取得的收益。该项目应根据"投资收益"账户的发生额分析填列。如为投资损失，本项目以"—"号填列。

四、现金流量表的编制

现金流量表是反映企业在一定会计期间现金和现金等价物流入和流出的报表。

现金流量表格式如下：

现 金 流 量 表

会企03表

编制单位：　　　　　　　　　　　　　年　月　　　　　　　　　　　　　单位：元

项　　目	本期金额	上期金额
一、经营活动产生的现金流量：		
销售商品、提供劳务收到的现金		
收到的税费返还		
收到其他与经营活动有关的现金		
经营活动现金流入小计		
购买商品、接受劳务支付的现金		
支付给职工以及为职工支付的现金		
支付的各项税费		
支付其他与经营活动有关的现金		
经营活动现金流出小计		
经营活动产生的现金流量净额		
二、投资活动产生的现金流量：		
收回投资收到的现金		
取得投资收益收到的现金		
处置固定资产、无形资产和其他长期资产收回的现金净额		
处置子公司及其他营业单位收到的现金净额		
收到其他与投资活动有关的现金		
投资活动现金流入小计		
购建固定资产、无形资产和其他长期资产支付的现金		
投资支付的现金		
取得子公司及其他营业单位支付的现金净额		
支付其他与投资活动有关的现金		
投资活动现金流出小计		
投资活动产生的现金流量净额		
三、筹资活动产生的现金流量：		
吸收投资收到的现金		
取得借款收到的现金		

(续表)

项　　目	本期金额	上期金额
收到其他与筹资活动有关的现金		
筹资活动现金流入小计		
偿还债务支付的现金		
分配股利、利润或偿付利息支付的现金		
支付其他与筹资活动有关的现金		
筹资活动现金流出小计		
筹资活动产生的现金流量净额		
四、汇率变动对现金及现金等价物的影响		
五、现金及现金等价物净增加额		
加:期初现金及现金等价物余额		
六、期末现金及现金等价物余额		

特别注意以下各项目的计算：

(1) 经营活动的现金流量。

(2) 投资活动的现金流量。

(3) 筹资活动的现金流量。

思考与练习

一、单项选择题

1. 某企业 2019 年度发生以下业务：以银行存款购买将于 2 个月后到期的国债 500 万元,偿还应付账款 200 万元,支付生产人员工资 150 万元,购买固定资产 300 万元。假定不考虑其他因素,该企业 2019 年度现金流量表中"购买商品、接受劳务支付的现金"项目的金额为(　　)万元。

　　A. 200　　　　　　B. 350　　　　　　C. 650　　　　　　D. 1 150

2. 下列各项中,不属于现金流量表"筹资活动产生的现金流量"的是(　　)。

　A. 实际收到分配的现金股利

　B. 发行公司债券实际收到的现金

　C. 增发股票实际收到的现金

　D. 偿还公司债券支付的现金

3. 支付给在建工程人员的工资应列示在现金流量表(　　)项目中。

　A. 支付给职工以及为职工支付的现金

　B. 支付其他与经营活动有关的现金

　C. 购建固定资产、无形资产和其他长期资产支付的现金

　D. 投资支付的现金

4. A 公司 2×19 年购买商品支付 500 万元(含增值税),支付 2×18 年接受劳务的未付

款项50万元,2×19年发生的购货退回15万元,假设不考虑其他条件,A公司2010年现金流量表"购买商品、接受劳务支付的现金"项目中应填列( )万元。

    A. 535   B. 465   C. 435   D. 500

5. 下列各项中,不影响工业企业营业利润的是( )。

    A. 主营业务成本   B. 其他业务成本

    C. 捐赠支出   D. 税金及附加

6. 某企业2×19年2月主营业务收入为200万元,主营业务成本为120万元,税金及附加为10万元,管理费用为5万元,销售费用为3万元,营业外支出为4万元,资产减值损失为2万元,投资收益为15万元。假定不考虑其他因素,该企业当月的营业利润为( )万元。

    A. 62   B. 70   C. 71   D. 75

7. 某企业"应付账款"账户月末贷方余额40 000元,其中:"应付甲公司账款"明细账户贷方余额35 000元,"应付乙公司账款"明细账户贷方余额5 000元;"预付账款"账户月末贷方余额30 000元,其中:"预付A工厂账款"明细账户贷方余额50 000元,"预付B工厂账款"明细账户借方余额20 000元。该企业月末资产负债表中"应付账款"项目的金额为( )元。

    A. 90 000   B. 30 000   C. 40 000   D. 70 000

8. 下列各项中,不属于资产负债表中"货币资金"项目的是( )。

    A. 交易性金融资产   B. 银行结算户存款

    C. 信用卡存款   D. 外埠存款

9. 某企业2×19年主营业务收入账户贷方发生额是2 000万元,借方发生额为退货50万元,发生现金折扣50万元,其他业务收入账户贷方发生额为100万元,其他业务成本账户借方发生额为80万元,那么企业利润表中"营业收入"项目填列的金额为( )万元。

    A. 2 000   B. 2 050   C. 2 100   D. 2 070

10. 下列资产负债表项目中,需要根据相关总账所属明细账户的期末余额分析填列的是( )。

    A. 应收账款   B. 其他应收款

    C. 短期借款   D. 应付职工薪酬

11. 下列各账户的期末余额,不应在资产负债表"存货"项目列示的是( )。

    A. 库存商品   B. 生产成本

    C. 工程物资   D. 委托加工物资

12. 下列各项中,影响利润表中"营业利润"项目的是( )。

    A. 盘亏固定资产净损失   B. 计提固定资产减值准备

    C. 发生的所得税费用   D. 对外捐赠

13. 下列各项中,不应列入利润表"营业收入"项目的是( )。

    A. 销售商品收入   B. 接受捐赠

    C. 提供劳务收入   D. 让渡无形资产使用权收入

14. 下列各项中,不属于《企业会计准则》中规定的财务报表是( )。

    A. 资产负债表   B. 现金流量表

C. 收入支出表 D. 所有者权益变动表

15. 下列各项中,不属于所有者权益变动表中应单独列示的项目是(　　)。

A. 提取盈余公积 B. 库存股
C. 综合收益总额 D. 盈余公积补亏

二、多项选择题

1. 下列会计账户中,在编制资产负债表时应列入"存货"项目的有(　　)。

A. 材料采购 B. 材料成本差异
C. 工程物资 D. 周转材料

2. 下列各项中,应列入利润表"资产减值损失"项目的有(　　)。

A. 原材料盘亏损失 B. 固定资产减值损失
C. 无形资产减值损失 D. 无形资产处置净损失

3. 大明企业2×19年发生的营业收入为2 000万元,营业成本为1 200万元,销售费用为40万元,管理费用为100万元,财务费用为20万元,投资收益为80万元,资产减值损失为140万元(损失),公允价值变动损益为160万元(收益),营业外收入为50万元,营业外支出为30万元。该企业2×19年的营业利润和利润总额分别为(　　)万元。

A. 660 B. 740 C. 640 D. 760

4. 下列各项中,应列入利润表"税金及附加"项目的有(　　)。

A. 增值税 B. 城市维护建设税
C. 教育费附加 D. 矿产资源补偿费

5. 下列各项资产项目中,直接根据总账账户余额填列的有(　　)。

A. 固定资产 B. 短期借款
C. 应收股利 D. 交易性金融资产

6. 下列各项中,应在资产负债表"预付款项"项目列示的有(　　)。

A. "应付账款"账户所属明细账户的借方余额
B. "应收账款"账户所属明细账户的借方余额
C. "应收账款"账户所属明细账户的贷方余额
D. "预付账款"账户所属明细账户的借方余额

7. 现金流量表中的"支付给职工以及为职工支付的现金"项目包括(　　)。

A. 支付给退休人员的退休金 B. 支付的在建工程人员的职工薪酬
C. 支付的销售部门人员的职工薪酬 D. 支付的生产工人的职工薪酬

8. 下列各项中,属于现金流量表中现金及现金等价物的有(　　)。

A. 库存现金 B. 其他货币资金
C. 购入时就只剩3个月到期的债券投资 D. 随时用于支付的银行存款

9. 资产负债表中的"应收账款"项目应根据(　　)分析计算填列。

A. "应收账款"所属明细账借方余额合计
B. "预收账款"所属明细账借方余额合计
C. 按"应收账款"余额一定比例计提的坏账准备账户的贷方余额
D. "应收账款"总账账户余额

10. 下列各项中,属于现金流量表中投资活动产生的现金流量的有(　　)。
    A. 外购无形资产支付的现金
    B. 转让固定资产所有权收到的现金
    C. 购买3个月内到期的国库券支付的现金
    D. 收到分派的现金股利
11. 下列项目中,属于资产负债表中"流动资产"项目的有(　　)。
    A. 应收账款　　　　　　　　　　B. 以摊余成本计量的金融资产
    C. 预收账款　　　　　　　　　　D. 存货
12. 资产负债表下列项目,应根据有关科目余额减去备抵科目余额后的净额填列的有(　　)。
    A. 存货　　　　　　　　　　　　B. 无形资产
    C. 应收账款　　　　　　　　　　D. 长期股权投资
13. 企业在编制资产负债表时,"未分配利润"项目应当根据(　　)账户计算填列。
    A. "本年利润"　　　　　　　　　B. "利润分配"
    C. "盈余公积"　　　　　　　　　D. "资本公积"
14. 下列属于企业所有者权益变动表中应单独列示的项目有(　　)。
    A. 资本公积转增资本　　　　　　B. 盈余公积补亏
    C. 股本　　　　　　　　　　　　D. 会计政策变更
15. 下列属于企业财务报告附注中应披露的内容有(　　)。
    A. 企业基本情况　　　　　　　　B. 财务报表的编制基础
    C. 会计估计变更的说明　　　　　D. 遵循企业会计准则的声明

三、判断题

1. 财务报告附注是对在资产负债表、利润表、现金流量表和所有者权益变动表等报表中列示项目的文字描述或明细资料,以及对未能在这些报表中列示项目的说明等。(　　)
2. 所有者权益变动表"上年年末余额"项目,反映企业上年资产负债表中实收资本(或股本)、资本公积、库存股、盈余公积、未分配利润的年末余额。(　　)
3. 利润表中"税金及附加"项目包括增值税和印花税。(　　)
4. 企业年末"长期待摊费用"账户的余额为200万元,其中将于1年内摊销完的为50万元,那么资产负债表中的"长期待摊费用"项目的金额为200万元。(　　)
5. 公允价值变动损益应在利润表中体现。(　　)
6. "长期借款"项目,根据"长期借款"总账账户余额直接填列。(　　)
7. 购买商品支付货款取得的现金折扣入利润表"财务费用"项目。(　　)
8. 所有者权益变动表是反映构成所有者权益各组成部分当期增减变动情况的报表。(　　)
9. 资产负债表是反映企业在一定会计期间的经营成果的报表。(　　)
10. "营业收入"项目应根据"主营业务收入""其他业务收入"和"营业外收入"账户的发生额分析填列。(　　)

四、计算及账务处理题

1. A公司2×19年有关资料如下：

(1) 本年销售商品本年收到现金3 000万元，以前年度销售商品本年收到的现金600万元，本年预收款项300万元，本年销售本年退回商品支付现金240万元，以前年度销售本年退回商品支付的现金180万元。

(2) 本年购买商品支付现金2 100万元，本年支付以前年度购买商品的未付款项240万元和本年预付款项210万元，本年发生的购货退回收到现金120万元。

(3) 本年分配的生产经营人员的职工薪酬为400万元，"应付职工薪酬"年初余额和年末余额分别为40万元和20万元，假定应付职工薪酬本期减少数均为本年支付的现金。

(4) 本年利润表中的所得税费用为150万元（均为当期应交所得税产生的所得税费用），"应交税费——应交所得税"账户年初数为12万元，年末数为6万元。假定不考虑其他税费。

要求：根据上述资料，计算下列相关项目：
(1) 销售商品、提供劳务收到的现金。
(2) 购买商品、接受劳务支付的现金。
(3) 支付给职工以及为职工支付的现金。
(4) 支付的各项税费。
（答案金额单位为万元）

2. 某公司2×19年12月31日有关资料如下：

(1) 长期借款资料：

借款起始日期	借款期限(年)	金额(万元)
2×17年6月1日	4	450
2×18年1月1日	5	600
2×19年1月1日	3	300

(2) "长期待摊费用"项目的期末余额为50万元，其中，将于一年内摊销的金额为20万元。

要求：根据上述资料，计算该公司2×19年12月31日资产负债表中下列项目的金额：
(1) 长期借款。
(2) 长期借款中应列入"一年内到期的非流动负债"项目的金额。
(3) 长期待摊费用。
(4) 长期待摊费用中应该列入"一年内到期的非流动资产"项目的金额。

3. 华夏公司2×19年12月31日的有关资料如下：

科目余额表　　　　　　　　　　　　　　　　　　　　　单位：元

科目名称	借方余额	科目名称	贷方余额
库存现金	2 000	短期借款	50 200
银行存款	786 335	应付票据	100 000

（续表）

科目名称	借方余额	科目名称	贷方余额
其他货币资金	7 300	应付账款	953 800
交易性金融资产	0	其他应付款	50 000
应收票据	66 000	应付职工薪酬	180 000
应收账款	600 000	应交税费	226 731
预付账款	100 000	应付利息	0
其他应收款	5 000	应付股利	32 215.85
材料采购	275 000	坏账准备	1 800
原材料	45 000	累计折旧	170 000
周转材料	38 050	固定资产减值准备	30 000
库存商品	2 122 400	累计摊销	60 000
材料成本差异	4 250	一年内到期的非流动负债	0
其他流动资产	90 000	长期借款	1 160 000
长期股权投资	250 000	股本	5 000 000
固定资产	2 401 000	盈余公积	124 770.40
工程物资	150 000	利润分配（未分配利润）	190 717.75
在建工程	578 000		
无形资产	600 000		
递延所得税资产	9 900		
其他流动资产	200 000		
合　计	8 330 235	合　计	8 330 235

要求：编制华夏公司2×19年12月31日的资产负债表。

4. 企业2×19年损益类账户的本期发生额如下：

项目	科目名称	借方余额
主营业务收入		500 000
主营业务成本	300 000	
税金及附加	800	
销售费用	8 000	
管理费用	62 840	
财务费用	16 600	
资产减值损失	12 360	
投资收益		12 600
营业外收入		20 000
营业外支出		7 880

要求：

(1) 计算企业的营业利润、利润总额。
(2) 假设没有纳税调整项目,计算企业的所得税费用。
(3) 将企业本年所有损益类账户结转本年利润。
(4) 计算本年的净利润,并编制结转分录。

五、案例分析题

大明有限责任公司(以下简称大明公司)为增值税一般纳税人,适用的增值税税率为13%。2×19年11月30日的账户余额(部分账户)如下表所示:

账户名称	借方余额	贷方余额	账户名称	借方余额	贷方余额
银行存款	27 000		短期借款		17 500
交易性金融资产	800		应付账款		10 000
应收账款	20 000		预收账款		25 600
坏账准备		80	应交税费		1 250
预付账款	3 500		应付利息		3 920
原材料	10 000		实收资本		120 000
库存商品	45 000		资本公积		9 000
持有至到期投资	27 000		盈余公积		5 500
固定资产	64 000		利润分配		4 950
累计折旧		13 000	本年利润		10 000
在建工程	21 000				

假定坏账准备均为应收账款计提。

大明公司12月份有关资料如下:

(1) 本月销售商品不含税售价25 000元,增值税额4 000元,款项尚未收到。商品成本为21 000元。
(2) 收回以前年度已核销的坏账4 800元。
(3) 向承包商支付部分工程款6 500元,工程尚未完工。
(4) 计提本月管理用固定资产折旧1 250元,另用银行存款支付其他管理费用2 000元。
(5) 购入交易性金融资产,买价5 000元,另支付交易费用60元,款项用银行存款支付。
(6) 本月支付已计提的短期借款利息3 500元。
(7) 用银行存款偿还短期借款5 500元。
(8) 发生财务费用283元,均以银行存款支付。
(9) 企业经过对应收账款风险的分析,决定年末按应收账款余额的1%计提坏账准备。
(10) 公司所得税税率为25%,1~11月份的所得税费用已转入本年利润。本月应交所得税为1 198.63元,已用银行存款缴纳,假定不存在纳税调整事项。
(11) 按规定计提的法定盈余公积和任意盈余公积的金额均为1 359.59元。

要求:根据上述资料,计算大明公司2×19年12月31日资产负债表中下列项目的金额

（列出计算过程，计算结果出现小数的，均保留小数点后两位小数）：

（1）货币资金。

（2）交易性金融资产。

（3）应收账款。

（4）存货。

（5）固定资产。

（6）在建工程。

（7）短期借款。

（8）其他应付款。

（9）应交税费。

（10）资本公积。

（11）未分配利润。

第二部分 思考与练习参考答案

第一章 总　论

一、单项选择题

1	2	3	4	5	6	7	8	9	10
A	A	D	A	C	B	D	A	C	B

【解释】

第2题：选项B中经营租入的设备不是企业拥有或控制的，选项C中霉烂变质的商品预期不会给企业带来经济利益，选项D中计划购入的原材料不是企业过去的交易或事项形成的，因此，均不符合资产的定义。

选项A中的融资租入的设备，在租期未满以前，从法律形式上讲，所有权并没有转移给承租人，但是从经济实质上讲，租赁期占租赁资产使用寿命的大部分，这里的"大部分"指租赁期占租赁开始日租赁资产使用寿命的75%以上(含75%)，因此，与该项固定资产相关的收益和风险已经转移给承租人，承租人实际上也能行使对该项固定资产的控制，符合资产的定义，所以承租人应该将该设备视同自己的固定资产进行管理，计提折旧及大修理等。

因此，选择A。

第7题：收入是指企业在销售商品、提供劳务及让渡资产使用权等日常活动中所形成的营业收入。会计上通常所指的收入是狭义的收入，即营业收入，它包括主营业务收入和其他业务收入。选项D中转让无形资产所有权取得的收入应记入"营业外收入"，不属于企业收入要素范畴。

因此，选择D。

第8题：损失是指由企业非日常活动所发生的、会导致所有者权益减少的、与向所有者分配利润无关系的经济利益的流出。损失分为直接计入所有者权益的损失与直接计入当期损益的损失。

企业发生的与日常活动没有直接关系的直接计入当期损益的各项损失，应记入"营业外支出"账户，如非流动资产处置损失、罚款支出、捐赠支出等。

选项B中交易性金融资产公允价值变动损失，应记入"公允价值变动损益"账户；选项C中计提的资产减值损失，应记入"资产减值损失"账户；选项D中处置长期股权投资的净损失应记入"投资收益"账户。

选项A中出售固定资产的净损失应记入"营业外支出"账户。

因此，选择A。

二、多项选择题

1	2	3	4	5
ACD	ABCD	ABC	AD	AC

【解释】

第3题：所有者权益也包括直接计入所有者权益的利得和损失，因此，答案应包括选项B，直接计入所有者权益的利得和损失主要是指可供出售金融资产的公允价值变动部分，计入"资本公积——其他资本公积"账户。

因此，选择 ABC。

三、判断题

1	2	3	4	5
×	×	×	√	√

第二章 货币资金

一、单项选择题

1	2	3	4	5	6	7	8	9	10
B	A	A	D	B	A	B	D	A	C

【解释】

第8题：选项D中的备用金通过"其他应收款"账户核算，备用金数额较大或业务较多的企业，可以单独设置"备用金"账户进行核算。

因此，选择 D。

第10题：银行存款余额调节表调节后的余额是银行存款的实有数。

因此，选择 C。

二、多项选择题

1	2	3	4	5
ABC	ABC	ABCDE	ADE	ABCDE

三、判断题

1	2	3	4	5
√	√	×	√	√

四、计算及账务处理题

1.

(1) 1月1日,支付定额备用金:

借:备用金——行政部门　　　　　　　　　　　　　　　　　　　　5 000
　　贷:库存现金　　　　　　　　　　　　　　　　　　　　　　　　　　　　5 000

(2) 5月20日,到财务报销:

借:管理费用　　　　　　　　　　　　　　　　　　　　　　　　　　3 000
　　贷:库存现金　　　　　　【报销时补足】　　　　　　　　　　　　　　　3 000

(3) 12月31日,年终结算:

借:管理费用　　　　　　　　　　　　　　　　　　　　　　　　　　4 500
　　库存现金　　　　　　　　　　　　　　　　　　　　　　　　　　　500
　　贷:备用金——行政部门　　　　　　　　　　　　　　　　　　　　　　5 000

2.

(1) 12月20日,发出现金短缺:

借:待处理财务损溢——待处理流动资产损溢　　　　　　　　　　　　400
　　贷:库存现金　　　　　　　　　　　　　　　　　　　　　　　　　　　　400

(2) 经批准,进行会计处理:

借:其他应收款——应收现金短缺款——××个人　　　　　　　　　　260
　　其他应收款——应收保险赔款——××保险公司　　　　　　　　　　100
　　管理费用　　　　　　　　　　【无法查明原因】　　　　　　　　　　40
　　贷:待处理财产损溢——待处理流动资产损溢　　　　　　　　　　　　　400

银行存款余额调节表

2×19年7月31日　　　　　　　　　　　　　　　　　　　　　　　单位:元

公司名称:华夏公司　　　　开户行:中国银行山东省分行　　　　账号:3310×××1683

项 目	金额	项 目	金额
银行对账单余额	246 000.00	企业银行存款日记账余额	180 551.00
加:企业已收,银行未收	15 000.00	加:银行已收,企业未收	65 000.00
1.29日送存银行转账支票,银行尚未入账	15 000.00	1.30日银行收货款,企业未收收款通知	65 000.00
2.		2.	
银行误记、串记(少记)	29 000.00	企业误记(少记)	9.00
减:企业已付,银行未付	50 000.00	减:银行已付,企业未付	5 500.00
1.26日企业开出转账支票,持票人未结算	50 000.00	1.28日银行收取贷款利息,企业未付款通知	3 000.00
2.		2.28日银行代付水费,企业未收付款通知	2 500.00
银行误记、串记(多记)		企业误记(多记)	60.00
调整后余额	240 000.00	调整后余额	240 000.00

五、案例分析题

王明的处理方法均不正确。

王英的处理方法的直接后果可能会掩盖公司在现金管理与核算中存在的诸多问题,有些可能会是重大的经济问题。因此,凡是出现账实不符的情况时,必须按照有关的会计规定进行处理。

(1) 2×19年6月18日,在例行的现金清查中,发现现金短缺30元,首先应通过"待处理财产损溢——待处理流动资产损溢"账户核算,即按短缺的金额借记"待处理财产损溢——待处理流动资产损溢"账户,贷记"库存现金"账户。

待查明原因后按如下要求进行会计处理:如属于应由责任人赔偿的部分,借记"其他应收款——应收现金短缺款——××个人"或"库存现金"等账户,贷记"待处理财产损溢——待处理流动资产损溢"账户;属于应由保险公司赔偿的部分,借记"其他应收款——应收保险赔款——××保险公司"账户,贷记"待处理财产损溢——待处理流动资产损溢"账户;属于无法查明原因的,根据管理权限,经批准后处理,借记"管理费用"账户,贷记"待处理财产损溢——待处理流动资产损溢"账户。

(2) 2×19年6月26日,在例行的现金清查中,发现现金溢余50元,首先应通过"待处理财产损溢——待处理流动资产损溢"账户核算,即按溢余的金额借记"库存现金"账户,贷记"待处理财产损溢——待处理流动资产损溢"账户,待查明原因后按如下要求进行会计处理:属于应支付给有关人员或单位的,应借记"待处理财产损溢——待处理流动资产损溢"账户,贷记"其他应付款——应付现金溢余——××个人或单位"账户或"库存现金"账户;属于无法查明原因的现金溢余,经批准后,借记"待处理财产损溢——待处理流动资产损溢"账户,贷记"营业外收入——盘盈利得"账户。

第三章 存 货

一、单项选择题

1	2	3	4	5	6	7	8	9	10
D	D	D	B	A	B	C	A	A	B

【解释】

第1题:工程物资是指企业为建造固定资产而取得的物资,记录的是尚未使用的各项工程物资的实际成本,不属于企业的存货。

资产负债表中的"存货"项目,反映企业期末在库、在途和在加工中的各种存货的成本或可变现净值。"存货"项目应根据"材料采购""在途物资""原材料""周转材料""低值易耗品""包装物""委托加工物资""生产成本""发出商品""库存商品""委托代销商品""受托代销商品"等账户的期末余额合计,减去"受托代销商品款""存货跌价准备"账户期末余额后的金额填列。

材料采用计划成本核算,以及库存商品采用计划成本核算或售价核算的企业,还应按加或减材料成本差异、商品进销差价后的金额填列。

因此,选择D。

第 2 题：购入存货时支付的增值税进项税额，对于一般纳税人取得了相关凭证，可以抵扣，作为进项税额进行核算，记入"应交税费——应交增值税（进项税额）"账户，而不是计入存货的成本。

因此，选择 D。

第 3 题：企业委托加工存货，支付的增值税（默认为可以抵扣）应记入"应交税费——应交增值税（进项税额）"账户，不计入委托加工存货的成本。

选项 B 中支付的消费税，需要分析收回后的目的，如果是直接出售，则计入委托加工存货的成本，账户为借记"委托加工物资"；如果用来连续生产应税消费品，则可以抵扣，不计入委托加工存货的成本，账户为借记"应交税费——应交消费税"。因此，选项 B 为有可能计入委托加工存货的成本。

因此，选择 D。

第 6 题：随同商品出售不单独计价的包装物，其成本计入"销售费用"；随同商品出售单独计价的包装物，其收入记入"其他业务收入"，其成本记入"其他业务成本"。

因此，选择 B。

第 7 题：出租周转材料，其收入记入"其他业务收入"，其成本记入"其他业务成本"。

因此，选择 C。

第 8 题：办公楼为不动产，营改增后属于增值税应税项目，因此，企业建造办公楼领用库存商品，应按其成本计入在建工程成本。

应计入在建工程的成本＝8 000（元）

因此，选择 A。

第 9 题：因为生产设备为有形动产，属于增值税应税项目，因此，企业自建设备，领用的存货，按存货的成本转入在建工程的成本。

应计入在建工程的成本＝8 000（元）

因此，选择 A。

第 10 题：谨慎性又称稳健性，是指企业对交易或者事项进行会计确认、计量和报告时保持应有的谨慎，不应高估资产或者收益、低估负债或者费用。

资产负债表日，存货应当按照成本与可变现净值孰低计量，体现了谨慎性原则中"不应高估资产或收益"的理念。当存货计提跌价准备时，分录为：借记"资产减值损失"（损益类账户）贷记"存货跌价准备"（资产类账户，为存货的备抵账户）

因此，选择 B。

二、多项选择题

1	2	3	4	5
CDE	ACDE	BCE	ABE	ACE

【解释】

第 1 题：市内零星货物运杂费，由于其金额相对较小，按重要性原则不应计入存货成本。因此，选择：CDE。

第 2 题：按照后进先出法，期末存货的成本是按最早购货成本确定的，脱离目前市场价值,不能真实反映存货资产状况,所以我国企业会计准则规定不允许采用后进先出法。

因此,选择:ACDE。

第3题:存货盘亏或毁损:

(1)属于计量收发差错和管理不善等原因造成的存货短缺,应先扣除残料价值、可以收回的保险赔偿和过失人赔偿,将净损失记入"管理费用"。

(2)属于定额内自然损耗造成的短缺,记入"管理费用"。

(3)属于自然灾害等非常原因造成的存货毁损,应先扣除处置收入(如残料价值)、可以收回的保险赔偿和过失人赔偿,将净损失记入"营业外支出"。

因此,选择:BCE。

三、判断题

1	2	3	4	5
√	√	√	√	×

【解释】

第1题:为建造固定资产而购入的材料,应计入工程物资的成本,即记入"工程物资"账户,不属于企业的存货。

第2题:存货是指企业在日常活动中持有以备出售的产成品或商品、处在生产过程中的在产品、在生产过程或提供劳务过程中耗用的材料、物料等。

存货特点之一为:存货是以在正常生产经营过程中被销售或耗用为目的而取得。对于生产和销售机器设备的企业来说,成品库中的机器设备是以销售为目的的,因此,属于企业的存货;对于使用机器设备进行生产的企业来说,尽管机器设备为耗用的,但其使用寿命相对较长,单位价值相对较高,满足了固定资产的标准,所以应将其确认为企业的固定资产。

第4题:不计入存货成本的仓储费主要是指企业在采购入库后发生的储存费用,包括存货在加工环节和销售环节的一般仓储费用,应计入当期损益。

第5题:如果存货采用计划成本法进行日常核算,则期末存货的实际成本是指通过差异的调整而确定的存货成本。

四、计算及账务处理题

1.

本月每次发出存货的成本、本月发出存货总成本和月末结存成本如下:

1)采用先进先出法

本月每次发出 M 原材料的成本:

11月8日发出 M 原材料的成本＝1 000×55＋1 200×53＝118 600(元)

11月19日发出 M 原材料的成本＝800×53＋200×57＝53 800(元)

11月30日发出 M 原材料的成本＝1 300×57＋2 200×58＝201 700(元)

本月发出 M 原材料的总成本＝118 600＋53 800＋201 700＝374 100(元)

月末结存 M 原材料的成本＝1 000×55＋(2 000×53＋1 500×57＋3 000×58)－374 100

＝55 000＋365 500－374 100＝46 400(元)

或者:

月末结存 M 原材料的成本＝800×58＝46 400(元)

2)采用月末一次加权平均法

加权平均单位成本 $= \dfrac{55\,000+365\,500}{1\,000+6\,500} = 56$(元/件)

月末结存 M 原材料的成本 $= 800 \times 56 = 44\,800$(元)

本月发出 M 原材料的成本 $= 1\,000 \times 55 + (2\,000 \times 53 + 1\,500 \times 57 + 3\,000 \times 58) - 44\,800$

$\qquad\qquad\qquad\qquad\qquad = 55\,000 + 365\,500 - 44\,800 = 375\,700$(元)

3)采用移加权平均法

本月每次发出存货的成本：

(1)

① 11月6日，购进后移动加权平均单位成本：

$$\text{移动加权平均单位成本} = \dfrac{1\,000 \times 55 + 2\,000 \times 53}{1\,000 + 2\,000} = \dfrac{161\,000}{3\,000} = 53.67(\text{元/件})$$

② 11月8日发出 M 原材料后的成本 $= 53.67 \times (1\,000 + 2\,000 - 2\,200) = 42\,933.33$(元)

③ 11月8日发出 M 原材料的成本 $=$ 发出前存货的成本 $-$ 发出后存货的成本 $= (1\,000 \times 55 + 2\,000 \times 53) - 42\,933.33 = 118\,066.67$(元)

(2)

① 11月14日，购进后移动加权平均单位成本：

$$\text{移动加权平均单位成本} = \dfrac{42\,933.33 + 1\,500 \times 57}{800 + 1\,500} = \dfrac{128\,433.33}{2\,300} = 55.84(\text{元/件})$$

② 11月19日发出 M 原材料后的成本 $= 55.84 \times (2\,300 - 1\,000) = 55.84 \times 1\,300 = 72\,592.75$(元)

③ 11月19日发出 M 原材料的成本 $=$ 发出前存货的成本 $-$ 发出后存货的成本 $= 128\,433.33 - 72\,592.75 = 55\,840.58$(元)

(3)

① 11月22日购进后移动加权平均单位成本：

$$\text{移动加权平均单位成本} = \dfrac{72\,592.75 + 3\,000 \times 58}{1\,300 + 3\,000} = \dfrac{246\,592.75}{4\,300} = 57.35(\text{元/件})$$

② 11月30日发出 M 原材料后的成本 $= 57.35 \times 800 = 45\,877.72$(元)

③ 11月30日发出 M 原材料的成本 $= 246\,592.75 - 45\,877.72 = 200\,715.03$(元)

本月发出 M 原材料的总成本 $= 118\,066.67 + 55\,840.58 + 200\,715.03 = 374\,622.28$(元)

2.

(1) 原材料已验收入库，款项由银行电汇支付：

借：原材料 10 000
　　应交税费——应交增值税（进项税额） 1 300
　　贷：银行存款 11 300

(2) 款项由银行电汇支付，但材料尚在运输途中：

① 6月15日，支付款项。

借：在途物资　　　　　　　　　　　　　　　　　　　　　　　　10 000
　　应交税费——应交增值税（进项税额）　　　　　　　　　　　 1 300
　　贷：银行存款　　　　　　　　　　　　　　　　　　　　　　　　　11 300

② 6月20日，材料运抵企业并验收入库：

借：原材料　　　　　　　　　　　　　　　　　　　　　　　　　　10 000
　　贷：在途物资　　　　　　　　　　　　　　　　　　　　　　　　　10 000

（3）材料已验收入库，但发票账单尚未到达企业：

① 6月25日，材料运抵企业并验收入库，但发票账单尚未到达，暂不作会计处理

② 6月30日，发票账单仍未到达，对该批材料估价10 500元入账。

借：原材料　　　　　　　　　　　　　　　　　　　　　　　　　　10 500
　　贷：应付账款——暂估应付账款——北海公司　　　　　　　　　　10 500

③ 7月1日，将暂估分录红字冲回。

借：原材料　　　　　　　　　　　　　　　　　　　　　　　　　　10 500
　　贷：应付账款——暂估应付账款——北海公司　　　　　　　　　　10 500

④ 7月5日，发票账单到达企业，以银行承兑汇票支付货款。

借：原材料　　　　　　　　　　　　　　　　　　　　　　　　　　10 000
　　应交税费——应交增值税（进项税额）　　　　　　　　　　　 1 300
　　贷：应付票据——北海公司　　　　　　　　　　　　　　　　　　　11 300

3.

（1）赊购原材料：

借：原材料　　　　　　　　　　　　　　　　　　　　　　　　　200 000
　　应交税费——应交增值税（进项税额）　　　　　　　　　　　26 000
　　贷：应付账款——G公司　　　　　　　　　　　　　　　　　　　226 000

（2）支付货款：

① 假定10天内支付货款

　　　　现金折扣＝200 000×2％＝4 000（元）
　　　　实际付款金额＝226 000－4 000＝222 000（元）

借：应付账款——G公司　　　　　　　　　　　　　　　　　　　　226 000
　　贷：银行存款　　　　　　　　　　　　　　　　　　　　　　　　 222 000
　　　　原材料　　　　　　　　　　　　　　　　　　　　　　　　　　4 000

② 假定20天内支付货款

　　　　现金折扣＝200 000×1％＝2 000（元）
　　　　实际付款金额＝226 000－2 000＝224 000（元）

借：应付账款——G公司　　　　　　　　　　　　　　　　　　　　　　　　226 000
　　贷：银行存款　　　　　　　　　　　　　　　　　　　　　　　　　　　　224 000
　　　　原材料　　　　　　　　　　　　　　　　　　　　　　　　　　　　　2 000

③ 假定超过20天支付货款

由于超过了20日，因此不享受现金折扣，全额支付。

借：应付账款——G公司　　　　　　　　　　　　　　　　　　　　　　　　226 000
　　贷：银行存款　　　　　　　　　　　　　　　　　　　　　　　　　　　226 000

第四章　金融资产

一、单项选择题

1	2	3	4	5	6	7	8	9	10
A	B	C	A	A	A	D	D	C	A
11	12	13	14	15	16	17	18	19	20
C	D	D	B	D	C	B	A	D	B

【解释】

第1题：交易性金融资产的成本包括购买价款(不含代垫股利)，不包括交易费用。所以本题中交易性金融资产的入账金额为104万元(105－1)万元。

因此选A。

第2题：2×19年2月20日购入A公司股票时确认的投资收益为－4 000元，2×19年4月10日宣告发放现金股利时确认投资收益为50 000×0.3＝15 000(元)。所以2×19年确认的投资收益总额为15 000－4 000＝11 000(元)。

因此选择B。

第3题：交易性金融资产期末按照公允价值计量，2×19年12月31日交易性金融资产的公允价值即为该资产的账面价值：100×18＝1 800(万元)。

因此选择C。

第4题：2×19年12月10日，交易性金融资产的成本为249万元。2×19年12月31日，公允价值为258万元，公允价值变动：258－249＝9(万元)。

因此选择A。

第5题：华夏公司对该交易应确认的投资收益为3 000－2 800＝200(万元)。

因此选择C。

第6题：华夏公司处置该交易性金融资产时的账务处理为：

借：其他货币资金——存出投资款　　　　　　　　　　　　　　　　　　　1 080
　　交易性金融资产——公允价值变动　　　　　　　　　　　　　　　　　　100
　　投资收益　　　　　　　　　　　　　　　　　　　　　　　　　　　　　20
　　贷：交易性金融资产——成本　　　　　　　　　　　　　　　　　　　　1 200

所以对损益的影响为－20万元。

因此选择 A。

第7题:预付账款是未来收取供应单位的货物,不是从其他单位收取现金或其他金融资产的合同权利,不是金融资产。

因此选择 D。

第9题:12月31日应计提的坏账准备＝(1 000－960)－15＝25(万元)。

因此选 C。

第11题:选项C,现金折扣采用总价法核算,即应收账款按照不考虑现金折扣的总额入账。故现金折扣不影响应收账款的入账价值。

因此选 C。

第14题:资产负债表日,企业应收账款账面价值高于其预计未来现金流量现值的差额,应借记"信用减值损失"账户,贷记"坏账准备"账户。

因此选 B。

第15题:2×19年12月31日,应收账款的减值金额＝220－200＝20(万元),即"坏账准备"账户的期末余额。"坏账准备"账户的原有余额＝3＋12＝15(万元)。所以,本期应补提的坏账准备金额＝20－15＝5(万元)。

因此选 D。

第16题:应收账款的期末余额＝1 800＋200－500＝1 500(万元),则"坏账准备"账户的期末余额＝1 500×2‰＝30(万元)。"坏账准备"账户的原有余额＝1 800×2‰＝36(万元)。所以,本期应冲回的坏账准备金额＝36－30＝6(万元)。

因此选 C。

第17题:应收取保险公司赔款2.5万元,应收取管理人员赔款1万元,属于其他应收款;销售商品一批,应收取价款30万元,增值税税额3.9万元,属于应收账款;销售包装物一批,应收取价款10万元,增值税税额1.3万元,属于其他应收款。所以,"其他应收款"科目核算金额＝2.5＋1＋10＋1.3＝14.8(万元)。

因此选 B。

第18题:应收账款的期末余额＝100＋10＋15－15＝110(万元),"坏账准备"账户的期末余额＝10＋15－3＝22(万元)。所以,应收账款的期末价值＝110－22＝88(万元)。

因此选 A。

二、多项选择题

1	2	3	4	5	6	7	8	9	10
ABD	AD	ABD	ABC	ACD	AC	BCD	ACD	CD	ACD

【解释】

第6题,选项B,处置交易性金融资产时,取得的价款计入其他业务收入不对,应记入"投资收益"。选项D,交易性金融资产不能确认资产减值损失,只能确认公允价值变动损失。

因此选 AC。

第 7 题,选项 A,转销无法收回备抵法核算的应收账款,借记"坏账准备"账户,贷记"应收账款"账户,对应收账款的价值没有影响。选项 B,收回应收账款,借记"银行存款"账户,贷记"应收账款"账户,减少应收账款的价值。选项 C,计提应收账款坏账准备,借记"资产减值损失"账户,贷记"坏账准备"账户,减少应收账款的价值。选项 D,收回已转销的应收账款,借记"银行存款"账户,贷记"坏账准备"账户,减少应收账款的价值。

因此选 BCD。

第 10 题,符合条件的股利收入应计入当期损益,选项 A 错误;当该金融资产终止确认时,之前计入其他综合收益的累计利得或损失应当从其他综合收益中转出,计入留存收益,选项 B 正确,选项 C 错误;以公允价值计量且其变动计入其他综合收益的权益工具投资,不确认预期损失准备,选项 D 错误。

因此选 ACD。

三、不定项选择题

1	2	3	4	5
ACD	B	B	D	A

【解释】

第(1)题:对于票据贴现,企业按贴现息的部分,记入"财务费用"科目,所以选项 B 不正确。

因此选择 ACD。

第(3)题:代垫运杂费应该计入应收账款中,所以计入应收账款的金额=80×(1+13%)+2=92.4(万元)。

因此选择 B。

第(4)题:事项(3)和(5),应该计入其他应收款,所以计入其他应收款的金额=5+6=11(万元)。

因此选择 D。

第(5)题:事项(1)计入应收票据的金额为 169.5 万元,事项(2)计入应收账款的金额为 92.4 万元,事项(3)和(5)计入其他应收款的金额为 11 万元,事项(4)应该计入其他应付款,所以甲公司 2×19 年 1 月应收款项的金额=169.5+92.4+11=272.9(万元)。

因此选择 A。

2.

1	2	3	4	5
A	B	BCD	D	A

【解释】

第(1)题:购入乙公司股票时,支付价款中包含的应收股利不计入交易性金融资产成本,支付的相关交易费用计入投资收益,该交易性金融资产购入时的会计处理为:

借:交易性金融资产——成本　　　　　　　　　　　　　　　　　1 560
　　　应收股利　　　　　　　　　　　　　　　　　　　　　　　40
　　　投资收益　　　　　　　　　　　　　　　　　　　　　　　4
　　　应交税费——应交增值税(进项税额)　　　　　　　　　　100
　　贷:其他货币资金——存出投资款　　　　　　　　　　　　　1 704

因此选择 A。

第(2)题:华夏公司收到购买价款中包含的现金股利计入投资收益,分录如下:

借:其他货币资金——存出投资款　　　　　　　　　　　　　　40
　　贷:应收股利　　　　　　　　　　　　　　　　　　　　　　40

因此选择 B。

第(3)题:持有乙公司的交易性金融资产发生公允价值上升,分录如下:

借:交易性金融资产——公允价值变动　　　　　　　　　　　　240
　　贷:公允价值变动损益　　　　　　　　　　　　　　　　　　240

宣告发放上半年股利分录如下:

借:应收股利　　　　　　　　　　　　　　　　　　　　　　　40
　　贷:投资收益　　　　　　　　　　　　　　　　　　　　　　40

因此选择 BCD。

第(4)题:出售分录如下:

借:其他货币资金——存出投资款　　　　　　　　　　　　　　2 100
　　贷:交易性金融资产——成本　　　　　　　　　　　　　　　1 560
　　　　交易性金融资产——公允价值变动　　　　　　　　　　240
　　　　投资收益　　　　　　　　　　　　　　　　　　　　　300

从购入到出售该交易性金融资产累计应确认的投资收益金额=－4＋40＋300＝336(万元)。

因此选择 D。

第(5)题:出售该交易性金融资产应交的增值税金额=(2 100－1 600)/(1＋6%)×6%＝28.30(万元)。分录如下:

借:投资收益　　　　　　　　　　　　　　　　　　　　　　　28.30
　　贷:应交税费——转让金融商品应交增值税　　　　　　　　　28.30

因此选择 A。

四、判断题

1	2	3	4	5	6	7	8	9	10
×	×	×	×	×	√	√	√	×	√

第 1 题:投资单位收到投资前被投资单位已宣告但尚未发放的现金股利时,账务处理为:

借:其他货币资金——存出投资款
　　贷:应收股利

因此错误。

第 2 题:交易性金融资产主要是指企业为了近期内出售而持有的金融资产,如企业以赚取差价为目的从二级市场购入的股票、债券、基金等。因此错误。

第 3 题:根据承兑人不同,"应收票据"账户核算的内容包括银行承兑汇票和商业承兑汇票。因此错误。

第 4 题:会计期末,如果交易性金融资产的成本高于市价,应确认公允价值下降损失,而不应确认减值损失。因此错误。

第 5 题:

收回已转销的应收账款:

借:应收账款
　　贷:坏账准备

同时:

借:银行存款
　　贷:应收账款

应收账款的账面价值减少,因此错误。

第 9 题:取得债权投资时支付的相关税费,应计入债权投资的成本。因此错误。

五、计算及账务处理题

1.

(1) 2×19 年 10 月 3 日购入时:

借:交易性金融资产——成本	12 300
应收股利	300
投资收益	4
贷:其他货币资金——存出投资款	12 604

(2) 2×19 年 10 月 15 日收到现金股利时:

借:其他货币资金——存出投资款	300
贷:应收股利	300

(3) 2×19 年 12 月 31 日公允价值变动时:

借:交易性金融资产——公允价值变动	800
贷:公允价值变动损益	800

(4) 2×20 年 4 月 18 日宣告股利时:

借:应收股利	500
贷:投资收益	500

(5) 2×20 年 5 月 15 日收到现金股利时：

借：其他货币资金——存出投资款 500
　　贷：应收股利 500

(6) 2×20 年 6 月 30 日公允价值变动时：

借：公允价值变动损益 1 600
　　贷：交易性金融资产——公允价值变动 1 600

(7) 2×20 年 7 月 9 日出售时：

借：其他货币资金——存出投资款 13 144
　　交易性金融资产——公允价值变动 800
　　贷：交易性金融资产——成本 12 300
　　　　应交税费——转让金融商品应交增值税 30.79
　　　　投资收益 1 613.21

2.

(1) 2×19 年 3 月 6 取得交易性金融资产。

借：交易性金融资产——成本 5 000 000
　　应收股利 200 000
　　投资收益 50 000
　　贷：其他货币资金——存出投资款 5 250 000

(2) 2×19 年 3 月 16 日收到购买价款中所含的现金股利。

借：其他货币资金——存出投资款 200 000
　　贷：应收股利 200 000

(3) 2×19 年 12 月 31 日，该股票公允价值为每股 4.5 元。

借：公允价值变动损益 500 000
　　贷：交易性金融资产——公允价值变动 500 000

(4) 2×20 年 2 月 21 日，X 公司宣告发放现金股利。

借：应收股利 300 000
　　贷：投资收益 300 000

(5) 2×20 年 3 月 21 日，收到现金股利。

借：其他货币资金——存出投资款 300 000
　　贷：应收股利 300 000

(6) 2×20 年 12 月 31 日，该股票公允价值为每股 5.3 元。

借：交易性金融资产——公允价值变动 800 000
　　贷：公允价值变动损益 800 000

(7) 2×21年3月16日,将该股票全部处置,每股5.1元,交易费用为5万元。

借:其他货币资金——存出投资款	5 050 000	
投资收益	250 000	
贷:交易性金融资产——成本		5 000 000
——公允价值变动		300 000

3.

(1) 2×18年12月31日,甲公司应计提的坏账准备为10 000元(100 000×10%－0)。

借:信用减值损失	10 000	
贷:坏账准备		10 000

(2) 2×19年6月,甲公司确认坏账损失。

借:坏账准备	7 000	
贷:应收账款		7 000

(3) 2×19年年末甲公司应计提的坏账准备为9 000元[120 000×10%－(10 000－7 000)]。

借:信用减值损失	9 000	
贷:坏账准备		9 000

4.

(1) 2×18年年末计提坏账准备2 700元(900 000×3‰)。

借:信用减值损失	2 700	
贷:坏账准备		2 700

(2) 2×19年确认A公司坏账。

借:坏账准备	15 000	
贷:应收账款——A公司		15 000

(3) 2×19年确认B公司坏账。

借:坏账准备	12 500	
贷:应收账款——B公司		12 500

(4) 2×19年年末"坏账准备"科目借方余额为24 800元(2 700－15 000－12 500),估计的坏账损失为3 240元(1 080 000×3‰),应补提坏账准备28 040元(24 800＋3 240)。

借:信用减值损失	28 040	
贷:坏账准备		28 040

(5) 2×20年,收到B公司破产财产1 000元。

借:应收账款——B公司	1 000	
贷:坏账准备		1 000
借:银行存款	1 000	
贷:应收账款——B公司		1 000

(6) 2×20年年末"坏账准备"科目原有贷方余额为4 240元(3 240+1 000),估计的坏账损失为4 800元(1 600 000×3‰),应补提坏账准备560元(4 800-4 240)。

借:信用减值损失 560
 贷:坏账准备 560

5.
(1) 2×19年1月1日购入债券。

借:债权投资——面值 100 000
   ——利息调整 4 000
 贷:其他货币资金——存出投资款 104 000

(2) 2×19年12月31日确认投资收益。

借:债权投资——应计利息 6 000
 贷:债权投资——利息调整 2 074
  投资收益 3 926

(3) 2×19年12月31日确认投资收益。

借:债权投资——应计利息 6 000
 贷:债权投资——利息调整 1 926
  投资收益 4 074

(4) 2×20年1月1日收回投资。

借:其他货币资金——存出投资款 112 000
 贷:债权投资——面值 100 000
   ——应计利息 12 000

第五章 长期股权投资

一、单项选择题

1	2	3	4	5
C	D	A	C	C

【解释】

第1题:甲公司应确认的长期股权投资初始投资成本=4 000×60%=2 400(万元)。
因此,选择C。

第2题:非同一控制下的企业合并,购买方应在购买日按合并成本作为长期股权投资的初始投资成本。合并成本包括购买方在购买日付出的资产、发生或承担的负债、发行的权益性证券的公允价值以及为进行企业合并发生的各项直接相关费用之和。
因此,选择D。

第3题:非同一控制下的企业合并,以发行权益性证券取得的长期股权投资,应当以发行权益性证券的公允价值作为初始投资成本。

因此,选择A。

第4题:甲公司和乙公司对丙公司实施共同控制,均应采用权益法核算对丙公司的长期股权投资。

因此,选择C。

第5题:非同一控制下企业合并中,应以实际付出资产的公允价值加上相关税费作为长期股权投资入账价值。

因此,选择C。

二、多项选择题

1	2	3	4	5
BC	ABC	ACE	AC	BCDE

三、判断题

1	2	3	4	5
×	×	√	×	×

【解释】

第1题:无论是借方金额,还是贷方金额,都直接计入所有者权益。

第2题:同一控制下的企业合并,不确认当期损益。

第4题:对被投资单位实施控制应采用成本法核算,不确认营业外收入。

四、计算及账务处理题

(1) 购买方:甲公司　　合并日:2×19年1月1日

(2) 属于非同一控制下的企业合并,所以合并成本为支付合并对价的公允价值

合并成本=1 920+2 800+2 000×(1+13%)=6 980(万元)

(3) 固定资产账面价值=4 600−1 480=3 120(万元)　公允价值=1 920(万元)

固定资产处置损失=3 120−1 920=1 200(万元)

交易性金融资产账面价值=2 000+200=2 200(万元)　公允价值=2 800(万元)

交易性金融资产处置收益=2 800−2 200=600(万元)

(4) 2×22年1月4日出售一半股权后,甲公司该项股权投资应采用权益法核算,因为持股比例为30%,在被投资单位董事会中派有代表,但不能对乙公司生产经营决策实施控制。说明甲公司对乙公司产生重大影响,所以应采用权益法核算。

(5) 2×19年1月1日合并成本6 980万元

转销固定资产

借:固定资产清理　　　　　　　　　　　　　　　　　　　　　　　31 200 000
　　累计折旧　　　　　　　　　　　　　　　　　　　　　　　　　14 800 000
　贷:固定资产　　　　　　　　　　　　　　　　　　　　　　　　　46 000 000

借：长期股权投资——乙公司——成本	69 800 000	
营业外支出	12 000 000	
贷：固定资产清理		31 200 000
交易性金融资产——成本		20 000 000
——公允价值变动		2 000 000
投资收益		6 000 000
主营业务收入		20 000 000
应交税费——应交增值税（销项税额）		2 600 000
借：管理费用	800 000	
贷：银行存款		800 000

2×20年2月4日，乙公司宣告分配现金股利2 000万元

借：应收股利	16 000 000	
贷：投资收益		16 000 000

2×20年3月1日，收到现金股利

借：银行存款	16 000 000	
贷：应收股利		16 000 000

2×21年2月4日，乙公司宣告分配现金股利4 000万元

借：应收股利	32 000 000	
贷：投资收益		32 000 000

2×21年3月1日，收到现金股利

借：银行存款	32 000 000	
贷：应收股利		32 000 000

2×22年1月4日出售持有乙公司全部股权的50%，转销出售的50%股权

借：银行存款	50 000 000	
贷：长期股权投资[7 040÷80%×50%＝4 400.00]		44 000 000
投资收益		6 000 000

对于剩余的30%股权追溯调整，账面余额＝7 040÷80%×30%＝2 640.00（万元），应享有乙公司可辨认净资产公允价值份额＝8 000×30%＝2 400（万元），不调整长期股权投资账面价值。

采用权益法对享有乙公司2×20年1月1日至2×22年12月31日净资产变动份额的调整

　　由于净损益导致净资产变动额（3 000－2 000＋6 000－4 000）×30%＝900（万元）
　　应调整盈余公积＝900×10%＝90（万元）
　　应调整留存收益＝900×90%＝810（万元）

应调整因可供出售金融资产公允价值变动增加净资产额400×30%＝120（万元）。

借：长期股权投资——乙公司——损益调整   9 000 000
         ——其他权益变动   1 200 000
  贷：盈余公积   900 000
    利润分配——未分配利润   8 100 000
    资本公积——其他资本公积   1 200 000

五、案例分析题

对 A 公司采用成本法核算，B、C 公司采用权益法核算。

A 公司实现净利润或发生净亏损时，华夏公司不进行账务处理；宣告发放现金股利时，按属于华夏公司享有的部分(份额)确认投资收益，借记"应收股利"等账户，贷记"投资收益"账户；收到现金股利时，应借记"银行存款"等账户，贷记"应收股利"账户；

B、C 公司实现净利润或发生净亏损时进行相应的调整后，按照投资企业应享有或应分担的份额确认"投资损益"，同时借记或贷记"长期股权投资"账户；宣告发放现金股利时，按属于华夏公司享有的部分(份额)确认投资收益，借记"应收股利"等账户，贷记"长期股权投资"账户；收到现金股利时，应借记"银行存款"等账户，贷记"应收股利"账户。

第六章　固 定 资 产

一、单项选择题

1	2	3	4	5	6	7	8	9	10
A	D	B	C	B	B	A	A	A	B

【解释】

第 2 题：外购设备属有形动产，增值税专用发票上注明的进项税额可以抵扣，记入"应交税费——应交增值税(进项税额)"账户，不计入外购固定资产的成本。

因此，选择 D。

第 4 题：一般工业企业出租固定资产取得的收入记入"其他业务收入"，出租固定资产计提的折旧，记入"其他业务成本"。

因此，选择 C。

第 6 题：年限平均法计提的折旧，每年都是相等的。

$$每年计提的折旧额 = (80\,000 - 8\,000) \div 12 = 6\,000(元)$$

因此，选择 B。

第 7 题：年折旧率 $= 1 \div 8 \times 2 \times 100\% = 25\%$

  第 1 年折旧额 = 第 1 年年初固定资产净值 × 年折旧率 = 250 000 × 25% = 62 500(元)
  第 2 年折旧额 = 第 2 年年初固定资产净值 × 年折旧率
    = (原值 − 累计折旧) × 年折旧率
    = (250 000 − 62 500) × 25%
    = 187 500 × 25%
    = 46 875(元)

因此,选择 A。

第 9 题:不动产属于增值税应税项目,因此,将自产产品用于不动产的在建工程,应将其成本 100 万直接计入在建工程的成本。应视同销售,按售价计算销项税额。

$$扩建后的车间入账价值=1\,000-100-100+400+100=1\,300.00(万元)$$

因此,选择 A。

第 10 题:盘盈的固定资产应通过"以前年度损益调整"账户核算。

因此,选择 B。

二、多项选择题

1	2	3	4	5	6	7	8	9	10
ACDE	ABCD	ACD	AC	ACDE	BC	BCD	ABD	ABCDE	AB

【解释】

第 3 题:企业发生的固定资产修理费,应在发生的当期按照固定资产的用途和部门计入当期损益,除了企业对固定资产定期检查发生的大修理费用,有确凿的证据表明其符合固定资产确认的条件,可以计入固定资产的成本,即可资本化外,不再进行资本化处理。

特别需注意的是:企业生产车间(部门)发生的固定资产修理费应记入"管理费用"。

因此,选择 ACD。

第 5 题:由于自营工程设备为有形动产,因此,外购工程物资可抵扣的增值税应记入"应交税费——应交增值税(进项税额)",不计入自营工程的成本。

因此,选择 ACDE。

第 6 题:固定资产盘亏,通过"待处理财产损溢——待处理固定资产损溢"账户核算,固定资产的盘盈,通过"以前年度损益调整"账户核算。

因此,选择 BC。

第 7 题:固定资产的报废、毁损、盘亏均属于企业的非日常经营活动,因此,造成的净损失应记入"营业外支出"账户。固定资产出售的净损益记入"资产处置损益"账户。

因此,选择 BCD。

三、判断题

1	2	3	4	5	6	7	8	9	10
×	×	×	×	×	×	√	√	√	×

【解释】

第 1 题:不属于企业生产经营主要设备的物品若作为固定资产,其单位价值应在 2 000 元以上。

第 2 题:购入的需安装设备,属于有形动产。

$$该固定资产的成本=50\,000+1\,500+1\,000+2\,000=54\,500(元)$$

第 3 题:企业生产车间(部门)发生的固定资产修理费用应记入"管理费用"。

第 4 题:不需要调整原已计提的折旧额。

第 10 题:接受捐赠的固定资产,记入"营业外收入"账户。

四、计算及账务处理题

1.

借:固定资产		103 000
应交税费——应交增值税(进项税额)		13 000
贷:银行存款		116 000

2.

① 4 月 7 日购入:

借:在建工程	【30 000+1 200】	31 200
应交税费——应交增值税(进项税额)		3 900
贷:银行存款		35 100

② 4 月 20 日支付安装费:

借:在建工程	8 000
应交税费——应交增值税(进项税额)	720
贷:银行存款	8 720

③ 5 月 6 日该设备达到预定可使用状态:

借:固定资产	39 200
贷:在建工程	39 200

3.

借:固定资产	40 800
应交税费——应交增值税(进项税额)	5 200
贷:营业外收入——捐赠利得	45 200
银行存款	800

4. 本例中出售已使用过的属于有形动产的固定资产,需计算缴纳增值税,由于是 2×08 年购买的,购入时未抵扣进项税额,因此出售时,应交增值税=130 000÷(1+3%)×2%=2 524.27(元)

会计处理如下:

(1) 将设备转入清理,注销设备的账面价值:

借:固定资产清理	【账面价值】	114 000
累计折旧		76 000
固定资产减值准备		10 000
贷:固定资产		200 000

(2) 清理过程:

① 发生清理费用:

借：固定资产清理 3 000
　　贷：银行存款 3 000

② 收到出售价款：

$$应交增值税 = 130\,000 \div (1+3\%) \times 2\% = 2\,524.27(元)$$

借：银行存款 130 000
　　贷：固定资产清理 127 475.73
　　　　应交税费——应交增值税（销项税额） 2 524.27

(3) 结转净损益：

资产处置损益		固定资产清理	
		（1） 114 000	
		（2）① 3 000	
			（2）② 127 475.73
			贷方余额： 10 475.73
10 475.73 （3） ←		（3） 10 475.73	
10 475.73 贷方余额		清理完毕，余额　0	

借：固定资产清理 10 475.73
　　贷：资产处置损益 10 475.73

5.

会计处理如下：

(1) 将设备转入清理，注销设备的账面价值：

借：固定资产清理　　　　　　【账面价值】 60 800
　　累计折旧 91 200
　　固定资产减值准备 8 000
　　贷：固定资产 160 000

(2) 清理过程：

① 发生清理费用：

借：固定资产清理 3 500
　　贷：银行存款 3 500

② 残料作价，以原材料入库：

借：原材料 4 000
　　贷：固定资产清理 4 000

(3) 结转净损益：

固定资产清理		营业外支出——非流动资产报废	
（1） 60 800			
（2）① 3 500			
	（2）② 4 000		
借方余额： 60 300			
	60 300 （3）	（3） 60 300	
清理完毕，余额： 0		借方余额： 60 300	

借：营业外支出——非流动资产报废　　　　　　　　　　　　　60 300
　　贷：固定资产清理　　　　　　　　　　　　　　　　　　　　　　60 300

6.
会计处理如下：
(1) 将办公楼转入清理,注销设备的账面价值：
借：固定资产清理　　　【账面价值】　　　　　　　　　　　　600 000
　　累计折旧　　　　　　　　　　　　　　　　　　　　　　　　570 000
　　固定资产减值准备　　　　　　　　　　　　　　　　　　　　 30 000
　　贷：固定资产　　　　　　　　　　　　　　　　　　　　　1 200 000

(2) 清理过程：
① 发生清理费用：
借：固定资产清理　　　　　　　　　　　　　　　　　　　　　 12 000
　　贷：银行存款　　　　　　　　　　　　　　　　　　　　　　 12 000

② 残料作价,以原材料入库：
借：原材料　　　　　　　　　　　　　　　　　　　　　　　　　 9 000
　　贷：固定资产清理　　　　　　　　　　　　　　　　　　　　　9 000

③ 收到保险公司及责任人赔款：
借：银行存款　　　　　　　　　　　　　　　　　　　　　　　200 000
　　库存现金　　　　　　　　　　　　　　　　　　　　　　　 20 000
　　贷：固定资产清理　　　　　　　　　　　　　　　　　　　　220 000

(3) 结转净损益：

固定资产清理		营业外支出——非常损失	
（1） 600 000			
（2）① 12 000			
	（2）② 9 000		
	（2）③ 220 000		
借方余额： 383 000			
	383 000 （3）	（3） 383 000	
清理完毕，余额： 0		借方余额： 383 000	

借：营业外支出——非常损失	383 000
贷：固定资产清理	383 000

7.

会计处理如下：

(1) 在未报批准处理前,注销设备的账面价值：

借：待处理财产损溢——待处理固定资产损溢　【账面价值】		20 320
累计折旧		13 680
固定资产减值准备		2 000
贷：固定资产		36 000

(2) 经批准后：

借：银行存款		10 000
营业外支出——盘亏损失　【盘亏损失】		10 320
贷：待处理财产损溢——待处理固定资产损溢		20 320

8.

借：固定资产	5 600
贷：以前年度损益调整	5 600

第七章　无 形 资 产

一、单项选择题

1	2	3	4	5	6	7	8	9	10
D	B	D	D	D	C	C	A	C	C

【解释】

第1题：由于商誉无法与企业自身相分离而不具有可辨认性,因此,不属于无形资产。

因此,选择D。

第2题：无形资产的使用寿命有的可确定,有的无法确定。

因此,选择B。

第4题：企业出租无形资产取得的租金收入记入"其他业务收入",其摊销的金额记入"其他业务成本"。

因此,选择D。

第6题：企业自行研发无形资产,研究阶段的支出应费用化,即通过"研发支出——费用化支出"账户核算,在月末转入"管理费用";开发阶段只有满足资本化条件的支出才资本化,构成无形资产的成本,即通过"研发支出——资本化支出"账户核算,在达到预定用途时,转入到"无形资产"账户。因此,本题专利权的入账价值为50 000元。

因此,选择C。

第7题：无形资产的残值一般为零,除非有第三方承诺在无形资产使用寿命结束时愿意以一定的价格购买该项无形资产,或者存在活跃的市场,通过市场可以得到无形资产使用寿命结束时的残值信息,并且从目前情况看,在无形资产使用寿命结束时,该市场还可能存在的情况下,可以预计无形资产的残值。

因此,选择 C。

第 8 题:自 2×07 年 1 月 1 日至 2×11 年 12 月 31 日,无形资产累计摊销额＝300÷10×5＝150(万元),2×11 年 12 月 31 日无形资产的账面价值＝300－150＝150(万元),2×11 年 12 月 31 日无形资产可收回金额 80 万元,可收回金额低于账面价值,因此,发生的减值 70 万元,即 2×11 年 12 月 31 日无形资产的账面价值是 80 万元。还有 5 年的摊销期,2×12 年摊销额＝80÷5＝16(万元),所以 2×12 年 12 月 31 日该无形资产的账面价值＝80－16＝64(万元)。

账面余额为"无形资产"账户的余额,即初始计量的金额 300 万元。

因此,选择 A,2×12 年 12 月 31 日无形资产的账面价值 64 万元,账面余额 300 万元。

第 10 题:投资者投入的无形资产应按照投资合同或协议约定的价值作为入账价值,即以 1 800 万元作为无形资产的入账价值。

关于无形资产的使用寿命,对源自合同性权利或其他法定权利取得的无形资产,其使用寿命不应超过合同性权利或其他法定权利的期限,但如果企业使用无形资产预期期限短于合同性权利或其他法定权利规定的期限的,应以预期期限确定其使用寿命,即遵循孰短原则。

本题中法定权利年限＝10－3＝7(年),B 公司估计取得的该项专利权受益期限为 6 年,按 6 年核算摊销额,所以 B 公司 2×12 年度应确认的无形资产摊销金额＝1 800÷6＝300(万元)。

因此,选择 C。

二、多项选择题

1	2	3	4	5
ABCDE	ABCD	ABCD	BDE	ABCD

第 3 题:营业利润实际是将"营业外收入"和"营业外支出"排除在外。

选项 A,无形资产研究阶段的支出,通过"研发支出——费用化支出"核算,在月末转入"管理费用",影响到营业利润。

选项 B,无形资产开发阶段的支出,根据是否符合资本化条件分别进行费用化和资本化核算,其中不符合资产化条件的,通过"研发支出——费用化支出"核算,于月末转入"管理费用"影响到营业利润,即在开发阶段的支出,有可能影响到企业的营业利润。

选项 C,出租无形资产的摊销额,记入"其他业务成本",影响到营业利润。

选项 D,无形资产的出售损益,记入"资产处置损益",影响营业利润。

选项 E,无形资产报废损失,记入"营业外支出",不影响营业利润。

因此,选择 ABCD。

三、判断题

1	2	3	4	5
√	×	√	×	√

四、计算及账务处理题

1.

(1) 3月12日购入C专利权：

借：无形资产——专利权——C专利权　　　　　　　　　　　　　　　　1 200 000
　　贷：银行存款　　　　　　　　　　　　　　　　　　　　　　　　　　　1 200 000

(2) 3月份C专利权摊销：

　　　　C专利权年摊销额＝1 200 000÷10＝120 000(元)
　　　　C专利权月摊销额＝120 000÷12＝10 000(元)

由于采用直线摊销法，即每月的摊销额相等。因此，3月份C专利权摊销的分录为：

借：管理费用　　【未强调特定用途，一般记入"管理费用"】　　　　　　10 000
　　贷：累计摊销　　　　　　　　　　　　　　　　　　　　　　　　　　　10 000

(3) 2×19年12月31日，减值问题：

自2×18年3月12日至2×19年12月31日，C无形资产累计摊销了22个月：

　　　　累计摊销金额＝22×10 000＝220 000(元)

2×19年12月31日，C专利权的账面价值＝1 200 000－220 000＝980 000(元)

2×19年12月31日，可收回金额为800 000元，可收回金额小于账面价值，因此，发生了减值，减值金额为980 000－800 000＝180 000(元)，确认减值损失的分录为：

借：资产减值损失　　　　　　　　　　　　　　　　　　　　　　　　　180 000
　　贷：无形资产减值准备　　　　　　　　　　　　　　　　　　　　　　　180 000

2.

(1) 2×12年2月：

① 发生时

借：研发支出——费用化支出　　　　　　　　　　　　　　　　　　　　30 000
　　贷：应付职工薪酬——工资　　　　　　　　　　　　　　　　　　　　　20 000
　　　　银行存款　　　　　　　　　　　　　　　　　　　　　　　　　　　10 000

② 2月末：

借：管理费用　　　　　　　　　　　　　　　　　　　　　　　　　　　　30 000
　　贷：研发支出——费用化支出　　　　　　　　　　　　　　　　　　　　30 000

(2) 2×12年5月：

① 发生时

借：研发支出——费用化支出　　　　　　　　　　　　　　　　　　　　50 000
　　　　　　——资本化支出　　　　　　　　　　　　　　　　　　　　　250 000
　　贷：原材料　　　　　　　　　　　　　　　　　　　　　　　　　　　200 000
　　　　应付职工薪酬——工资　　　　　　　　　　　　　　　　　　　　100 000

② 5月末：

| 借：管理费用 | | 50 000 | |
| 贷：研发支出——费用化支出 | | | 50 000 |

(3) 2×12年6月：

| 借：研发支出——资本化支出 | | 10 000 | |
| 贷：累计摊销 | | | 10 000 |

(4) 2×12年7月31日，达到预定用途：

"研发支出——资本化支出"账户累计发生（账户余额）＝250 000＋10 000＝260 000（元）

| 借：无形资产——专利权——N专利权 | | 260 000 | |
| 贷：研发支出——资本化支出 | | | 260 000 |

3.

接受的B土地使用权占甲公司所有者权益的份额＝2 000 000×20％＝400 000（元）

借：无形资产——土地使用权——B土地使用权	【合同或协议】	500 000
贷：实收资本——乙公司	【资本额】	400 000
资本公积——资本溢价	【差】	100 000

4.

应缴纳的增值税＝50 000÷(1＋6％)×6％＝2 830.19（元）

借：银行存款		50 000
累计摊销		48 000
无形资产减值准备		12 000
贷：无形资产——专利技术——D专利权		80 000
应交税费——应交增值税（销项税额）		2 830.19
资产处置损益		27 169.81

5.

借：营业外支出——非流动资产报废	【净损失/账面价值】	18 000
累计摊销	【累计摊销金额】	72 000
无形资产减值准备	【已计提的减值准备】	30 000
贷：无形资产——专利权——E专利权	【"无形资产"账户余额】	120 000

第八章　投资性房地产

一、单项选择题

1	2	3	4	5
D	C	A	A	B

【解释】

第1题：投资性房地产采用成本模式计量的，期末也应考虑计提减值损失；采用公允价值模式核算的不能再转换为成本模式核算;而采用成本模式核算的,在符合一定的条件的情况下可以转换为公允价值模式。

因此,选择 D。

第 2 题:自用的房地产不属于投资性房地产。

因此,选择 C。

第 3 题:投资性房地产的租金收入应贷记"其他业务收入"账户。

因此,选择 A。

第 4 题:在成本模式下,按照企业会计准则的规定,应对已出租的建筑物和土地使用权进行计量,计提折旧或摊销;如果存在减值迹象的,还应当按照准则规定计提减值准备。

因此,选择 A。

第 5 题:企业采用公允价值模式,不对投资性房地产计提折旧或摊销,应当以资产负债表日投资性房地产的公允价值为基础调整其账面价值,公允价值与原账面价值之间的差额计入当期损益。

因此,选择 B。

二、多项选择题

1	2	3	4	5
ABC	BCE	ABD	BCD	ABE

【解释】

第 1 题:投资性房地产包括:①已出租的土地使用权;②持有并准备增值后转让的土地使用权;③已出租的建筑物。下列各项不属于投资性房地产:①自用房地产,即为生产商品、提供劳务或者经营管理而持有的房地产;②作为存货的房地产。

因此,选择 ABC。

第 2 题:投资性房地产是指为赚取租金或资本增值,或者两者兼有而持有的房地产,不包括机器设备,一项房地产,部分用于赚取租金或资本增值,部分用于生产商品、提供劳务或经营管理,用于赚取租金或资本增值的部分能够单独计量和出售的,可以确认为投资性房地产。

因此,选择 BCE。

第 3 题:投资性房地产核算,同一企业不得同时采用成本模式和公允价值模式进行后续计量。

因此,选择 ABD。

第 4 题:作为存货的房地产改为出租,或者自用建筑物、土地使用权停止自用改为出租,其转换日为租赁期开始日,而不是承租人支付的第一笔租金的日期,也不是租赁合同签订的日期。

因此,选择 BCD。

第 5 题:企业采用公允价值模式,不对投资性房地产计提折旧或进行摊销,应当以资产负债表日投资性房地产的公允价值为基础调整其账面价值,公允价值与原账面价值之间的差额计入当期损益。

因此,选择 ABE。

三、判断题

1	2	3	4	5	6	7	8	9	10
×	√	×	√	×	×	×	√	√	×

【解释】

第1题:采用公允价值模式计量的投资性房地产不计提折旧或进行摊销。

第3题:作为投资性房地产的建筑物,该企业必须拥有所有权,而经营租赁方式取得的建筑物企业并不拥有所有权,所以不属于投资性房地产的核算范围。

第5题:投资性房地产计量只能由成本模式转换为公允价值模式,不能由公允价值模式转换为成本模式。

第6题:与投资性房地产有关的后续支出,满足投资性房地产确认条件的,应当计入投资性房地产的成本,不满足投资性房地产确认条件的,应当在发生时计入当期损益。

第7题:成本模式可以转换为公允价值模式,应当作为会计政策变更处理。

第10题:采用公允价值模式计量的投资性房地产转换为自用房地产时,应当以其转换当日的公允价值作为投资性房地产的账面价值,公允价值与账面价值的差额计入当期损益。

四、计算及账务处理题

1.

2×09 年 1 月 1 日:

借:投资性房地产——成本　　　　　　　　　　　　　　　　6 500
　　贷:开发产品　　　　　　　　　　　　　　　　　　　　　　6 000
　　　　其他综合收益　　　　　　　　　　　　　　　　　　　　500

2×09 年 12 月 31 日:

借:投资性房地产——公允价值变动　　　　　　　　　　　　　300
　　贷:公允价值变动损益　　　　　　　　　　　　　　　　　　300
借:银行存款　　　　　　　　　　　　　　　　　　　　　　　200
　　贷:其他业务收入　　　　　　　　　　　　　　　　　　　　200

2×10 年 12 月 31 日:

借:投资性房地产——公允价值变动　　　　　　　　　　　　　100
　　贷:公允价值变动损益　　　　　　　　　　　　　　　　　　100
借:银行存款　　　　　　　　　　　　　　　　　　　　　　　200
　　贷:其他业务收入　　　　　　　　　　　　　　　　　　　　200

2×11 年 12 月 31 日:

借:投资性房地产——公允价值变动　　　　　　　　　　　　　100
　　贷:公允价值变动损益　　　　　　　　　　　　　　　　　　100
借:银行存款　　　　　　　　　　　　　　　　　　　　　　　200
　　贷:其他业务收入　　　　　　　　　　　　　　　　　　　　200

2×12年1月20日：

借：银行存款 7 100
　　贷：其他业务收入 7 100
借：其他业务成本 7 000
　　贷：投资性房地产——成本 6 500
　　　　　　　　　　——公允价值变动 500
借：公允价值变动损益 600
　　贷：其他业务成本 600
借：资本公积——其他资本公积 500
　　贷：其他业务成本 500

2.
2×12年1月31日：

借：固定资产 2 050
　　贷：投资性房地产——成本 1 800
　　　　　　　　　　——公允价值变动 200
　　　　公允价值变动损益 50

计提折旧额＝2 050÷10÷12×11＝187.92(万元)

借：管理费用 187.92
　　贷：累计折旧 187.92

五、案例分析题

D、J属于投资性房地产。
C、E、G、H属于存货(若华夏公司不属于房地产开发企业，则H属于投资性房地产)。
A、B、I属于固定资产。
F属于非本单位资产。

第九章　资产减值

一、单项选择题

1	2	3	4	5
C	D	D	B	C
6	7	8	9	10
C	B	C	D	A

【解释】

第1题：2009年对该无形资产的摊销金额＝400÷10＝40(万元)，账面价值＝400－40＝360(万元)，可收回金额为270万元，资产的减值金额＝360－270＝90(万元)。2010年对该无形资产的摊销金额＝(400－40－90)÷9＝30(万元)，账面价值＝270－30＝240(万元)，可收回金额为 255 万元,无形资产没有发生减值,账面价值为 240 万元。

因此,选择 C。

第 5 题:资产发生减值时,应将资产的账面价值减记至可收回金额,将减记的金额确认为资产减值损失,同时计提相应的资产减值准备。企业的资产减少,损失增加,所以该事项既影响财务状况又影响经营成果。

因此,选择 C。

第 6 题:由于商誉难以独立产生现金流量,因此,商誉应结合与其相关的资产组或者资产组组合进行减值测试。

因此,选择 C。

第 10 题:该设备 2×20 年计提的折旧=(200−20)/10=18(万元);2×20 年 12 月 31 日,该设备计提减值前的账面价值=200−18=182(万元),大于可收回金额 120 万元,应计提减值金额=182−120=62(万元),计提减值准备后的账面价值=200−18−62=120(万元)。

因此,选项 A。

二、多项选择题

1	2	3	4	5
ABC	BD	BCD	CDE	ACD

【解释】

第 3 题:资产减值损失在确认后不可转回的资产仅限于《企业会计准则第 8 号——资产减值》规定的资产范围。而其他资产如存货、应收账款的减值损失在确认后是可以转回的。选项 A 不正确。

因此,选择 BCD。

三、判断题

1	2	3	4	5
√	×	√	×	√

【解释】

第 2 题:资产的公允价值减去处置费用后的净额与资产预计未来现金流量的现值,只要有一项超过资产账面价值就表明资产没有发生减值,不需要计提减值准备。

四、计算及账务处理题

(1) 2×19 年该专利权发生的有关支出:

借:研发支出——费用化支出　　　　　　　　　　　　　1 500 000
　　　　　　——资本化支出　　　　　　　　　　　　　2 000 000
　贷:原材料　　　　　　　　　　　　　　　　　　　　2 000 000
　　　应付职工薪酬　　　　　　　　　　　　　　　　　1 000 000
　　　银行存款　　　　　　　　　　　　　　　　　　　　500 000

(2) 2×19 年底对费用化支出的处理:

借：管理费用　　　　　　　　　　　　　　　　　　　　1 500 000
　　贷：研发支出——费用化支出　　　　　　　　　　　　　　　　1 500 000

(3) 2×20 年无形资产达到预定可使用状态：

借：无形资产　　　　　　　　　　　　　　　　　　　　2 000 000
　　贷：研发支出——资本化支出　　　　　　　　　　　　　　　　2 000 000

(4) 每年的摊销额=200÷10=20(万元)：

借：管理费用　　　　　　　　　　　　　　　　　　　　　200 000
　　贷：累计摊销　　　　　　　　　　　　　　　　　　　　　　　200 000

(5) 2×21 年底该无形资产的账面价值=200-20-20=160(万元)，无形资产账面价值 160 万元大于可收回金额 120 万元，该无形资产发生减值，减值金额=160-120=40(万元)。

借：资产减值损失　　　　　　　　　　　　　　　　　　　400 000
　　贷：无形资产减值准备　　　　　　　　　　　　　　　　　　　400 000

(6) 对该无形资产处置：

2×22 年该无形资产的摊销额=120÷8=15(万元)，无形资产的累计摊销金额=20+20+15=55(万元)。

借：银行存款　　　　　　　　　　　　　　　　　　　　1 000 000
　　无形资产减值准备　　　　　　　　　　　　　　　　　　400 000
　　累计摊销　　　　　　　　　　　　　　　　　　　　　　550 000
　　资产处置损益　　　　　　　　　　　　　　　　　　　　 50 000
　　贷：无形资产　　　　　　　　　　　　　　　　　　　　　　2 000 000

第十章　负　　债

一、单项选择题

1	2	3	4	5	6	7	8	9	10	11	12	13	14	15
C	B	A	C	B	B	C	B	C	B	D	A	B	B	A

【解释】

第 1 题：应付账款若有借方余额，则表示企业发生的预付款项。

因此，选择 C。

第 4 题：印花税在实际发生时，直接通过"银行存款"或"库存现金"账户缴纳，不会形成企业的应交税费。

因此，选择 C。

第 5 题：企业若发行到期一次性还本付息的债券，则其应付未付的利息，应记入"应付债券——应计利息"账户。

因此，选择 B。

二、多项选择题

1	2	3	4	5
ACD	AD	AD	ACD	ABC

【解释】

第4题：属于筹建期间不符合资本化条件的长期借款的利息费用，应计入管理费用；属于生产经营期间不符合资本化条件的长期借款的利息费用，应计入财务费用；符合资本化条件的借款利息计入相关资产成本。

因此，选择ACD。

第5题：原材料由于管理不善，造成的被盗、霉烂、变质、毁损按照税法规定，其进项税额应予以转出。

因此，选择ABC。

三、判断题

1	2	3	4	5
×	√	×	√	√

【解释】

第1题：属于筹建期间不符合资本化条件的长期借款的利息费用，应计入管理费用；属于生产经营期间不符合资本化条件的长期借款的利息费用，应计入财务费用；符合资本化条件的借款利息计入相关资产成本。

第3题：对于带息应付票据，偿付时所支付的利息应作为财务费用入账。

四、计算及账务处理题

1.

云海工贸公司对于该项短期借款的有关账务处理如下：

(1) 2×12年1月1日，云海工贸公司取得短期借款时：

借：银行存款　　　　　　　　　　　　　　　　　　　　　　　100 000
　　贷：短期借款　　　　　　　　　　　　　　　　　　　　　　　　100 000

(2) 2×12年1月31日，云海工贸公司计提1月份借款利息时：

借：财务费用　　　　　　　　　　　　　　　　　　　　　　　　500
　　贷：应付利息　　　　　　　　　　　　　　　　　　　　　　　　500

(3) 2×12年2月28日，云海工贸公司计提2月份借款利息时：

借：财务费用　　　　　　　　　　　　　　　　　　　　　　　　500
　　贷：应付利息　　　　　　　　　　　　　　　　　　　　　　　　500

(4) 2×12年3月31日，云海工贸公司支付本季度借款利息时：

借：财务费用　　　　　　　　　　　　　　　　　　　　　　　　500
　　应付利息　　　　　　　　　　　　　　　　　　　　　　　　1 000
　　贷：银行存款　　　　　　　　　　　　　　　　　　　　　　　　1 500

(5) 2×12年3月31日，云海工贸公司到期偿还短期借款本金时：

借：短期借款 100 000
　　贷：银行存款 100 000

2.

(1) 购买钢材,未支付款项：

借：原材料 39 400
　　应交税费——应交增值税(进项税额) 4 680
　　贷：应付账款 44 080

(2) 购买原材料,开出商业承兑汇票：

借：原材料 30 200
　　应交税费——应交增值税(进项税额) 3 900
　　贷：应付票据 30 000
　　　　银行存款 4 100

(3) 开出银行承兑汇票结算(1)的货款：

借：应付账款 44 080
　　贷：应付票据 44 080

同时,支付承兑手续费。

借：财务费用 500
　　贷：银行存款 500

票据到期用银行存款支付。

借：应付票据 44 080
　　财务费用 220.40
　　贷：银行存款 44 300.40

(4) 收到预付货款：

借：银行存款 6 500
　　贷：预收账款 6 500

(5) 发出甲产品,抵减预付账款：

借：预收账款 114 840
　　贷：主营业务收入 100 000
　　　　应交税费——应交增值税(销项税额) 13 000
　　　　银行存款 1 840

(6) 收到购货方补付的货款：

借：银行存款 108 340
　　贷：预收账款 108 340

3.

(1) 4月2日,购入A材料：

借：原材料 40 000
　　应交税费——应交增值税(进项税额) 5 200
　　贷：应付账款 45 200

(2) 4月27日,购入B材料:

借:原材料		10 000
应交税费——应交增值税(进项税额)		1 300
贷:应付账款		11 300

(3) 5月3日,支付A材料货款:

借:应付账款		45 200
贷:银行存款		45 200

(4) 5月5日,支付B材料货款:

$$现金折扣 = 10\,000 \times 1\% = 100 元$$

借:应付账款		11 300
贷:财务费用		100
银行存款		11 200

五、案例分析题

(1) 广华公司发放非货币性职工薪酬的账务处理不正确。企业以自产产品发放非货币性职工薪酬时,按照税法规定,应视同销售处理。其正确账务处理为:

① 定发放非货币性福利

借:生产成本		2 260 000
管理费用		226 000
贷:应付职工薪酬		2 486 000

计入生产成本的金额为:$1\,000 \times 2\,000 \times (1+13\%) = 2\,260\,000$(元)

计入管理费用的金额为:$100 \times 2\,000 \times (1+13\%) = 226\,000$(元)

② 实际发放非货币性福利

借:应付职工薪酬		2 486 000
贷:主营业务收入		2 200 000
应交税费——应交增值税(销项税额)		286 000
借:主营业务成本		1 650 000
贷:库存商品		1 650 000

(2) 广华公司发放非货币性职工薪酬的账务处理不正确。

根据会计准则的相关规定,企业将拥有的车辆等资产无偿提供给职工使用的,应当根据受益对象,将车辆每期应计提的折旧计入相关资产成本或当期损益,同时确认应付职工薪酬,借记"管理费用""生产成本""制造费用"等账户,贷记"应付职工薪酬——非货币性福利"账户。同时,根据折旧金额,借记"应付职工薪酬——非货币性福利"账户,贷记"累计折旧"账户。

企业提供租赁住房等资产供职工无偿使用的,应当根据受益对象,将每期应付的租金计入相关资产成本或当期损益,并确认应付职工薪酬,借记"管理费用""生产成本""制造费用"等账户,贷记"应付职工薪酬——非货币性福利"账户。

其正确账务处理为：

① 广华公司确认该非货币性福利时

借：管理费用　　　　　　　　　　　　　　　　　　　　　　　　　　　10 000
　　贷：应付职工薪酬　　　　　　　　　　　　　　　　　　　　　　　　　　10 000

计提轿车折旧

借：应付职工薪酬　　　　　　　　　　　　　　　　　　　　　　　　　　10 000
　　贷：累计折旧　　　　　　　　　　　　　　　　　　　　　　　　　　　　10 000

② 确认住房租金费用

借：管理费用　　　　　　　　　　　　　　　　　　　　　　　　　　　24 000
　　贷：应付职工薪酬　　　　　　　　　　　　　　　　　　　　　　　　　　24 000

实际支付房租时：

借：应付职工薪酬　　　　　　　　　　　　　　　　　　　　　　　　　　24 000
　　贷：银行存款　　　　　　　　　　　　　　　　　　　　　　　　　　　　24 000

第十一章　所有者权益

一、单项选择题

1	2	3	4	5	6	7	8	9	10	11	12	13	14	15
A	A	D	D	D	A	A	A	D	D	D	D	A	A	D	B

【解释】

第3题：企业收到投资者的出资额，应记入"实收资本"账户，不应计入资本公积。

因此，选择D。

第5题：留存收益包括未分配利润和盈余公积两部分内容，因此，该企业2012年1月1日留存收益为87万元(28+59)。

因此，选择D。

第7题：发行股票实际收到的价款=1.2×100 000=120 000(元)；股票发行费用=120 000×3‰=3 600(元)；应记入"股本"账户的金额=1×100 000=100 000(元)；因此，应记入"资本公积"账户的金额=120 000−100 000−3 600=16 400(元)。

因此，选择A。

二、多项选择题

1	2	3	4	5
ABCD	ACD	BCD	AB	ACD

【解释】

第2题：用盈余公积转增资本，盈余公积减少，实收资本或股本增加；用银行存款购买固定资产,不影响所有者权益的变动;提取任意盈余公积,利润分配减少,盈余公积增加。

上述三项均不影响所有者权益总额。股东大会宣告分配现金股利时,未分配利润或盈余公积减少,应付股利增加,所有者权益减少。

因此,选择 ACD。

第 5 题:与发行权益性证券直接相关的手续费、佣金等交易费用,如果是溢价发行股票的,应从溢价中抵扣,冲减资本公积——股本溢价;无溢价发行股票或溢价金额不足以抵扣的,应将不足抵扣的部分冲减盈余公积和未分配利润。

因此,选择 ACD。

三、判断题

1	2	3	4	5
×	√	×	×	×

【解释】

第 2 题:年度终了,应将"利润分配"账户所属的其他明细账户的余额,转入"未分配利润"明细账户。结转后,"利润分配"账户除"未分配利润"明细账户外,所属的其他明细账户应无余额。

第 4 题:支付已宣告的现金股利时,借记"应付股利"账户,贷记"银行存款"账户,因此,不会引起所有者权益的变动。

四、计算及账务处理题

1.

(1) A、B、C 共同投资设立甲股份有限公司:

借:银行存款	4 000 000
贷:股本——A	2 400 000
——B	1 000 000
——C	600 000

(2) 甲股份有限公司发行普通股:

应记入"资本公积"账户的金额=100 000 000－20 000 000＝80 000 000(元)

借:银行存款	100 000 000
贷:股本	20 000 000
资本公积——股本溢价	80 000 000

2.

(1) 资本公积转增资本:

借:资本公积	90 000
贷:实收资本——甲	30 000
——乙	30 000
——丙	30 000

(2) 盈余公积弥补亏损:

借：盈余公积——盈余公积补亏	50 000
贷：利润分配——未分配利润	50 000

(3) 提取法定盈余公积：

借：利润分配——提取法定盈余公积	153 000
贷：盈余公积——法定盈余公积	153 000

(4) 接受 B 公司追加的投资：

借：银行存款	1 200 000
贷：实收资本——B 公司	1 000 000
资本公积——资本溢价	200 000

3.

(1) 2×19 年利润分配的会计处理

借：本年利润	1 800 000
贷：利润分配——未分配利润	1 800 000

借：利润分配——提取法定盈余公积	180 000
利润分配——提取任意盈余公积	450 000
贷：盈余公积——法定盈余公积	180 000
盈余公积——任意盈余公积	450 000

借：利润分配——应付现金股利	500 000
贷：应付股利	500 000

借：利润分配——未分配利润	1 130 000
贷：利润分配——提取法定盈余公积	180 000
利润分配——提取任意盈余公积	450 000
利润分配——应付现金股利	500 000

(2) 以任意盈余公积转增股本

借：盈余公积——任意盈余公积	500 000
贷：股本	500 000

(3) 结转 2×20 年发生的亏损

借：利润分配——未分配利润	350 000
贷：本年利润	350 000

2×20 年未分配利润＝300 000＋1 800 000－1 130 000－350 000＝620 000（元）

第十二章　费　　用

一、单项选择题

1	2	3	4	5	6	7	8	9	10
C	A	A	B	D	B	A	A	C	B

【解释】

第4题:矿产资源补偿费不属于管理费用列支的范围,计入税金及附加。

因此,选择 D。

第5题:企业对随同商品出售不单独计价的包装物进行会计处理时,该包装物的实际成本应结转到"销售费用";企业对随同商品出售且单独计价的包装物,该包装物的实际成本应结转"其他业务成本"。

因此,选择 D。

第6题:生产车间固定资产的修理费应计入"管理费用"核算,自然灾害造成的停工损失以及非正常消耗的直接材料,发生时可以计入当期损益。

因此,选择 B。

第8题:企业内部销售部门的固定资产折旧费应记入"管理费用"核算。

因此,选择 A。

第10题:财务费用核算企业为筹集生产经营所需资金等而发生的筹资费用,包括利息支出(减利息收入)、汇兑损益以及相关的手续费、企业发生的现金折扣或收到的现金折扣等。

因此,选择 B。

二、多项选择题

1	2	3	4	5	6	7	8	9	10
ABCD	ABC	BCD	AC	ABD	ABC	AD	BCD	AB	BD

【解释】

第3题:选项 A,企业发行股票支付的手续费,如果是溢价发行股票的,应从溢价中抵扣,冲减资本公积(股本溢价),无溢价或溢价金额不足以抵扣的,应将不足抵扣的部分冲减盈余公积和未分配利润;选项 C,企业购买商品时取得的现金折扣冲减财务费用;选项 D,企业销售商品时发生的现金折扣计入财务费用。

因此,选择 BCD。

第4题:董事会会费、劳动保险费应计入管理费用,季节性停工损失应计入制造费用。

因此,选择 AC。

第8题:选项 B 应该记入"在建工程";选项 C 应该记入"其他业务成本";选项 D 应该记入"销售费用"。

因此,选择 BCD。

第9题:对于企业盘点现金,发生的现金盘亏应计入管理费用,对于现金盘点的净收益应计入营业外收入;对于存货盘亏因管理不善导致的应计入管理费用,对于存货盘盈的净收益应冲减管理费用;对于固定资产盘点时的盘亏净损失应计入营业外支出。

因此,选择 AB。

第10题:车间用固定资产折旧与车间管理人员的工资应该记入"制造费用"中核算,外设销售机构办公费用、销售人员工资、支付广告费记入"销售费用";计提短期借款的利息记入"财务费用";支付的业务招待费和行政管理人员的工资记入"管理费用",则:

本期财务费用＝40(万元)

本期制造费用＝20+60＝80(万元)

本期销售费用＝40+30+60＝130(万元)

本期管理费用＝20+10＝30(万元)

因此,选择BD。

三、判断题

1	2	3	4	5	6	7	8	9	10
×	√	×	×	×	√	×	×	√	×

【解释】

第2题:企业经营性出租固定资产计提的折旧费计入"其他业务成本"属于日常经营活动发生的,所以属于企业的费用。

第3题:制造费用期末一般不会有余额。但是有些特殊情况,会造成制造费用在期末出现余额。比如,季节性停产期间。

第8题:本期发生的制造费用分配计入完工产品且完工产品销售后也会影响到当期损益。

第10题:车间为组织生产而发生的管理费用应记入"制造费用"核算。

四、计算及账务处理题

(1)

借:生产成本——基本生产成本(甲产品)——直接材料	16 000
——基本生产成本(乙产品)——直接材料	20 000
制造费用——A车间——原材料	2 000
管理费用——材料费	2 000
贷:原材料	40 000

(2)

借:生产成本——基本生产成本(甲产品)——直接人工	9 000
——基本生产成本(乙产品)——直接人工	5 000
制造费用——A车间——职工薪酬	4 000
管理费用——职工薪酬	7 000
销售费用——职工薪酬	5 000
贷:应付职工薪酬——工资	30 000

(3)

借:管理费用	3 200
贷:银行存款	3 200

(4)

借:制造费用——A车间——水电费	800
贷:银行存款	800

(5)

借：制造费用——A车间——折旧费	4 500
管理费用——折旧费	800
销售费用——折旧费	700
贷：累计折旧	6 000

（6）

借：财务费用——手续费	100
销售费用——运输费	450
贷：银行存款	550

（7）

借：生产成本——基本生产成本（甲产品）——制造费用	4 520
——基本生产成本（乙产品）——制造费用	6 780
贷：制造费用	11 300

（8）

借：本年利润	19 250
贷：管理费用	13 000
销售费用	6 150
财务费用	100

五、案例分析题

（1）出纳员宋品育将刘宏原预借差旅费的借款单交回给他，不符合《会计基础工作规范》关于原始凭证的基本要求。根据《会计基础工作规范》的规定，职工公出借款凭据，必须附在记账凭证之后；收回借款时，应当另开收据或者退还借据副本，不得退还原借款收据。宋品育将原预借差旅费的借款单交回刘宏，说明刘宏借款时，会计员没有进行相关的账务处理，也没有登记现金日记账。这种做法，既影响了会计信息的真实性，也不利于确保公司资产的安全性和完整性。

（2）会计员张田园根据未经审核的原始凭证填制记账凭证，不符合《中华人民共和国会计法》（以下简称《会计法》）关于记账凭证的填制要求。根据《会计法》第14条第5款的规定，记账凭证应当根据经过审核的原始凭证及有关资料编制。《会计基础工作规范》第50条也规定，会计机构、会计人员要根据审核无误的原始凭证填制记账凭证。

（3）由于未按规定审核原始凭证，从而未发现和拒绝受理不真实、不合法的10 500元的飞机票，有关审核人员未能依法履行审核、监督职责，同时表明该公司内部会计监督机制不健全。根据《会计法》第14条第3款的规定，会计机构、会计人员必须按照国家统一的会计制度的规定对原始凭证进行审核，对不真实、不合法的原始凭证有权不予接受，并向单位负责人报告。

（4）会计员张田园根据未经审核的记账凭证登记账簿，不符合《会计法》关于会计账簿登记的基本要求。根据《会计法》第15条的规定，会计账簿登记，必须以经过审核的会计凭证为依据，并符合有关法律、行政法规和国家统一的会计制度的规定。

（5）单位、总经理刘宏、出纳员宋品育和会计员张田园应当依法承担相应的法律责任。根据《会计法》第42条的有关规定，如果未按照规定填制、取得原始凭证或者填制、取得的原始凭证不符合规定的，以未经审核的会计凭证为依据登记会计账簿或者登记会计账簿不符合规定,未按照规定建立并实施单位内部会计监督制度或者拒绝依法实施的监督或者不如实提供有关会计资料及有关情况,由县级以上人民政府财政部门责令限期改正,可以对单位并处 30 000 元以上 50 000 元以下的罚款;对其直接负责的主管人员和其他直接责任人员,可以处 2 000 元以上 20 000 元以下的罚款;如果情节严重,县级以上人民政府财政部门应当依法吊销出纳员宋品育和会计员张田园的会计从业资格证书。

第十三章 收入和利润

一、单项选择题

1	2	3	4	5	6	7	8	9	10
C	D	B	D	B	C	D	C	B	A
11	12	13	14	15	16	17	18	19	20
C	C	B	D	C	B	C	B	C	B

【解释】

第1题:甲公司本年度因此项业务应确认的销售收入=300×70%=210(万元)

因此,选择 C。

第5题:如果发生销售折让时,企业尚未确认销售商品收入,则应在确认销售商品收入时直接按扣除销售折让后的金额确认。则 A 公司应确认的收入=10 000×(1-3%)=9 700(万元)。

因此,选择 B。

第6题:企业应该按照扣除商业折扣的金额确认收入,并且收入中应该包括现金折扣,因此,该企业在这项交易中应确认的收入=7 000×50×(1-15%)=297 500(元)。

因此,选择 C。

第7题:让渡资产使用权的使用费收入金额,应按照有关合同或协议约定的收费时间和方法计算确定。如果合同或协议约定一次性收取使用费,且不提供后续服务的,应当视同销售该资产一次性确认收入,因此,该题甲企业当年应确认的使用费收入是 360 000 元。

因此,选择 D。

第10题:跨年度劳务,结果可以可靠估计,按完工百分比法确认收入,2010 年该企业应确认的劳务收入=200×60%-80=40(万元)。

因此,选择 B。

第11题:计算现金折扣的时候考虑增值税,即按照应收账款的入账价值计算现金折扣,因此,应给予客户的现金折扣=350×100×(1-10%)×(1+13%)×1%=355.95(元)。

因此,选择 C。

第12题:该企业收款金额=120 000×(1+13%)×(1-1%)=134 244(元)。

因此,选择 C。

第13题:应收账款的入账金额=2 000×(1-10%)×(1+13%)+150=2 184(元)。

因此,选择 B。

第14题：因A公司在销售该批商品时已得知B公司资金流转发生暂时困难，不符合收入确认条件，因此，A公司在2×19年1月9日的分录为：

借：发出商品　　　　　　　　　　　　　　　　　　　　　　　　12
　　贷：库存商品　　　　　　　　　　　　　　　　　　　　　　　　12
借：应收账款　　　　　　　　　　　　　　　　　　　　　　　　2.6
　　贷：应交税费——应交增值税（销项税额）　　　　　　　　　　2.6

因此，选择D。

第15题：由于国库券利息属于免税收入，所以应纳税所得额＝1 380 000－60 000＝1 320 000(元)，所得税费用（应交所得税）＝1 320 000×25%＝330 000(元)，净利润＝1 380 000－330 000＝1 050 000(元)

因此，选择C。

二、多项选择题

1	2	3	4	5	6	7	8	9	10	11	12	13	14	15
AB	BC	ABCD	ABCD	BC	AD	BC	AC	ABD	ABC	BC	CD	ABC	CD	ABCD

【解释】

第4题：如劳务的开始和完成分属于不同会计期间，且在期末能对该项劳务交易的结果作出可靠估计的，应按完工百分比法确认收入，选项A叙述不完整，所以不正确。收取手续费方式下委托代销商品都是在收到代销清单时确认收入的，所以选项B是正确的。资产使用费收入应当按合同规定确认，选项C正确。预收款销售方式下，应该在发出商品时确认收入，因此，选项D不正确。

因此，选择BC。

第6题：选项A，计提的坏账准备是记入"资产减值损失"的，同时影响营业利润和利润总额；选项B，无形资产转让净收益，记入"营业外收入"，不影响营业利润；选项C，计提所得税费用，只影响净利润，不影响营业利润和利润总额；选项D，转让股票所得收益，记入"投资收益"，同时影响营业利润和利润总额。

因此，选择AD。

三、判断题

1	2	3	4	5	6	7	8	9	10	11	12	13	14	15
√	√	×	√	×	×	×	×	√	√	×	×	×	×	√

【解释】

第1题：此项商品销售不符合收入确认的第二个条件："企业既没有保留通常与所有权相联系的继续管理权，也没有对已售出的商品实施有效控制"，所以不应该确认。

第3题：商品的成本能够可靠地计量是确认收入的五个条件之一，不满足则不应该确认收入。

第6题：一般的销售退回应直接冲减退回当期的主营业务收入和主营业务成本（如成本已结转）。

第 7 题:企业已经确认收入的销售折让,一般应该冲减发生当期的销售收入,不需要冲减当期销售成本。

四、计算及账务处理题

1.

甲公司销售商品时:

借:应收账款——乙公司　　　　　　　　　　　　　　　　　　2 034 000
　　贷:主营业务收入　　　　　　　　　　　　　　　　　　　　1 800 000
　　　　应交税费——应交增值税(销项税额)　　　　　　　　　　234 000

(1) 乙公司在 8 月 8 日付款,享受 36 000 元的现金折扣:(即 1 800 000×2%)

借:银行存款　　　　　　　　　　　　　　　　　　　　　　　1 998 000
　　主营业务收入　　　　　　　　　　　　　　　　　　　　　　36 000
　　贷:应收账款——乙公司　　　　　　　　　　　　　　　　　2 034 000

(2) 乙公司在 8 月 19 日付款,享受 18 000 元的现金折扣:(即 1 800 000×1%)

借:银行存款　　　　　　　　　　　　　　　　　　　　　　　2 016 000
　　主营业务收入　　　　　　　　　　　　　　　　　　　　　　18 000
　　贷:应收账款——乙公司　　　　　　　　　　　　　　　　　2 034 000

(3) 乙公司在 8 月 29 日付款,不能享受现金折扣,应全额付款:

借:银行存款　　　　　　　　　　　　　　　　　　　　　　　2 034 000
　　贷:应收账款——乙公司　　　　　　　　　　　　　　　　　2 034 000

2.

(1) 借:应收票据——甲企业　　　　　　　　　　　　　　　　395 500
　　　　贷:其他业务收入　　　　　　　　　　　　　　　　　　350 000
　　　　　　应交税费——应交增值税(销项税额)　　　　　　　　45 500
　　　借:其他业务成本　　　　　　　　　　　　　　　　　　　250 000
　　　　贷:原材料　　　　　　　　　　　　　　　　　　　　　250 000

(2) 借:银行存款　　　　　　　　　　　　　　　　　　　　　300 000
　　　　贷:预收账款　　　　　　　　　　　　　　　　　　　　300 000

(3) 借:应收账款——乙企业　　　　　　　　　　　　　　　　565 000
　　　　贷:主营业务收入　　　　　　　　　　　　　　　　　　500 000
　　　　　　应交税费——应交增值税(销项税额)　　　　　　　　65 000
　　　借:主营业务成本　　　　　　　　　　　　　　　　　　　250 000
　　　　贷:库存商品　　　　　　　　　　　　　　　　　　　　250 000

(4) 借:主营业务收入　　　　　　　　　　　　　　　　　　　200 000
　　　　应交税费——应交增值税(销项税额)　　　　　　　　　　26 000
　　　　贷:应收账款——丙企业　　　　　　　　　　　　　　　226 000
　　　借:库存商品　　　　　　　　　　　　　　　　　　　　　100 000
　　　　贷:主营业务成本　　　　　　　　　　　　　　　　　　100 000

(5) 借：主营业务收入　　　　　　　　　　　　　　　　　　　　　50 000
　　　　应交税费——应交增值税(销项税额)　　　　　　　　　　6 500
　　　　贷：应收账款——乙公司　　　　　　　　　　　　　　　　56 500

(6) 借：营业税金及附加　　　　　　　　　　　　　　　　　　　　5 984
　　　　贷：应交税费——应交城市维护建设税　　　　　　　　　　4 188.8
　　　　　　　　——应交教育费附加　　　　　　　　　　　　　　1 795.2

3.

(1)

① 借：应收账款——乙公司　　　　　　　　　　　　　　　　　　7 684 000
　　　贷：主营业务收入　　　　　　　　　　　　　　　　　　　　6 800 000
　　　　　应交税费——应交增值税(销项税额)　　　　　　　　　　884 000
　借：主营业务成本　　　　　　　　　　　　　　　　　　　　　　4 800 000
　　　贷：库存商品　　　　　　　　　　　　　　　　　　　　　　4 800 000

② 借：主营业务收入　　　　　　　　　　　　　　　　　　　　　　3 400 000
　　　应交税费——应交增值税(销项税额)　　　　　　　　　　　　442 000
　　　贷：应收账款——乙公司　　　　　　　　　　　　　　　　　3 842 000
　　借：库存商品　　　　　　　　　　　　　　　　　　　　　　　2 400 000
　　　贷：主营业务成本　　　　　　　　　　　　　　　　　　　　2 400 000

③ 借：生产成本　　　　　　　　　　　　　2 260 000(500×4 000×1.13)
　　　管理费用　　　　　　　　　　　　　　180 800(40×4 000×1.13)
　　　销售费用　　　　　　　　　　　　　　271 200(60×4 000×1.13)
　　　贷：应付职工薪酬　　　　　　　　　　　　　　　　　　　　2 712 000
　借：应付职工薪酬　　　　　　　　　　　　　　　　　　　　　　2 712 000
　　　贷：主营业务收入　　　　　　　　　　2 400 000[(500+40+60)×4 000]
　　　　　应交税费——应交增值税(销项税额)　　　　　　　　　　312 000
　借：主营业务成本　　　　　　　　　　　　1 800 000[(500+40+60)×3 000]
　　　贷：库存商品　　　　　　　　　　　　　　　　　　　　　　1 800 000

④ 借：主营业务收入　　　　　　　　　　　　　　　　　　　　　　600 000
　　　应交税费——应交增值税(销项税额)　　　　　　　　　　　　78 000
　　　贷：银行存款　　　　　　　　　　　　　　　　　　　　　　678 000

(2) 主营业务收入的总额＝680－340＋240－60＝520(万元)

4. (1) 借：银行存款　　　　　　　　　　　　　　　　　　　　　　100 000
　　　　　贷：合同负债　　　　　　　　　　　　　　　　　　　　100 000

(2) 借：合同履约成本　　　　　　　　　　　　　　　　　　　　　60 000
　　　贷：应付职工薪酬　　　　　　　　　　　　　　　　　　　　36 000
　　　　　原材料　　　　　　　　　　　　　　　　　　　　　　　5 000
　　　　　银行存款　　　　　　　　　　　　　　　　　　　　　　19 000

(3) 2×19年12月31日,履约进度：

$$60\,000 \div (60\,000 + 90\,000) = 40\%$$
$$应确认履约收入 = 200\,000 \times 40\% - 0 = 80\,000(元)$$
$$应结转履约成本 = (60\,000 + 90\,000) \times 40\% - 0 = 60\,000(元)$$

借：合同负债	87 200
贷：主营业务收入	80 000
应交税费——应交增值税（销项税额）	7 200
借：主营业务成本	60 000
贷：合同履约成本	60 000
（4）借：合同履约成本	92 000
贷：应付职工薪酬	65 000
原材料	2 000
银行存款	25 000

（5）2×20年，劳务全部完工：

$$应确认履约收入 = 200\,000 - 80\,000 = 120\,000(元)$$
$$应结转履约成本 = 60\,000 + 92\,000 - 60\,000 = 92\,000(元)$$

借：合同负债	130 800
贷：主营业务收入	120 000
应交税费——应交增值税（销项税额）	10 800
借：主营业务成本	92 000
贷：合同履约成本	92 000
（6）借：银行存款	118 000
贷：合同负债	118 000

五、案例分析题

（1）甲企业应在2×19年4月1日收到乙企业交来的代销清单时确认收入。

（2）

① 借：委托代销商品	175 000
贷：库存商品	175 000
② 借：应收账款——乙企业	226 000
贷：主营业务收入	200 000
应交税费——应交增值税（销项税额）	26 000
借：销售费用	20 000
应交税费——应交增值税（进项税额）	1 200
贷：应收账款——乙企业	21 200
借：主营业务成本	140 000
贷：委托代销商品	140 000

或：

借：应收账款——乙企业	204 800	
销售费用	20 000	
应交税费——应交增值税(进项税额)	1 200	
贷：主营业务收入		200 000
应交税费——应交增值税(销项税额)		26 000
借：主营业务成本	140 000	
贷：委托代销商品		140 000

③ 借：银行存款 204 800
    贷：应收账款——乙企业 204 800

第十四章 财 务 报 告

一、单项选择题

1	2	3	4	5	6	7	8	9	10	11	12	13	14	15
A	A	C	A	C	D	A	A	B	A	C	B	B	C	B

【解释】

第1题：购买2个月后到期的国债属于用银行存款购买了现金等价物，不对现金流量造成影响，因此，不用考虑此事项；偿还应付账款属于购买商品支付的现金；支付生产人员工资属于支付给职工以及为职工支付的现金；购买固定资产属于投资活动。因此，本题目只需要考虑偿还应付账款这个事项，"购买商品,接受劳务支付的现金"项目的金额=200(万元)。

因此，选择 A。

第4题：A公司2016年"购买商品、接受劳务支付的现金"项目=500+50－15=535(万元)。

因此，选择 A。

第6题：企业的营业利润=主营业务收入－主营业务成本－营业税金及附加－管理费用－销售费用－资产减值损失＋投资收益=200－120－10－5－3－2＋15＝75(万元)。

因此，选择 D。

第7题：资产负债表中的应付账款项目应根据应付账款所属明细账贷方余额合计数和预付账款所属明细账贷方余额合计数之和填列。因此，月末资产负债表中"应付账款"项目的金额=35 000＋5 000＋50 000＝90 000(元)。

因此，选择 A。

第9题：营业收入=主营业务收入的净额＋其他业务收入的净额=2 000－50＋100＝2 050(万元)。

因此，选择 B。

二、多项选择题

1	2	3	4	5	6	7	8	9	10	11	12	13	14	15
ABD	BC	BD	BCD	BD	AD	CD	ABCD	ABC	ABD	AD	ABCD	AB	ABCD	ABCD

【解释】

第3题:营业利润＝2 000－1 200－40－100－20＋80－140＋160＝740(万元),利润总额＝740＋50－30＝760(万元)。营业外收支对企业的营业利润是不会产生影响的,只会影响企业的利润总额。

因此,选择BD。

第6题:资产负债表中的预付款项项目应根据应付账款所属明细账借方余额合计数和预付账款所属明细账借方余额合计数减去与预付账款有关的坏账准备贷方余额填列。选项B应列示在应收账款项目中,选项C应列示在预收款项项目中。

因此,选择AD。

第7题:支付给退休人员的退休金应在"支付的其他与经营活动有关的现金"项目中反映;支付的在建工程人员的职工薪酬属于投资活动产生的现金流量,应在"购建固定资产、无形资产和其他长期资产所支付的现金"项目中反映;支付的生产工人的职工薪酬和支付的销售部门人员的职工薪酬两项应在"支付给职工以及为职工支付的现金"项目中反映。

因此,选择CD。

三、判断题

1	3	4	5	6	7	8	9	10
√	×	√	√	×	√	√	×	×

【解释】

第3题:增值税是价外税在资产负债表中反映,不通过"营业税金及附加"账户核算;印花税一般在实际发生时记入到"管理费用"账户中,也不通过"营业税金及附加"账户核算。因此,利润表中"营业税金及附加"项目不包括增值税和印花税。

第4题:资产负债表中的"长期待摊费用"项目的金额应为150万元。另外50万元应当填列在"一年内到期的非流动资产"项目中。

四、计算及账务处理题

1.

(1) 销售商品、提供劳务收到的现金＝3 000＋600＋300－240－180＝3 480(万元)。

(2) 购买商品、接受劳务支付的现金＝2 100＋240＋210－120＝2 430(万元)。

(3) 支付给职工以及为职工支付的现金＝400＋(40－20)＝420(万元)。

(4) 支付的各项税费＝150＋(12－6)＝156(万元)。

2.

(1) "长期借款"项目金额＝(300＋600＋450)－450＝900(万元)。

(2) 长期借款中应列入"一年内到期的非流动负债"项目的金额＝450(万元)。

(3) "长期待摊费用"项目金额＝50(万元)。

(4) 长期待摊费用中应列入"一年内到期的非流动资产"项目的金额＝0（万元）。

注意："长期待摊费用"项目应根据"长期待摊费用"账户的期末余额填列。

3.

资产负债表

会企01表

编制单位：华夏公司　　　　　　2×19年12月31日　　　　　　单位：元

资　产	期末余额	年初余额	负债和股东权益	期末余额	年初余额
流动资产：			流动负债：		
货币资金	795 635		短期借款	50 200	
交易性金融资产	0		交易性金融负债	0	
衍生金融资产	0		衍生金融负债	0	
应收票据	66 000		应付票据	100 000	
应收账款	598 200		应付账款	953 800	
应收款项融资	0		预收款项	0	
预付款项	100 000		合同负债	0	
其他应收款	5 000		应付职工薪酬	180 000	
存货	2 484 700		应交税费	226 731	
合同资产	0		其他应付款	82 215.85	
持有待售资产	0		持有待售负债	0	
一年内到期的非流动资产	0		一年内到期的非流动负债	0	
其他流动资产	90 000		其他流动负债	0	
流动资产合计	4 139 535		流动负债合计	1 592 946.85	
非流动资产：			非流动负债：		
债权投资	0		长期借款	1 160 000	
其他债权投资	0		应付债券	0	
长期应收款	0		其中：优先股	0	
长期股权投资	250 000		永续债	0	
其他权益工具投资	0		租赁负债	0	
其他非金融资产	0		长期应付款	0	
投资性房地产	0		预计负债	0	
固定资产	2 201 000		递延收益	0	
在建工程	728 000		递延所得税负债	0	
生产性生物资产	0		其他非流动负债	0	
油气资产	0		非流动负债合计	1 160 000	
使用权资产	0		负债合计	2 752 746.85	
无形资产	540 000		所有者权益（或股东权益）		
开发支出	0		实收资本（或股本）	5 000 000	

(续表)

资　产	期末余额	年初余额	负债和股东权益	期末余额	年初余额
商誉	0		其他权益工具	0	
长期待摊费用	0		其中:优先股	0	
递延所得税资产	9 900		永续债	0	
其他非流动资产	0		资本公积	0	
非流动资产合计	200 000		减:库存股	0	
			其他综合收益	0	
			专项储备	0	
			盈余公积	124 770.4	
			未分配利润	190 717.75	
			所有者权益(或股东权益)合计	5 315 488.15	
资产总计	8 068 435		负债及所有者权益(或股东权益)总计	8 068 435	

4. (1) 计算企业的营业利润、利润总额:

营业利润 = 500 000 - 300 000 - 800 - 8 000 - 62 840 - 16 600 - 12 360 + 12 600 = 112 000(元)

利润总额 = 112 000 + 20 000 - 7 880 = 124 120(元)

(2) 所得税费用 = 124 120 × 25% = 31 030(元)。

(3) 将企业本年所有损益类账户结转本年利润。

① 结转各项收入、利得类科目:

借:主营业务收入　　　　　　　　　　　　　　　　　　　　　　500 000
　　投资收益　　　　　　　　　　　　　　　　　　　　　　　　 12 600
　　营业外收入　　　　　　　　　　　　　　　　　　　　　　　 20 000
　　贷:本年利润　　　　　　　　　　　　　　　　　　　　　　 532 600

② 结转各项费用、损失类科目:

借:本年利润　　　　　　　　　　　　　　　　　　　　　　　 439 510
　　贷:主营业务成本　　　　　　　　　　　　　　　　　　　　 300 000
　　　　税金及附加　　　　　　　　　　　　　　　　　　　　　　　 800
　　　　销售费用　　　　　　　　　　　　　　　　　　　　　　　8 000
　　　　管理费用　　　　　　　　　　　　　　　　　　　　　　 62 840
　　　　财务费用　　　　　　　　　　　　　　　　　　　　　　 16 600
　　　　资产减值损失　　　　　　　　　　　　　　　　　　　　 12 360
　　　　营业外支出　　　　　　　　　　　　　　　　　　　　　　7 880
　　　　所得税费用　　　　　　　　　　　　　　　　　　　　　 31 030

(4) 净利润 = 124 120 - 31 030 = 93 090(元)

借:本年利润　　　　　　　　　　　　　　　　　　　　　　　　93 090
　　贷:利润分配——未分配利润　　　　　　　　　　　　　　　　93 090

五、案例分析题

(1) 货币资金＝27 000＋4 800－6 500－2 000－5 060－3 500－5 500－283－1 198.63＝7 758.37(元)。

(2) 交易性金融资产＝800＋5 000＝5 800(元)。

(3) 应收账款＝20 000＋29 000－490＝48 510(元)。

(4) 存货＝10 000＋45 000－21 000＝34 000(元)。

(5) 固定资产＝64 000－13 000－1 250＝49 750(元)。

(6) 在建工程＝21 000＋6 500＝27 500(元)。

(7) 短期借款＝17 500－5 500＝12 000(元)。

(8) 其他应付款＝3 920－3 500＝420(元)。

(9) 应交税费＝4 250－1 250＝3 000(元)。

(10) 资本公积＝9 000(元)。

(11) 未分配利润＝10 000＋25 000－21 000－3 250－60－283＋4 390－1 198.63－1 359.59×2＋4 950＝15 829.19(元)。

【解释】

根据上述资料给出的经济业务(1)～(11)，编制下列会计分录：

(1) 借：应收账款　　　　　　　　　　　　　　　　　　　　　　28 250
　　　　贷：主营业务收入　　　　　　　　　　　　　　　　　　　　　　25 000
　　　　　　应交税费——应交增值税(销项税额)　　　　　　　　　　　3 250
　　借：主营业务成本　　　　　　　　　　　　　　　　　　　　　21 000
　　　　贷：库存商品　　　　　　　　　　　　　　　　　　　　　　　21 000

(2) 借：应收账款　　　　　　　　　　　　　　　　　　　　　　4 800
　　　　贷：坏账准备　　　　　　　　　　　　　　　　　　　　　　　4 800
　　借：银行存款　　　　　　　　　　　　　　　　　　　　　　　4 800
　　　　贷：应收账款　　　　　　　　　　　　　　　　　　　　　　　4 800

(3) 借：在建工程　　　　　　　　　　　　　　　　　　　　　　6 500
　　　　贷：银行存款　　　　　　　　　　　　　　　　　　　　　　　6 500

(4) 借：管理费用　　　　　　　　　　　　　　　　　　　　　　3 250
　　　　贷：累计折旧　　　　　　　　　　　　　　　　　　　　　　　1 250
　　　　　　银行存款　　　　　　　　　　　　　　　　　　　　　　　2 000

(5) 借：交易性金融资产　　　　　　　　　　　　　　　　　　　5 000
　　　　投资收益　　　　　　　　　　　　　　　　　　　　　　　　　60
　　　　贷：银行存款　　　　　　　　　　　　　　　　　　　　　　　5 060

(6) 借：应付利息　　　　　　　　　　　　　　　　　　　　　　3 500
　　　　贷：银行存款　　　　　　　　　　　　　　　　　　　　　　　3 500

(7) 借：短期借款　　　　　　　　　　　　　　　　　　　　　　5 500
　　　　贷：银行存款　　　　　　　　　　　　　　　　　　　　　　　5 500

(8) 借：财务费用　　　　　　　　　　　　　　　　　　　　　　283
　　　贷：银行存款　　　　　　　　　　　　　　　　　　　　　　　　283

(9) 计提坏账准备前,坏账准备账户贷方余额为 80+4 800=4 880(元),期末应有的余额为(20 000+29 000+4 800-4 800)×1‰=490(元),所以本期应冲减的坏账准备＝4 880-490=4 390(元)。

　　借：坏账准备　　　　　　　　　　　　　　　　　　　　　　　4 390
　　　贷：资产减值损失　　　　　　　　　　　　　　　　　　　　　　4 390

(10) 借：所得税费用　　　　　　　　　　　　　　　　　　　　　1 198.63
　　　贷：应交税费——应交所得税　　　　　　　　　　　　　　　　1 198.63
　　借：应交税费——应交所得税　　　　　　　　　　　　　　　　1 198.63
　　　贷：银行存款　　　　　　　　　　　　　　　　　　　　　　　1 198.63

(11) 借：利润分配——提取法定盈余公积　　　　　　　　　　　　1 359.59
　　　　　　　　——提取任意盈余公积　　　　　　　　　　　　1 359.59
　　　贷：盈余公积　　　　　　　　　　　　　　　　　　　　　　　2 719.18

第三部分 模拟试题及参考答案

中级财务会计(1～7章)模拟试题(一)

得分 ☐

一、单项选择题(本大题共15小题,每小题1分,共15分)

1	2	3	4	5	6	7	8	9	10	11	12	13	14	15

1. 结算起点( )元以下的零星支出,可以使用现金。
   A. 1 000   B. 4 000   C. 2 000   D. 3 000
2. 不属于企业生产经营设备的物品作为固定资产,其单位价值应在( )元以上。
   A. 2 000   B. 5 000   C. 1 000   D. 3 000
3. 下列账户的期末余额中,不应列示于资产负债表"存货"项目下的是( )。
   A. 低值易耗品   B. 工程物资   C. 包装物   D. 生产成本
4. 企业摊销的出借周转材料的成本,应当计入( )。
   A. 管理费用   B. 销售费用
   C. 其他业务成本   D. 营业外支出
5. 随同商品出售、单独计价的包装物,其成本应计入( )。
   A. 生产成本   B. 其他业务成本
   C. 销售费用   D. 管理费用
6. 在企业开立的诸多账户中,可以办理提取现金以发放工资的是( )。
   A. 专用存款账户   B. 一般存款账户
   C. 基本存款账户   D. 临时存款账户
7. 企业取得交易性金融资产支付的手续费等相关费用,应当计入( )。
   A. 管理费用   B. 初始投资成本
   C. 投资收益   D. 财务费用
8. 以下各项中,不属于无形资产的是( )。
   A. 专利权   B. 商标权   C. 特许权   D. 商誉
9. 某企业年末应收账款余额为600 000元,坏账准备的提取比例为1%,计提坏账准备前,"坏账准备"账户原有余额为贷方4 000元。该企业当年应计提的坏账准备金额为( )元。

A. 6 000　　　　B. 1 000　　　　C. 10 000　　　　D. 2 000

10. 预付款项不多的企业,可以不设"预付账款"账户,而将预付的款项记入(　　)。
　　A. "应收账款"的借方　　　　　　　B. "应收账款"的贷方
　　C. "应付账款"的贷方　　　　　　　D. "应付账款"的借方

11. 企业自制一台设备,领用了本企业生产产品用的原材料 10 000 元,应记入"在建工程"成本的金额是(　　)元。
　　A. 10 000　　　　B. 12 000　　　　C. 11 600　　　　D. 13 000

12. 某企业采用计划成本法,企业采购原材料一批,采购成本 5 000 元,该批原材料的计划成本为 5 700 元,验收入库时,产生的"材料成本差异"为(　　)。
　　A. 节约 350 元　　B. 节约 700 元　　C. 超支 350 元　　D. 超支 700 元

13. 存货清查时发现的盘盈,经批准应记入的账户是(　　)。
　　A. "营业外收入"　　　　　　　　　B. "其他业务收入"
　　C. "管理费用"　　　　　　　　　　D. "主营业务收入"

14. 6 月 29 日,公司开出转账支票一张,持票人尚未到银行办理转账手续,属于(　　)。
　　A. 银行已收,企业未收　　　　　　B. 银行已付,企业未付
　　C. 企业已收,银行未收　　　　　　D. 企业已付,银行未付

15. 专设销售机构使用的固定资产所计提的折旧,应记入(　　)。
　　A. "销售费用"　　　　　　　　　　B. "管理费用"
　　C. "生产成本"　　　　　　　　　　D. "其他业务成本"

二、多项选择题(本大题共 5 小题,每小题 1 分,共 5 分)

1	2	3	4	5

1. 下列固定资产中,应计提折旧的是(　　)。
　A. 大修理时停用的固定资产
　B. 以经营租赁方式租出的固定资产
　C. 融资租入的固定资产
　D. 已单独计价入账的土地

2. 工业企业购入原材料过程中发生的下列支出,应计入原材料采购成本的有(　　)。
　A. 采购过程发生的仓储费　　　　　B. 市内大宗货物运杂费
　C. 运输途中合理损耗　　　　　　　D. 采购人员差旅费

3. 根据我国企业会计准则的规定,发出存货的计价应当采用(　　)。
　A. 个别计价法　　　　　　　　　　B. 加权平均法
　C. 后进先出法　　　　　　　　　　D. 先进先出法

4. 下列业务中,记入到"管理费用"的是(　　)。
　A. 存货清查时,属于定额内自然损耗的存货短缺
　B. 存货由于管理不善造成的短缺或毁损的净损失

C. 现金折扣
D. 无法查明原因的现金盘亏损失
5. 反映财务状况的会计要素有( )。
A. 所有者权益　　　B. 资产　　　　　C. 负债　　　　　D. 收入

| 得分 | |

三、判断题(本大题共5小题,每小题1分,共5分)

1	2	3	4	5

1. 采用先进先出法进行存货计价,在物价上涨期间,会低估当期利润和存货的价值。
( )
2. 具有共同控制和重大影响的权益性投资,应采用成本法。( )
3. 生产车间设备的修理费用,计入制造费用。( )
4. 存货在加工和销售环节发生的一般仓储费用,不计入存货成本。( )
5. 当月增加的固定资产,从下月起计提折旧。( )

| 得分 | |

四、计算及账务处理题(本大题共5小题;第1小题12分、第2小题12分、第3小题12分、第4小题13分、第5小题11分,共60分)

1. 东海公司自2018年开始采用应收账款余额百分比法确定坏账损失金额,按照历史经验,坏账比率为5%。针对以下经济业务编制相应的会计分录。
(1) 2018年年末,应收账款账面余额300 000元,坏账准备账户的原有余额为零。
(2) 2019年3月,确认应收A单位的账款5 000元已无法收回。
(3) 2019年4月,银行收回以前期间已作为坏账转销的B公司账款3 000元。
(4) 2019年年末,应收账款账面余额400 000元。

2. 星海公司为增值税一般纳税人,从华联公司赊购一批原材料,华联公司开具的增值税专用发票上注明的价款为100 000元,增值税额为13 000元,根据购货合同约定,赊购期限为30天,现金折扣条件为2/10,1/20,n/30,计算现金折扣时不考虑增值税。
要求:请按总价法编制星海公司的下列经济业务的会计分录:
赊购原材料支付货款。
① 假定10天内支付货款。
② 假定20天内支付货款。
③ 假定超过20天支付货款。

3. 2019年10月,宇通公司发生以下业务,请进行相应的会计处理。
(1) 10月10日对现金进行清查:
① 发现溢余350元。
② 现金溢余原因不明,经批准进行相应的会计处理。
(2) 10月30日对现金进行清查:
① 发现短缺100元。

② 无法查明原因,经批准进行相应的会计处理。

4. 云海公司2019年12月份发生如下关于无形资产的相关业务,要求:进行相应的会计处理:

(1) 12月2日,以银行存款购入甲专利权,收到增值税专用发票,不含税价1 200 000元,进项税额72 000元。

(2) 甲专利权的摊销期限为10年,编制该专利权当月摊销的会计分录。

(3) 12月18日,公司出售乙专利权,出售的价款127 200(含税价)元存入银行,增值税税率为6%,出售时该无形资产的账面余额为100 000元,已摊销金额26 000元,已计提的减值准备5 000元。

(4) 12月31日,公司丙商标权发生了减值,减值金额25 000元。

5. 海川公司为增值税一般纳税人,2019年10月份发生如下关于固定资产的相关业务,要求:进行相应的会计处理:

(1) 10月3日,以银行存款购入一台不需安装的设备,增值税专用发票上注明设备价款100 000元,增值税13 000元,另外银行支付保险费及包装费等合计5 000元收到普通发票。

(2) 购入一台需要安装的设备。

① 10月9日,增值税专用发票上注明价款50 000元,增值税6 500元,银行支付运杂费1 500元,收到普通发票。

② 10月10日,在安装10月9日购入的设备过程中领用一批原材料,原材料成本2 500元。

③ 10月12日,安装时支付安装费3 270元收到增值税专用发票。

④ 10月20日,达到预定可使用状态。

五、案例分析题(本大题共1题,共15分)

海天公司为增值税一般纳税人,2019年3月对以下业务进行了相应的会计处理,请分别回答编制的各个分录是否正确?如果不正确,请写出正确的会计分录。

(1) 3月10日,固定资产清查时发现盘盈一台电脑,重置成本为4 000元。

借:固定资产 4 000
　　贷:营业外收入 4 000

(2) 本公司采用计划成本法对存货进行核算,3月12日发出原材料计划成本6 000元,其中基本生产领用4 000元,车间一般耗用1 500元,对外销售500元。

借:生产成本——基本生产成本 4 000
　　制造费用 1 500
　　销售费用 500
　　贷:原材料 6 000

(3) 3月16日为人事部购入一台电脑,计提当月折旧费200元。

借:管理费用 200
　　贷:累计折旧 200

(4) 3月20日,自行建造两个车间,领用本企业库存商品,库存商品的成本价为80 000元,计税价格100 000元。

借:在建工程 100 000
　　贷:库存商品 100 000

(5) 3月22日,购入A公司股票作为交易性金融资产,支付价款130 000元(其中含已宣告尚未发放的现金股利8 000元及交易费用2 000元)。

借:交易性金融资产——A公司股票(成本) 120 000
　　应收股利 8 000
　　投资收益 2 000
　　贷:银行存款 130 000

(6) 3月25日,确认应收B公司货款30 000元已无法收回,予以转销。

借:管理费用 30 000
　　贷:坏账准备 30 000

(7) 3月31日,将"研发支出——费用化支出"余额50 000元转入"管理费用"。

借:管理费用 50 000
　　贷:研发支出——费用化支出 50 000

中级财务会计(1~7章)模拟试题(二)

得分 ☐ 一、单项选择题(本大题共10题,每题1分,共10分)

1	2	3	4	5	6	7	8	9	10

1. 某企业年末应收账款余额为800 000元,坏账准备的提取比例为1‰,计提坏账准备前,"坏账准备"账户原有余额为贷方2 000元。该企业当年应计提的坏账准备金额为(　　)元。
   A. 8 000　　　　　　　　　　B. 2 000
   C. 10 000　　　　　　　　　 D. 6 000

2. 企业对持有的存货计提的减值准备,应借记(　　)。
   A. "投资收益"　　　　　　　　B. "财务费用"
   C. "管理费用"　　　　　　　　D. "资产减值损失"

3. 商业汇票付款期限,最长不得超过(　　)个月。
   A. 1　　　　　　　　　　　　B. 2
   C. 6　　　　　　　　　　　　D. 3

4. 下列项目中,不通过"其他应收款"账户核算的是(　　)。
   A. 为职工垫付的房租　　　　　B. 应收保险公司的赔款
   C. 应向购货方收取的代垫运费　D. 存出保证金

5. 下列固定资产中,不能计提折旧的是(　　)。
   A. 季节性停产的固定资产　　　B. 大修理期间的固定资产
   C. 以经营租赁方式租出的固定资产　D. 未提足折旧提前报废的设备

6. 不属于企业生产经营主要设备的物品若为固定资产,其使用年限应在(　　)年以上。
   A. 3　　　　B. 5　　　　C. 2　　　　D. 1

7. 对预付账款不多的企业,可以不设"预付账款"账户,而使用"应付账款"账户,当企业预付货款时,应贷记的账户是(　　)。
   A. "银行存款"　　　　　　　　B. "应付账款"
   C. "应收账款"　　　　　　　　D. "预付账款"

8. 无法查明原因的现金盘亏,应记入(　　)。
   A. "营业外支出"　　　　　　　B. "其他业务支出"
   C. "财务费用"　　　　　　　　D. "管理费用"

9. 下列各项中,不会影响固定资产折旧计算的因素是(　　)。

A. 固定资产的原始价格　　　　　　B. 固定资产预计净残值
C. 固定资产的性能　　　　　　　　D. 固定资产的预计使用年限

10. 企业摊销的出租周转材料成本,应当计入(　　)。
A. 销售费用　　　　　　　　　　　B. 管理费用
C. 其他业务成本　　　　　　　　　D. 营业外支出

二、多项选择题(本大题共5小题,每小题2分,共10分)

1	2	3	4	5

1. 下列会计账户的期末余额,应在资产负债表"存货"项目下列示的有(　　)。
A. 在途物资　　　　　　　　　　　B. 生产成本
C. 工程物资　　　　　　　　　　　D. 委托加工物资

2. A公司为增值税的一般纳税人,委托加工应税消费品,收回后直接销售,应计入委托加工物资成本的有(　　)。
A. 加工费　　　　　　　　　　　　B. 可抵扣的增值税
C. 受托方代收代缴的消费税　　　　D. 发出存货的成本

3. 我国企业会计准则,允许采用的固定资产计提折旧的加速折旧法有(　　)。
A. 双倍余额递减法　　　　　　　　B. 年数总和法
C. 递减折旧率法　　　　　　　　　D. 余额百分比法

4. 下列业务中,可能通过"固定资产清理"账户进行处理的是(　　)。
A. 固定资产出售　　　　　　　　　B. 固定资产报废
C. 固定资产毁损　　　　　　　　　D. 固定资产盘亏

5. 周转材料主要包括(　　)。
A. 修理用备件　　　　　　　　　　B. 包装物
C. 低值易耗品　　　　　　　　　　D. 原材料

三、判断题(本大题共10题,每题1分,共10分)

1	2	3	4	5	6	7	8	9	10

1. 存货在加工和销售环节发生的一般仓储费用,不计入存货成本。　　　　　　(　　)
2. 属于生产经营主要设备的物品作为固定资产无单位价值的限定。　　　　　　(　　)
3. 采用先进先出法进行存货计价,在物价上涨期间,会高估当期利润和存货的价值。
(　　)
4. 随同商品出售并单独计价的包装物,其成本应计入销售费用。　　　　　　　(　　)
5. 委托加工存货收回后用于连续生产的,由受托方代收代缴的消费税可以抵扣。
(　　)

6. 大修理期间停用的固定资产也属于使用中的固定资产,需计提折旧。（　）
7. 具有控制和共同控制的长期股权投资,在后续计量中采用权益法核算。（　）
8. 现金管理制度规定,出纳可以兼管会计档案。（　）
9. 当月增加的固定资产,当月计提折旧,当月减少的固定资产,当月不提折旧。（　）
10. 无法查明原因的库存现金盘盈,经批准应计入营业外收入。（　）

得分　　　**四、计算及账务处理题**（本大题共4题,第1题13分,第2题8分,第3题12分,第4题17分,共50分）

1. A公司2×19年3月份发生如下关于固定资产的相关业务,要求:作出相应的会计处理:

（1）3月3日,以银行存款购入一台不需安装的设备,增值税专用发票上注明设备价款10 000元,增值税1 300元,另以银行存款支付保险费及包装费等合计500元收到普通发票。

（2）3月9日,购入一台需要安装的设备,增值税专用发票上注明价款100 000元,增值税13 000元,以银行存款支付运费1 635元收到增值税专用发票,安装过程领用一批原材料,原材料成本2 500元。安装时另支付安装费10 900元收到增值税专用发票。该设备3月20日达到预定可使用状态。

（3）3月22日,一台设备报废,该设备原始价值50 000元,已提折旧40 000元,报废时支付清理费1 500元,变价收入500元,存入银行。

2. 2×19年10月12日,丙公司按每股9.50元的价格从二级市场购入B公司股票50 000股作为交易性金融资产,并支付交易费用1 500元,购买价款中包含每股0.20元已宣告但尚未领取的现金股利;该股利于11月8日发放;12月31日,该股票市价每股10.20元。请编制以下会计分录:

（1）10月12日,购入股票。
（2）11月8日,收到现金股利。
（3）12月31日,期末计量。

3. 2×19年1月新时代公司发生以下经济业务,请进行相应的会计处理:

（1）1月10日对固定资产进行清查。

① 发现盘盈一台电脑,同品牌型号的电脑市场价格7 000元,根据其新旧程度估计价值损耗为3 000元。

② 发现盘亏一台设备,该设备账面原值5 200元,已计提折旧1 482元,已计提减值准备1 000元,经批准进行相应的会计处理。

（2）1月20日在存货清查中发现盘盈一批材料,市场价格为2 000元。

① 发现材料盘盈。
② 报经批准处理。

4. A公司2×19年3月份发生如下相关经济业务,要求:进行相应的会计处理:

（1）3月3日,购入一批原材料,增值税专用发票上注明价款20 000元,增值税2 600元,上述款项已用银行存款支付,材料已验收入库。

（2）以预付款的方式向B公司采购一批原材料。

① 3月9日以银行存款预付货款40 000元。
② 3月12日,B公司交付材料,并开来增值税专用发票,注明价款30 000元,增值税3 900元。
③ 3月14日,与B公司结算货款。
(3) 3月16日,销售一批商品,售价50 000元,增值税6 500元,价款尚未收到。该批存货的账面价值35 000元。
(4) 3月20日,销售一批原材料,售价8 000元,增值税1 040元,款项银行收讫。该批原材料的成本4 500元。

五、案例分析题(本大题共1题,共20分)。

甲公司2×12年9月30日,中国银行山东省分行银行存款日记账余额为96 297元,银行对账单上的余额为78 950元,经过逐笔核对发现有如下情况:

(1) 25日,公司收到货款6 900元,出纳误记为9 600元。
(2) 26日,支付运费3 330元,出纳误记为3 333元。
(3) 27日,收到货款50 000元,银行误记为5 000元。
(4) 28日,银行将本公司客户汇入的一笔货款串记至另一家公司账户中,金额20 000元。
(5) 企业于30日存入从其他单位收到的转账支票一张计40 000元,银行尚未入账。
(6) 企业于30日开出的转账支票15 000元,持票人尚未到银行办理转账手续。
(7) 31日,银行收到货款80 000元,收款通知尚未到达企业。
(8) 31日,银行代电业局收取电费5 600元,企业尚未接到转账付款通知。
(9) 31日,存款利息950元记入企业存款账户,但利息收入通知尚未到达企业。

要求:根据上述内容,完成银行余额调节表的编制。(单位:元)

中级财务会计(8～14章)模拟试题(一)

| 得分 | | 一、单项选择题(本大题共20小题,每小题1分,共20分,需将答案填在下列答案框中)

1	2	3	4	5	6	7	8	9	10
11	12	13	14	15	16	17	18	19	20

1. 企业发生的下列业务,不应计入税金及附加的是(　　)。
   A. 房产税　　　　　　　　　　B. 城镇土地使用税
   C. 业务招待费　　　　　　　　D. 车船税
2. 企业确认资产减值损失时,应借记的会计账户是(　　)。
   A."管理费用"　　　　　　　　B."营业外支出"
   C."资产减值损失"　　　　　　D."资产减值准备"
3. 资产负债表日,按计算确定的短期借款利息费用,贷记的会计账户是(　　)。
   A."短期借款"　　　　　　　　B."应付利息"
   C."应计利息"　　　　　　　　D."财务费用"
4. 因解除与生产工人的劳动关系给予的补偿,借记的会计账户是(　　)。
   A."应付职工薪酬"　　　　　　B."生产成本"
   C."管理费用"　　　　　　　　D."制造费用"
5. 本月支付上月未交增值税,应借记的会计账户是(　　)。
   A."应交税费——应交增值税(转出未交增值税)"
   B."应交税费——应交增值税(已交税金)"
   C."应交税费——未交增值税"
   D."应交税费——应交增值税(转出多交增值税)"
6. 企业生产车间(部门)发生的固定资产修理费用应计入(　　)。
   A. 其他业务成本　　　　　　　B. 主营业务成本
   C. 管理费用　　　　　　　　　D. 制造费用
7. 某企业年初所有者权益总额160万元,当年以其中的资本公积转增资本50万元。当年实现净利润300万元,提取盈余公积30万元,向投资者分配利润10万元。该企业年末所有者权益总额为(　　)万元。
   A. 450　　　　B. 360　　　　C. 410　　　　D. 460
8. 企业专设销售机构的固定资产折旧费用应计入(　　)。

A. 销售费用 B. 财务费用
C. 管理费用 D. 制造费用

9. 业务招待费应计入(　　)。
A. 销售费用 B. 财务费用
C. 管理费用 D. 其他业务成本

10. 预收款项不多的企业,可以不设"预收账款"账户,而将预收的款项记入(　　)。
A. "应付账款"的贷方 B. "应付账款"的借方
C. "应收账款"的贷方 D. "应收账款"的借方

11. 企业内部销售部门人员的工资应计入(　　)。
A. 销售费用 B. 财务费用
C. 管理费用 D. 制造费用

12. 企业因在建工程、无形资产所负担的职工薪酬,应计入(　　)。
A. 固定资产或无形资产的成本 B. 当期利润
C. 产品成本 D. 当期资本公积

13. 工业企业的(　　)形成的经济利益流入,不构成收入。
A. 销售产成品 B. 转让无形资产使用权
C. 销售原材料 D. 销售固定资产

14. 如果企业销售的商品已经发出但尚未完全满足收入确认的条件,应将发出商品的成本转入(　　)。
A. "其他业务成本"账户 B. "在途物资"账户
C. "主营业务成本"账户 D. "发出商品"账户

15. 企业发生的现金折扣或收到的现金折扣应计入(　　)。
A. 营业外支出 B. 销售费用
C. 制造费用 D. 财务费用

16. 某企业2012年8月31日所有者权益的情况如下:实收资本200万元,资本公积17万元,盈余公积38万元,未分配利润32万元,则该企业留存收益为(　　)万元。
A. 32 B. 70 C. 38 D. 87

17. 法定盈余公积累计额达到注册资本的(　　)时,可以不再提取。
A. 30% B. 50%
C. 20% D. 80%

18. 企业采用分期收款方式销售商品,收入确认的时点是(　　)。
A. 合同约定的收款日期 B. 发出商品时
C. 实际收到分期货款时 D. 货款全部收回时

19. 以下项目中,属于营业外收入的有(　　)。
A. 存货盘盈 B. 库存现金盘盈
C. 固定资产的盘盈 D. 销售原材料的收入

20. 以下项目中,属于营业外支出的有(　　)。
A. 存货盘亏 B. 报废固定资产净损失
C. 委托代销费用 D. 出租无形资产的摊销额

得分 □　**二、判断题**(本大题共 10 小题,每小题 1 分,共 10 分,需将答案填在下列答案框中)

1	2	3	4	5	6	7	8	9	10

1. "制造费用"账户期末一般无余额。（　）
2. 企业委托其他单位代销商品,在收取手续费方式下,委托方应当在受托方开来代销清单时确认销售收入。（　）
3. 销售折让如发生在收入确认之后,则销货方应冲减发生当期的销售收入及销项税额。（　）
4. 固定费用包括生产工人计件工资。（　）
5. 无法支付的应付账款,应记入"营业外收入"。（　）
6. 通常情况下,售后回购交易属于融资交易,回购价格大于原售价的差额,应计入财务费用。（　）
7. 资产负债表日,企业提供劳务交易的结果如果能够可靠地估计,应当采用完工百分比法确认提供劳务的收入。（　）
8. 工业企业出租无形资产取得的收入属于其他业务收入,但出售无形资产取得的收入属于营业外收入。（　）
9. 商业折扣是为了鼓励客户尽早付款,现金折扣是为了鼓励客户多购商品。（　）
10. 年度终了,"利润分配"总账账户的余额即为"利润分配——未分配利润"明细账户的余额。（　）

得分 □　**三、计算及账务处理题**(本大题共 4 小题,第 1 小题 16 分,第 2 小题 8 分,第 3 小题 16 分,第 4 小题 10 分,共 50 分)

1. 顺达股份有限公司(以下简称顺达公司)系工业企业,为增值税一般纳税人,适用的增值税税率为 13%,适用的所得税税率为 25%。销售单价除标明为含税价格外,均为不含增值税价格。

顺达公司 2019 年 12 月发生如下业务:

(1) 12 月 3 日,向甲企业赊销 A 产品 50 件,单价为 20 000 元,单位销售成本为 10 000 元。

(2) 12 月 15 日,向丁企业销售材料一批,价款为 700 000 元,该材料发出成本为 500 000 元。当日收取面值为 791 000 元的银行承兑汇票一张。

(3) 12 月 18 日,丙企业要求退回本年 11 月 25 日购买的 20 件 A 产品。该产品销售单价为 20 000 元,单位销售成本为 10 000 元,其销售收入 400 000 元已确认计账,价款尚未收取。经查明退货原因系发货错误,同意丙企业退货。

(4) 12 月 20 日,收到本月设备租金 22 600 元,款项已收取并存入银行。

(5) 12 月 21 日,甲企业来函提出 12 月 3 日购买的 A 产品质量不完全合格。经协商同意按销售价款(不含税)的 10% 给予折让。

要求:根据上述经济业务,编制相关的会计分录。

2. 宏海公司赊销给华联公司一批商品,增值税专用发票上注明的价款为200 000元,增值税额为26 000元,根据销货合同约定,赊销期限为30天,现金折扣条件为2/10,1/20,n/30,计算现金折扣时不考虑增值税。

要求:采用总价法编制宏海公司的下列会计分录:

(1) 赊销商品。

(2) 收到货款。

① 假定10天内收到货款。

② 假定20天内收到货款。

③ 假定超过20天收到货款。

3. 华联公司2011年度取得主营业务收入5 000万元,其他业务收入1 800万元,投资收益700万元,营业外收入250万元;发生主营业务成本3 500万元,其他业务成本1 400万元,税金及附加60万元,销售费用380万元,管理费用340万元,财务费用120万元,资产减值损失150万元,公允价值变动净损失100万元,营业外支出200万元,本年度确认的所得税费用520万元。公司按净利润的10%提取法定盈余公积,按净利润的15%提取任意盈余公积,向股东分派现金股利350万元,同时分配股票股利250万元。(假定华联公司中期期末不进行利润结转,年末一次结转利润)

要求:

(1) 结转损益类账户余额。

(2) 结转净利润。

(3) 提取法定盈余公积及任意盈余公积。

(4) 分配现金股利。

(5) 分配股票股利。

(6) 结转"利润分配"其他明细账户余额。

4. 东海公司于2012年11月份对相关业务做了以下处理,请问是否正确?如果不正确,请写出正确的答案。

(1) 以银行存款支付借款利息30 000元(其中在建工程利息费用20 000)。其所编制的会计分录为:

借:财务费用　　　　　　　　　　　　　　　　　　　　　　　　　30 000
　　贷:银行存款　　　　　　　　　　　　　　　　　　　　　　　　　　　30 000

(2) 银行存款支付董事会会费2 000元,产品展览费4 000元,业务招待费3 000元。其所编制的会计分录为:

借:销售费用　　　　　　　　　　　　　　　　　　　　　　　　　7 000
　　管理费用　　　　　　　　　　　　　　　　　　　　　　　　　2 000
　　贷:银行存款　　　　　　　　　　　　　　　　　　　　　　　　　　　9 000

(3) 以转账支票支付税收罚款5 000元,其所编制的会计分录为:

借:其他业务支出　　　　　　　　　　　　　　　　　　　　　　　5 000
　　贷:银行存款　　　　　　　　　　　　　　　　　　　　　　　　　　　5 000

(4) 车间一般耗用领用原材料 6 000 元，其所编制的会计分录为：

借：生产成本　　　　　　　　　　　　　　　　　　　　　　　　　6 000
　　贷：原材料　　　　　　　　　　　　　　　　　　　　　　　　　　6 000

(5) 本月取得主营业务收入 60 000 元，其他业务收入 15 000 元，投资收益 6 000 元，营业外收入 5 000 元；发生主营业务成本 40 000 元，其他业务成本 6 000 元，销售费用 5 000 元，营业外支出 1 000 元。

其计算的营业利润 = 60 000 + 15 000 + 6 000 + 5 000 − 40 000 − 6 000 − 5 000 − 1 000
　　　　　　　　 = 34 000（元）

四、案例分析题（本大题共 2 小题，第 1 小题 16 分，第 2 小题 4 分，共 20 分）

1. 华联公司 2012 年 3 月末数据如下，要求填写资产负债表相应项目的期末余额。

账户名称	方向	余额
库存现金	借	2 500
银行存款	借	50 000
其他货币资金	借	30 000
原材料	借	100 000
材料采购	借	20 000
包装物	借	5 000
库存商品	借	150 000
委托代销商品	借	30 000
生产成本	借	40 000
存货跌价准备	贷	10 000
固定资产	借	300 000
累计折旧	贷	180 000
固定资产减值准备	贷	20 000
应收账款——A	借	100 000
应收账款——B	借	10 000
应收账款——C	贷	25 000
预收账款——D	贷	20 000
预收账款——E	借	30 000
应付账款——甲	贷	140 000
应付账款——乙	借	40 000
预付账款——丙	借	50 000
预付账款——丁	贷	60 000
本年利润	借	35 000
利润分配	贷	180 000

资产负债表项目名称	期末余额
货币资金	
存　货	
固定资产	
应收账款	
预收款项	
应付账款	
预付款项	
未分配利润	

2. 宇宙公司 2012 年 8 月份相关账户发生额如下,要求:填写利润表相应项目的本期金额。

账户名称	借方发生额	贷方发生额
主营业务收入		300 000
其他业务收入		50 000
营业外收入		10 000
主营业务成本	200 000	
其他业务成本	30 000	
营业外支出	1 000	
投资收益	25 000	
公允价值变动损益		36 000

利润表项目名称	本期金额
营业收入	
营业成本	
投资收益	
公允价值变动收益	

中级财务会计(8～14章)模拟试题(二)

得分 ☐ 一、单项选择题(本大题共15小题,每小题1分,共15分,需将答案填在下列答案框中)

题号	1	2	3	4	5	6	7	8	9	10	11	12	13	14	15
答案															

1. 以下对"营业利润"没有影响的是( )。
   A. 营业外收入   B. 其他业务成本
   C. 税金及附加   D. 公允价值变动损益

2. 各项资产发生减值,应借记的账户是( )。
   A. "管理费用"   B. "资产减值损失"
   C. "其他业务成本"   D. "营业外支出"

3. 委托加工应税消费品,收回后直接出售,则由受托方代收代缴的消费税,应借记( )账户。
   A. "税金及附加"   B. "管理费用"
   C. "委托加工物资"   D. "应交税费——应交消费税"

4. 下列不属于投资性房地产的是( )。
   A. 已出租的建筑物   B. 已出租的土地使用权
   C. 持有并准备增值后转让的土地使用权   D. 持有并准备增值后转让的建筑物

5. 期末,结转当期多交增值税,应借记的会计账户是( )。
   A. 应交税费——未交增值税
   B. 应交税费——应交增值税(已交税金)
   C. 应交税费——应交增值税(转出未交增值税)
   D. 应交税费——应交增值税(转出多交增值税)

6. 委托代销手续费,委托方应计入( )。
   A. 销售费用   B. 财务费用   C. 管理费用   D. 生产成本

7. 某企业年初所有者权益总额500万元,当年以其中的资本公积转增资本40万元。当年实现净利润60万元,提取盈余公积6万元,向投资者分配现金股利9万元。该企业年末所有者权益总额为( )万元。
   A. 551   B. 585   C. 545   D. 560

8. 华夏公司为增值税一般纳税人,2018年6月2日销售运动鞋一批,每双200元(不含税价),购货方一次购入500双,华夏公司给予10%的商业折扣,则华夏公司确认的"主营业务收入"金额为( )元。

A. 116 000　　　B. 90 000　　　C. 104 400　　　D. 100 000

9. 生产车间设备的修理费,应记入(　　)账户。
   A. "销售费用"　　　　　　　　B. "管理费用"
   C. "制造费用"　　　　　　　　D. "财务费用"

10. 以分期收款方式销售商品,收入确认的时点是(　　)。
    A. 合同约定的收款日期　　　　B. 发出商品时
    C. 退货期满　　　　　　　　　D. 收到第一笔货款时

11. 企业发生车船使用税,应借记的账户是(　　)。
    A. "管理费用"　　　　　　　　B. "生产成本"
    C. "税金及附加"　　　　　　　D. "销售费用"

12. 如果企业销售的商品已经发出但尚未完全满足收入确认的条件,应将发出商品的成本转入(　　)账户。
    A. "发出商品"　　　　　　　　B. "在途物资"
    C. "主营业务成本"　　　　　　D. "其他业务成本"

13. 到期无法支付的应付账款,应将其转入(　　)账户。
    A. "其他应付款"　　　　　　　B. "其他业务收入"
    C. "应付票据"　　　　　　　　D. "营业外收入"

14. 辞退福利,应计入(　　)。
    A. 其他业务成本　　　　　　　B. 销售费用
    C. 营业外支出　　　　　　　　D. 管理费用

15. 下列资产中,确认的减值损失在以后会计期间不可以转回的是(　　)。
    A. 应收账款　　　　　　　　　B. 存货
    C. 应收利息　　　　　　　　　D. 固定资产

| 得分 | |

二、多项选择题(本大题共5小题,每小题1分,共5分)

1	2	3	4	5

1. 下列各项中,不会引起所有者权益发生变动的有(　　)。
   A. 分配现金股利
   B. 分配股票股利
   C. 提取法定盈余公积
   D. 用盈余公积弥补亏损

2. 下列业务中,应记入"营业外收入"账户的有(　　)。
   A. 无法查明原因的库存现金盘盈　　B. 无法支付的应付款项
   C. 捐赠利得　　　　　　　　　　　D. 罚没利得

3. 下列应计入制造费用的是(　　)。
   A. 生产车间管理人员的职工薪酬

B. 生产车间发生的水电费
C. 季节性停工损失
D. 修理期间的停工损失

4. 企业发生下列业务,应计入财务费用的是(　　)。
A. 广告费　　　　　　　　　　B. 汇兑损益
C. 现金折扣　　　　　　　　　D. 开具商业汇票的手续费

5. 以下项目中,属于职工薪酬的有(　　)。
A. 车间劳保用品　　　　　　　B. 辞退福利
C. 职工生活补助　　　　　　　D. 非货币性福利

得分	

三、判断题(本大题共5小题,每小题1分,共5分)

题号	1	2	3	4	5
答案					

1. 留存收益包括盈余公积和未分配利润。 (　　)
2. 分期收款销售,应在收讫全款时确认销售收入。 (　　)
3. 销售折让发生在收入确认之后,应冲减发生当期的收入及销项税额。 (　　)
4. 年度终了,"利润分配"总账账户的余额即为"利润分配——未分配利润"明细账户的余额。 (　　)
5. 资产负债表日,企业提供劳务交易的结果如果能够可靠地估计,应当采用完工百分比法确认提供劳务的收入。 (　　)

得分	

四、账务处理题(本大题共4小题,第1小题16分、第2小题8分、第3小题16分、第4小题15分,共55分,单位:元)

1. 华夏公司为工业企业,是增值税一般纳税人,适用的增值税率为13%,价款均为不含增值税,2018年6月发生如下业务。

(1) 06日,华夏公司赊销A产品,货款100 000元,增值税13 000元;成本为70 000元。(确认收入的同时,结转成本)

(2) 08日,销售给乙公司原材料一批,货款5 000元,增值税650元,银行已收款;成本为3 500元。

(3) 12日,二车间生产C产品领用原材料40 000元。

(4) 18日,二车间的车间主任刘平报销差旅费1 600元,现金支付。

(5) 22日,现金缴纳印花税200元。

(6) 30日,计提本月折旧50 000元,其中:二车间折旧费30 000元,专设销售机构折旧费5 000元,管理部门折旧费15 000元。

要求:根据上述业务编制相关的会计分录。

2. 华夏公司2018年7月发生如下业务,请做出相应分录:

7月01日,向乙公司赊销B产品,价款50 000元,已开出增值税专用发票,增值税6 500

元,产品已交付给乙公司。为了尽早收回货款,华夏公司在合同中规定的现金折扣条件为:2/10,1/20,N/30。假定计算现金折扣不考虑增值税。

要求:请按总价法编制如下会计分录。

(1) 7月01日,华夏公司赊销B商品。

(2) 收款:

① 假设华夏公司在7月08日收款;

② 假设华夏公司在7月16日收款;

③ 假设华夏公司在7月22日收款。

3. 华夏公司年末一次结转损益类科目,2017年损益类账户的年末余额如下表所示。

单位:万元

账户名称	借方发生额	贷方发生额
主营业务收入		6 000
其他业务收入		700
投资收益		130
营业外收入		5
主营业务成本	4 000	
其他业务成本	500	
税金及附加	30	
销售费用	240	
管理费用	110	
财务费用	30	
资产减值损失	20	
公允价值变动损益	15	
营业外支出	5	
所得税费用	470	

公司利润分配方案如下:按净利润的10%提取法定盈余公积,按净利润的15%提取任意盈余公积,向股东分派现金股利70万元,分配股票股利90万元。

要求:编制以下分录(单位:元)。

(1) 结转损益类账户余额;

(2) 结转净利润;

(3) 提取法定盈余公积及任意盈余公积;

(4) 分配现金股利;

(5) 分配股票股利;

(6) 结转"利润分配"其他明细账户余额。

4. 华夏公司于2018年8月份对相关业务做了以下处理,请问是否正确?如果不正确,需写出正确的答案。

(1) 春林烟草公司计算当月应纳消费税250 000元,其所编制会计分录为:

借：管理费用 250 000
　　贷：应交税费——应交消费税 250 000

(2) 以盈余公积 60 000 元弥补亏损，其所编制会计分录为：

借：利润分配——盈余公积补亏 60 000
　　贷：盈余公积 60 000

(3) 报销职工培训费 5 000 元，收到增值税普通发票，银行支付，其所编制会计分录为：

借：管理费用 5 000
　　贷：银行存款 5 000

(4) 收到乙公司银行承兑汇票一张，金额 113 000 元，为结算之前对方所欠货款，其所做会计分录为：

借：银行存款 113 000
　　贷：应收账款——乙公司 113 000

(5) 本公司预收款项不多，预收货款时，不启用"预收账款"账户，于 8 月 07 日预收账款 20 000 元。其所做会计分录为：

借：银行存款 20 000
　　贷：应付账款 20 000

(6) 本月长期待摊费用摊销 43 000 元，其所编制会计分录为：

借：其他业务成本 43 000
　　贷：长期待摊费用 43 000

(7) 随商品出售，不单独计价包装物的成本为 2 000 元，其所编制会计分录为：

借：其他业务成本 2 000
　　贷：周转材料 2 000

(8) 以银行存款对外捐赠 100 000 元，其所编制会计分录为：

借：营业外支出 100 000
　　贷：银行存款 100 000

得分 ｜　　｜ **五、案例分析题**（本大题共 2 小题，第 1 小题 8 分，第 2 小题 12 分，共 20 分）

1. 华夏公司 2018 年 3 月末数据如下，要求填写资产负债表相应项目的期末余额。

科目名称	方向	余额
库存现金	借	5 500
银行存款	借	60 000
其他货币资金	借	30 000

(续表)

科目名称	方向	余额
原材料	借	80 000
材料采购	借	15 000
包装物	借	4 000
库存商品	借	120 000
委托代销商品	借	25 000
生产成本	借	35 000
存货跌价准备	贷	10 000
固定资产	借	250 000
累计折旧	贷	70 000
固定资产减值准备	贷	30 000
固定资产清理	借	10 000
应收票据——东华公司	借	120 000
应收账款——A	借	80 000
应收账款——B	借	15 000
应收账款——C	贷	45 000
预收账款——D	贷	25 000
预收账款——E	借	23 000
应付票据——金刨公司	贷	150 000
应付账款——甲	贷	120 000
应付账款——乙	借	50 000
预付账款——丙	借	30 000
预付账款——丁	贷	70 000
本年利润	借	25 000
利润分配	贷	150 000

资产负债表项目名称	期末余额
货币资金	
存货	
固定资产	
应收账款	
预收款项	
应付账款	
预付款项	
未分配利润	

2. 华夏公司 2018 年 6 月份本期科目发生额如下，要求填写利润表相应项目的本期金额。

科目名称	借方发生额	贷方发生额
主营业务收入		420 000
其他业务收入		60 000
营业外收入		10 000
主营业务成本	280 000	
其他业务成本	30 000	
营业外支出	2 000	
税金及附加	3 000	
公允价值变动损益		32 000
投资收益	24 000	
资产处置损益		3 000
其他收益		1 000
销售费用	26 000	
管理费用	30 000	
财务费用	5 000	
资产减值损失	8 000	
所得税费用	20 000	

利 润 表

会企 02 表

编制单位：华夏公司　　　2018 年 6 月　　　单位：元

项　目	本期金额	上期金额（略）
一、营业收入		
减：营业成本		
税金及附加		
销售费用		
管理费用		
其中：研发费用		
财务费用		
其中：利息费用		
利息收入		
资产减值损失		
加：其他收益		
投资收益（损失以"－"号填列）		

(续表)

项　目	本期金额	上期金额(略)
其中:对联营企业和合营企业的投资收益		
公允价值变动收益(损失以"－"号填列)		
资产处置收益(损失"－"号填列)		
二、营业利润(亏损以"－"号填列)		
加:营业外收入		
减:营业外支出		
三、利润总额(亏损总额以"－"号填列)		
减:所得税费用		
四、净利润(净亏损以"－"号填列)		

中级财务会计(1~7章)模拟试题(一)参考答案

一、单项选择题(本大题共15小题,每小题1分,共15分)

1	2	3	4	5	6	7	8	9	10	11	12	13	14	15
A	A	B	B	B	C	C	D	D	D	A	B	C	D	A

二、多项选择题(本大题共5小题,每小题1分,共5分)

1	2	3	4	5
ABC	ABC	ABD	ABD	ABC

三、判断题(本大题共5小题,每小题1分,共5分)

1	2	3	4	5
×	×	×	√	√

四、计算及账务处理题(本大题共5小题;第1小题12分,第2小题12分,第3小题12分,第4小题13分,第5小题11分,共60分)

1.（12分）

（1）

借：资产减值损失　　　　　　　　　　　　　　　　15 000　（3分）
　　贷：坏账准备　　　　　　　　　　　　　　　　　　　15 000

（2）

借：坏账准备　　　　　　　　　　　　　　　　　　　5 000　（3分）
　　贷：应收账款　　　　　　　　　　　　　　　　　　　5 000

（3）

借：应收账款　　　　　　　　　　　　　　　　　　　3 000　（1.5分）
　　贷：坏账准备　　　　　　　　　　　　　　　　　　　3 000
借：银行存款　　　　　　　　　　　　　　　　　　　3 000
　　贷：应收账款　　　　　　　　　　　　　　　　　　　3 000　（1.5分）

或：

借：银行存款　　　　　　　　　　　　　　　　　　　3 000
　　贷：坏账准备　　　　　　　　　　　　　　　　　　　3 000

(4)

借：资产减值损失	7 000	（3分）
贷：坏账准备	7 000	

2.（12分）

(1)

借：原材料	100 000	（3分）
应交税费——应交增值税（进项税额）	13 000	
贷：应付账款	113 000	

(2)

① 现金折扣＝100 000×2％＝2 000（元）

借：应付账款	113 000	（3分）
贷：银行存款	111 000	
原材料	2 000	

② 现金折扣＝100 000×1％＝1 000（元）

借：应付账款	113 000	（3分）
贷：银行存款	112 000	
原材料	1 000	

③

借：应付账款	113 000	（3分）
贷：银行存款	113 000	

3.（12分）

(1)

①

借：库存现金	350	
贷：待处理财产损溢——待处理流动资产损溢	350	（3分）

②

借：待处理财产损溢——待处理流动资产损溢	350	
贷：营业外收入	350	（3分）

(2)

①

借：待处理财产损溢——待处理流动资产损溢	100	
贷：库存现金	100	（3分）

②

借：管理费用	100	
贷：待处理财产损溢——待处理流动资产损溢	100	（3分）

4.（13分）

（1）

借：无形资产　　　　　　　　　　　　　　　　　　　　　1 200 000　（3分）
　　应交税费——应交增值税（进项税额）　　　　　　　　　　72 000
　　贷：银行存款　　　　　　　　　　　　　　　　　　　　1 272 000

（2）

借：管理费用　　　　　　　　　　　　　　　　　　　　　　　10 000　（3分）
　　贷：累计摊销　　　　　　　　　　　　　　　　　　　　　　10 000

（3）

借：银行存款　　　　　　　　　　　　　　　　　　　　　1 272 000　（4分）
　　累计摊销　　　　　　　　　　　　　　　　　　　　　　　26 000
　　无形资产减值准备　　　　　　　　　　　　　　　　　　　　5 000
　　贷：无形资产　　　　　　　　　　　　　　　　　　　　　100 000
　　　　应交税费——应交增值税（销项税额）　　　　　　　　　7 200
　　　　资产处置损益　　　　　　　　　　　　　　　　　　　 51 000

（4）

借：资产减值损失　　　　　　　　　　　　　　　　　　　　　25 000　（3分）
　　贷：无形资产减值准备　　　　　　　　　　　　　　　　　　25 000

5.（11分）

（1）

借：固定资产　　　　　　　　　　　　　　　　　　　　　　105 000　（3分）
　　应交税费——应交增值税（进项税额）　　　　　　　　　　13 000
　　贷：银行存款　　　　　　　　　　　　　　　　　　　　　118 000

（2）

①

借：在建工程　　　　　　　　　　　　　　　　　　　　　　 51 500　（2分）
　　应交税费——应交增值税（进项税额）　　　　　　　　　　 6 500
　　贷：银行存款　　　　　　　　　　　　　　　　　　　　　 58 500

②

借：在建工程　　　　　　　　　　　　　　　　　　　　　　　2 500　（2分）
　　贷：原材料　　　　　　　　　　　　　　　　　　　　　　　2 500

③

借：在建工程　　　　　　　　　　　　　　　　　　　　　　　3 000　（2分）
　　应交税费——应交增值税（进项税额）　　　　　　　　　　　 270
　　贷：银行存款　　　　　　　　　　　　　　　　　　　　　　3 270

④

| 借：固定资产 | 57 000 | （2分） |
| 贷：在建工程 | | 57 000 |

五、案例分析题(本大题共1题,共15分)

（1）

不正确(1分)

| 借：固定资产 | 4 000 | （1分） |
| 贷：以前年度损益调整 | | 4 000 |

（2）

不正确(1分)

借：生产成本——基本生产成本	4 000	（2分）
制造费用	1 500	
其他业务成本	500	
贷：原材料		6 000

（3）

不正确(1分)

应无分录,当月新增的固定资产,应在次月计提折旧。(1分)

（4）

不正确(1分)

| 借：在建工程 | 80 000 | （1分） |
| 贷：库存商品 | | 80 000 |

（5）

正确(2分)

（6）

不正确(1分)

| 借：坏账准备 | 30 000 | （1分） |
| 贷：应收账款 | | 30 000 |

（7）

正确(2分)

中级财务会计(1～7章)模拟试题(二)参考答案

一、单项选择题(本大题共10小题,每小题1分,共10分)

1	2	3	4	5	6	7	8	9	10
D	D	C	C	D	C	A	D	C	C

二、多项选择题(本大题共5小题,每小题2分,共10分)

1	2	3	4	5
ABD	ACD	AB	ABC	BC

三、判断题(本大题共10小题,每小题1分,共10分)

1	2	3	4	5	6	7	8	9	10
√	√	√	×	√	√	×	×	×	√

四、计算及账务处理题(本大题共4题,第1题13分,第2题8分,第3题12分,第4题17分,共50分)

1. (13分)

(1)

借:固定资产　　　　　　　　　　　　　　　　　　　　　　　　　10 500
　　应交税费——应交增值税(进项税额)　　　　　　　　　　　　　1 300
　　　贷:银行存款　　　　　　　　　　　　　　　　　　　　　　　11 800　(2分)

(2)

①

借:在建工程　　　　　　　　　　　　　　　　　　　　　　　　　104 000
　　应交税费——应交增值税(进项税额)　　　　　　　　　　　　　13 135
　　　贷:银行存款　　　　　　　　　　　　　　　　　　　　　　　114 635　(3分)
　　　　原材料　　　　　　　　　　　　　　　　　　　　　　　　　2 500

②

借:在建工程　　　　　　　　　　　　　　　　　　　　　　　　　10 000
　　应交税费——应交增值税(进项税额)　　　　　　　　　　　　　900
　　　贷:银行存款　　　　　　　　　　　　　　　　　　　　　　　10 900　(2分)

③

借:固定资产　　　　　　　　　　　　　　　　　　　　　　　　　114 000
　　　贷:在建工程　　　　　　　　　　　　　　　　　　　　　　　114 000　(2分)

(3)

①

借:固定资产清理　　　　　　　　　　　　　　　　　　　　　　　10 000
　　累计折旧　　　　　　　　　　　　　　　　　　　　　　　　　40 000　(1分)
　　　贷:固定资产　　　　　　　　　　　　　　　　　　　　　　　50 000

②

借:固定资产清理　　　　　　　　　　　　　　　　　　　　　　　1 500
　　　贷:银行存款　　　　　　　　　　　　　　　　　　　　　　　1 500　(1分)

③

借:银行存款　　　　　　　　　　　　　　　　　　　　　　　　　　500
　　贷:固定资产清理　　　　　　　　　　　　　　　　　　　　　　　500　　(1分)

④

借:营业外支出　　　　　　　　　　　　　　　　　　　　　　　　11 000
　　贷:固定资产清理　　　　　　　　　　　　　　　　　　　　　11 000　　(1分)

2.(8分)

(1)10月12日,购入股票

　　　　　初始入账金额=9.5×50 000=475 000(元)

借:交易性金融资产——B公司股票(成本)　　　　　　　　　　　465 000
　　应收股利　　　　　　　　　　　　　　　　　　　　　　　　 10 000
　　投资收益　　　　　　　　　　　　　　　　　　　　　　　　　1 500
　　贷:其他货币资金——存出投资款　　　　　　　　　　　　　 476 500　　(4分)

(2)11月8日,收到现金股利

借:其他货币资金——存出投资款　　　　　　　　　　　　　　　10 000
　　贷:应收股利　　　　　　　　　　　　　　　　　　　　　　 10 000　　(2分)

(3)12月31日,期末计量

期末以公允价值计量且其变动记入当期损益"公允价值变动损益"账户。

　　　　　公允价值变动金额=(10.20-9.30)×50 000=0.90×50 000=45 000(元)

借:交易性金融资产——B公司股票(公允价值变动)　　　　　　　 45 000
　　贷:公允价值变动损益　　　　　　　　　　　　　　　　　　 45 000　　(2分)

3.(12分)

(1)

①

借:固定资产　　　　　　　　　　　　　　　　　　　　　　　　　4 000
　　贷:以前年度损益调整　　　　　　　　　　　　　　　　　　　4 000　　(2分)

②

A.

借:待处理财产损溢——待处理固定资产损溢　　　　　　　　　　　2 718
　　累计折旧　　　　　　　　　　　　　　　　　　　　　　　　　1 482
　　固定资产减值准备　　　　　　　　　　　　　　　　　　　　　1 000
　　贷:固定资产　　　　　　　　　　　　　　　　　　　　　　　5 200　　(4分)

B.

借:营业外支出　　　　　　　　　　　　　　　　　　　　　　　　2 718
　　贷:待处理财产损溢——待处理固定资产损溢　　　　　　　　　2 718　　(2分)

(2)

①

借：原材料	2 000	
贷：待处理财产损溢——待处理流动资产损溢	2 000	(2分)

②

借：待处理财产损溢——待处理流动资产损溢	2 000	
贷：管理费用	2 000	(2分)

4.（17分）

(1)

借：原材料	20 000	
应交税费——应交增值税(进项税额)	2 600	(2分)
贷：银行存款	22 600	

(2)

① 预付：

借：预付账款	40 000	
贷：银行存款	40 000	(2分)

② 收到发票

借：原材料	30 000	
应交税费——应交增值税(进项税额)	3 900	
贷：预付账款	33 900	(2分)

③ 结算

借：银行存款	6 100	
贷：预付账款	6 100	(2分)

(3)

①

借：应收账款	56 500	
贷：主营业务收入	50 000	
应交税费——应交增值税(销项税额)	6 500	(2分)

②

借：主营业务成本	35 000	
贷：库存商品	35 000	(2分)

(4)

①

借：银行存款	9 040	
贷：其他业务收入	8 000	(3分)
应交税费——应交增值税(销项税额)	1 040	

②

借:其他业务成本　　　　　　　　　　　　　　　　　　　　　　　　　　　4 500
　　贷:原材料　　　　　　　　　　　　　　　　　　　　　　　　　　　　　4 500　(2分)

五、案例分析题(本大题共1题,20分)

银行存款余额调节表

2×12年9月30日

公司名称:甲公司　　　开户行:中国银行山东省分行　　　　　　　　　　单位:元

项　目	金额	项　目	金额
银行对账单余额	78 950	企业银行存款日记账余额	96 297
加:企业已收,银行未收	40 000	加:银行已收,企业未收	80 950
1. 30日送存银行转账支票,银行尚未入账	40 000	1. 31日银行收货款,企业未收到收款通知	80 000
2.		2. 31日存款利息950元,利息收入通知未到达企业	950
银行误记、串记(少记) 28日收款银行串户	20 000	企业误记(少记) 26日支出运费误记	3
银行误记(少记差额数) 27日收到货款,银行少记	45 000		
减:企业已付,银行未付	15 000	减:银行已付,企业未付	5 600
1. 30日企业开出转账支票,持票人未结算	15 000	1. 31日银行代电业局收取电费,企业未收到付款通知	5 600
2.		2.	
银行误记、串记(多记)		企业误记(多记) 25日收到货款,出纳多记	2 700
调整后余额	168 950	调整后余额	168 950

中级财务会计(8～14章)模拟试题(一)参考答案

一、单项选择题(本大题共20小题,每小题1分,共20分,需将答案填在下列答案框中)

1	2	3	4	5	6	7	8	9	10
C	C	B	C	C	C	A	A	C	C
11	12	13	14	15	16	17	18	19	20
C	A	D	D	D	B	B	B	B	B

二、判断题(本大题共10小题,每小题1分,共10分,需将答案填在下列答案框中)

1	2	3	4	5	6	7	8	9	10
√	√	√	×	√	√	√	√	×	√

三、计算及账务处理题(本大题共 4 小题,第 1 小题 16 分,第 2 小题 8 分,第 3 小题 16 分,第 4 小题 10 分,共 50 分)

1. (本小题 16 分)

(1)

借:应收账款——甲企业	1 130 000	
贷:主营业务收入	1 000 000	
应交税费——应交增值税(销项税额)	130 000	(2分)
借:主营业务成本	500 000	
贷:库存商品	500 000	(2分)

(2)

借:应收票据——丁企业	791 000	
贷:其他业务收入	700 000	
应交税费——应交增值税(销项税额)	91 000	(2分)
借:其他业务成本	500 000	
贷:原材料	500 000	(2分)

(3)

借:主营业务收入	400 000	
应交税费——应交增值税(销项税额)	52 000	
贷:应收账款——丙企业	452 000	(2分)
借:库存商品	200 000	
贷:主营业务成本	200 000	(2分)

(4)

借:银行存款	22 600	
贷:其他业务收入	20 000	(2分)
应交税费——应交增值税(销项税额)	2 600	

(5)

借:主营业务收入	100 000	
应交税费——应交增值税(销项税额)	13 000	
贷:应收账款——甲企业	113 000	(2分)

2. (本小题 8 分)

(1)

借:应收账款——华联公司	226 000	
贷:主营业务收入	200 000	
应交税费——应交增值税(销项税额)	26 000	(2分)

(2)

① 现金折扣 = 200 000 × 2% = 4 000(元)

借:银行存款	222 000	
主营业务收入	4 000	
贷:应收账款——华联公司	226 000	(2分)

② 现金折扣＝200 000×1％＝2 000(元)

借：银行存款	224 000
主营业务收入	2 000
贷：应收账款——华联公司	226 000　　(2分)

③

借：银行存款	226 000
贷：应收账款——华联公司	226 000　　(2分)

3. (本小题16分)

(1)

①

借：主营业务收入	50 000 000
其他业务收入	18 000 000
投资收益	7 000 000
营业外收入	2 500 000
贷：本年利润	77 500 000　　(3分)

②

借：本年利润	67 700 000
贷：主营业务成本	35 000 000
其他业务成本	14 000 000
税金及附加	600 000
销售费用	3 800 000
管理费用	3 400 000
财务费用	1 200 000
资产减值损失	1 500 000
公允价值变动损益	1 000 000
营业外支出	2 000 000
所得税费用	5 200 000　　(3分)

(2)

借：本年利润	9 800 000
贷：利润分配——未分配利润	9 800 000　　(2分)

(3) 提取法定盈余公积

　　　　法定盈余公积＝980万×10％＝98(万元)
　　　　任意盈余公积＝980万×15％＝147(万元)

借：利润分配——提取法定盈余公积	980 000
——提取任意盈余公积	1 470 000
贷：盈余公积——法定盈余公积	980 000　　(2分)
——任意盈余公积	1 470 000

(4) 分配现金股利

借：利润分配——应付现金股利或利润	3 500 000	
贷：应付股利	3 500 000	(2分)

(5) 分配股票股利

借：利润分配——转作股本的股利	2 500 000	
贷：股本	2 500 000	(2分)

(6) 结转"利润分配"其他明细账户余额

借：利润分配——未分配利润	8 450 000	
贷：利润分配——提取法定盈余公积	980 000	
——提取任意盈余公积	1 470 000	
——应付现金股利或利润	3 500 000	
——转作股本的股利	2 500 000	(2分)

4. (本小题10分)

(1) 不正确(1分)

借：在建工程	20 000	
财务费用	10 000	
贷：银行存款	30 000	(1分)

(2) 不正确(1分)

借：管理费用	5 000	
销售费用	4 000	
贷：银行存款	9 000	(1分)

(3) 不正确(1分)

借：营业外支出	5 000	
贷：银行存款	5 000	(1分)

(4) 不正确(1分)

借：制造费用	6 000	
贷：原材料	6 000	(1分)

(5) 不正确(1分)

营业利润=60 000+15 000+6 000−40 000−6 000−5 000=30 000(元)(1分)

四、案例分析题(本大题共2小题,第1小题16分,第2小题4分,共20分)

1. 本小题共16分

资产负债表项目名称	期末余额	分　　值
货币资金	82 500	2分
存货	335 000	2分
固定资产	100 000	2分

(续表)

资产负债表项目名称	期末余额	分值
应收票据及应收账款	140 000	2分
预收款项	45 000	2分
应付票据及应付账款	200 000	2分
预付款项	90 000	2分
未分配利润	145 000	2分

2. 本小题共4分

利润表项目名称	本期金额	分值
营业收入	350 000	1分
营业成本	230 000	1分
投资收益	−25 000	1分
公允价值变动收益	36 000	1分

中级财务会计(8～14章)模拟试题(二)参考答案

一、单项选择题(本大题共15小题,每小题1分,共15分)

题号	1	2	3	4	5	6	7	8	9	10	11	12	13	14	15
答案	A	B	C	D	A	A	A	B	B	B	C	A	D	D	D

二、多项选择题(本大题共5小题,每小题1分,共5分)

题号	1	2	3	4	5
答案	BCD	ABCD	ABCD	BCD	BCD

三、判断题(本大题共5小题,每小题1分,共5分)

题号	1	2	3	4	5
答案	√	×	√	√	√

四、账务处理题(本大题共4小题,第1小题16分、第2小题8分、第3小题16分、第4小题15分,共55分)

1. (本小题16分)

(1) 销售商品时:

①

借:应收账款　　　　　　　　　　　　　　　　　　　　　　　　113 000
　　贷:主营业务收入　　　　　　　　　　　　　　　　　　　　　100 000
　　　　应交税费——应交增值税(销项税额)　　　　　　　　　　 13 000　(2分)

②

| 借：主营业务成本 | 70 000 | |
| 贷：库存商品 | 70 000 | (2分) |

(2)

①

借：银行存款	5 650	
贷：其他业务收入	5 000	
应交税费——应交增值税（销项税额）	650	(2分)

②

| 借：其他业务成本 | 3 500 | |
| 贷：原材料 | 3 500 | (2分) |

(3)

| 借：生产成本——基本生产成本——C产品——直接材料 | 40 000 | |
| 贷：原材料——C材料 | 40 000 | (2分) |

(4)

| 借：制造费用——二车间——差旅费 | 1 600 | |
| 贷：库存现金 | 1 600 | (2分) |

(5)

| 借：税金及附加 | 200 | |
| 贷：库存现金 | 200 | (2分) |

(6)

借：制造费用——二车间——折旧费	30 000	
销售费用——折旧费	5 000	
管理费用——折旧费	15 000	
贷：累计折旧	50 000	(2分)

2. (本小题8分)

(1) 销售商品时：

借：应收账款——乙公司	56 500	
贷：主营业务收入	50 000	
应交税费——应交增值税（销项税额）	6 500	(2分)

(2) 收款时：

① 华夏公司在7月08日收款：

$$现金折扣 = 50\ 000 \times 2\% = 1\ 000$$

借：银行存款	55 500	
主营业务收入	1 000	
贷：应收账款——乙公司	56 500	(2分)

② 华夏公司在 7 月 16 日收款：

$$现金折扣 = 50\ 000 \times 1\% = 500$$

借：银行存款	56 000	
主营业务收入	500	
贷：应收账款——乙公司		56 500　　（2 分）

③ 华夏公司在 7 月 22 日收款：

乙公司不能享受现金折扣，东盛公司全额收款：

借：银行存款	56 500	
贷：应收账款——乙公司		56 500　　（2 分）

3．(本小题 16 分)

(1)

①

借：主营业务收入	60 000 000	
其他业务收入	7 000 000	
投资收益	1 300 000	
营业外收入	50 000	
贷：本年利润		68 350 000　　（3 分）

②

借：本年利润	54 200 000	
贷：主营业务成本		40 000 000
其他业务成本		5 000 000
税金及附加		300 000
销售费用		2 400 000
管理费用		1 100 000
财务费用		300 000
资产减值损失		200 000
公允价值变动损益		150 000
营业外支出		50 000
所得税费用		4 700 000　　（3 分）

(2)

借：本年利润	14 150 000	
贷：利润分配——未分配利润		14 150 000　　（2 分）

(3) 提取法定盈余公积：

$$法定盈余公积 = 1\ 415\ 万 \times 10\% = 141.5\ 万$$
$$任意盈余公积 = 1\ 415\ 万 \times 15\% = 212.25\ 万$$

借：利润分配——提取法定盈余公积　　　　　　　　　　　　　1 415 000
　　　利润分配——提取任意盈余公积　　　　　　　　　　　　　2 122 500
　　贷：盈余公积——法定盈余公积　　　　　　　　　　　　　　1 415 000
　　　　盈余公积——任意盈余公积　　　　　　　　　　　　　　2 122 500　（2分）

(4) 分配现金股利：

借：利润分配——应付现金股利　　　　　　　　　　　　　　　　700 000
　　贷：应付股利　　　　　　　　　　　　　　　　　　　　　　　700 000　（2分）

(5) 分配股票股利：

借：利润分配——转作股本的股利　　　　　　　　　　　　　　　900 000
　　贷：股本　　　　　　　　　　　　　　　　　　　　　　　　　900 000　（2分）

(6) 结转"利润分配"其他明细科目余额：

借：利润分配——未分配利润　　　　　　　　　　　　　　　　5 137 500
　　贷：利润分配——提取法定盈余公积　　　　　　　　　　　　1 415 000
　　　　利润分配——提取任意盈余公积　　　　　　　　　　　　2 122 500
　　　　利润分配——应付现金股利或利润　　　　　　　　　　　　700 000
　　　　利润分配——转作股本的股利　　　　　　　　　　　　　　900 000　（2分）

4．(本小题15分)

(1) 不正确。(1分)应为：

借：税金及附加　　　　　　　　　　　　　　　　　　　　　　250 000
　　贷：应交税费——应交消费税　　　　　　　　　　　　　　　250 000　（1分）

(2) 不正确。(1分)应为：

借：盈余公积　　　　　　　　　　　　　　　　　　　　　　　 60 000
　　贷：利润分配——盈余公积补亏　　　　　　　　　　　　　　 60 000　（1分）

(3) 不正确。(1分)应为：

借：应付职工薪酬——职工教育经费　　　　　　　　　　　　　　5 000
　　贷：银行存款　　　　　　　　　　　　　　　　　　　　　　　5 000　（1分）

(4) 不正确。(1分)应为：

借：应收票据——乙公司　　　　　　　　　　　　　　　　　　113 000
　　贷：应收账款——乙公司　　　　　　　　　　　　　　　　　113 000　（1分）

(5) 不正确(1分)

借：银行存款　　　　　　　　　　　　　　　　　　　　　　　 20 000
　　贷：应收账款　　　　　　　　　　　　　　　　　　　　　　 20 000　（1分）

(6) 不正确。(1分)应为：

借：管理费用　　　　　　　　　　　　　　　　　　　　　　　 43 000
　　贷：长期待摊费用　　　　　　　　　　　　　　　　　　　　 43 000　（1分）

(7) 不正确。(1分)应为：

借：销售费用　　　　　　　　　　　　　　　　　　　　　　　　　　2 000
　　贷：周转材料　　　　　　　　　　　　　　　　　　　　　　　　　　2 000　（1分）

(8) 正确。(1分)

五、案例分析题（本大题共2小题，第1小题8分，第2小题12分，共20分）

1. （本小题共8分）

资产负债表项目名称	期末余额	分值
货币资金	95 500	1分
存货	269 000	1分
固定资产	160 000	1分
应收账款	118 000	1分
预收款项	70 000	1分
应付账款	190 000	1分
预付款项	80 000	1分
未分配利润	125 000	1分

2. （本小题共12分）

利　润　表

会企02表

编制单位：华夏公司　　　　2018年6月　　　　单位：元

项　目	本期金额	分值
一、营业收入	480 000	1分
减：营业成本	310 000	1分
税金及附加	3 000	0.5分
销售费用	26 000	0.5分
管理费用	30 000	0.5分
其中：研发费用		
财务费用	5 000	0.5分
其中：利息费用		
利息收入		
资产减值损失	8 000	1分
加：其他收益	1 000	1分
投资收益（损失以"－"号填列）	－24 000	1分
其中：对联营企业和合营企业的投资收益		
公允价值变动收益（损失以"－"号填列）	32 000	1分
资产处置收益（损失"－"号填列）	3 000	1分

(续表)

项　目	本期金额	分　值
二、营业利润(亏损以"一"号填列)	110 000	0.5分
加:营业外收入	10 000	0.5分
减:营业外支出	2 000	0.5分
三、利润总额(亏损总额以"一"号填列)	118 000	0.5分
减:所得税费用	20 000	0.5分
四、净利润(净亏损以"一"号填列)	98 000	0.5分